中西对话

汪琪 主编

本土研究的危机与生机

汪琪 著

华东师范大学出版社

图书在版编目(CIP)数据

本土研究的危机与生机/汪琪著. —上海:华东师范大学
出版社,2016.1
(中西对话)
ISBN 978-7-5675-4656-1

Ⅰ.①本… Ⅱ.①汪… Ⅲ.①社会科学—研究 Ⅳ.①C0

中国版本图书馆 CIP 数据核字(2016)第 021694 号

中西对话系列:

本土研究的危机与生机

著　者　汪　琪
策划编辑　王　焰
项目编辑　朱华华
审读编辑　刘　琼
责任校对　冯朝霞
版式设计　卢晓红
封面设计　崔　楚

出版发行　华东师范大学出版社
社　　址　上海市中山北路 3663 号　邮编 200062
网　　址　www.ecnupress.com.cn
电　　话　021-60821666　行政传真 021-62572105
客服电话　021-62865537　门市(邮购)电话 021-62869887
地　　址　上海市中山北路 3663 号华东师范大学校内先锋路口
网　　店　http://hdsdcbs.tmall.com

印 刷 者　苏州美柯乐制版印务有限公司
开　　本　890×1240　32 开
印　　张　7.5
字　　数　176 千字
版　　次　2016 年 4 月第 1 版
印　　次　2016 年 4 月第 1 次
书　　号　ISBN 978-7-5675-4656-1/G·9033
定　　价　29.80 元

出 版 人　王　焰

(如发现本版图书有印订质量问题,请寄回本社客服中心调换或电话 021-62865537 联系)

目 录

丛书序

　　清末民初的百年间西学东渐,中国的思想与学术在一场惊天动地的典范转变后,逐渐陷入一个历史学家余英时所谓的"双重边缘化"困境。在理论知识上忠实追随西方,不仅使我们在国际学术版图上沦为边缘,研究对本土社会文化发展的贡献也颇为有限。华人社会在人文社会科学研究上年复一年投入庞大人力与资源,追求国际竞争力,但我们是否真正了解"全球化"与"本土化"的意义? 在21世纪的今天,我们如何看待自己、看待西方、重建"主体性",又如何在学术上与西方对话?

　　许多人急于提出"本土理论",然而理论知识的产生必须由更根本处着手。无论是对西方论述的回应或评论、由现代学术的观点诠释传统、检视中西思想交流,或直接面对本土学术议题,系列丛书的目的都在以一种较一般"本土化"论述视野更为宽广的思维,来推展本土学术可长可久的发展。

导读

肖小穗　香港浸会大学传理学院教授

　　过去三十年间,海峡两岸和港澳台地区有关"社会科学本土化"的讨论此起彼伏,文章写了很多,研讨会、对话会和座谈会开了不少,会议后的论文汇编也出过若干本。在传播研究方面,最近的有汪琪编著的英文专集《传播研究去西方化》(Wang, *De-Westernizing communication research: Altering questions and changing frameworks*, 2011)、冯应谦、黄懿慧合编的《华人传播想象》(2012),以及黄旦、沈国麟合编的《理论与经验——中国传播研究的问题及路径》(2013)。但独家发表的专著,目前还只有汪琪这部《本土研究的危机与生机》。行内早在打听这本书的"产期",一年多前《传播与社会学刊》邀请汪琪参加了一场"学术对谈",谈的就是她对目前传播研究本土化的看法(汪,2014)。作为学刊一方的对谈人,我捷足先读了这部书稿,对谈时更是近水楼台,提出了一些问题,得到汪琪的解答,受益匪浅。所以我很愿意为这部新作写些什么,虽然自忖没有评价它的资格,但还是愿意分享我的点滴心得,希望能起点"导读"的作用。其实在介绍那次"学术对谈"的"卷首语"(萧,2014)中,我已多少写下了一些感受,但意犹未尽,这次正好把我当时未来得及说的话补上。

要理解汪琪的这部新作,得从她本人的履历说起。汪琪有学贯中西的宝贵经历:出身于外交官世家,早年在海外耳濡目染;在美国攻取博士之后,先在美国东西文化中心从事研究,后返台湾执教,并致力于本土研究;在台湾、香港等地担任传播学讲座教授和院长期间,更积极推动本土与国际的学术交流。这一特殊经历让汪琪的本土化见解具有一种恢宏的国际视野。值得一提的还有汪琪长期主持"本土化研究"的资历。早在 1998 年,汪琪就已启动其"本土化研究"的大计,开办过数次工作坊。由香港回台北后,曾主持一个"顶尖大学研究计划",主攻传播研究的本土化,为此她举办过国际学术会议,会议论文后来汇编成上述的英文专著(*De-Westernizing Communication Research*,2011)和一本期刊专辑("Asian communication research in ferment," 2009),分别由劳特利其出版社(Routledge)和《亚洲传播期刊》(*Asian Journal of Communication*)出版。之后,汪琪又开启一个"中西对话系列丛书"的计划。新的研究经历再次拓展了汪琪的视野,她于是重新检讨第一代学者的本土化论述,这次检讨造就了她的新著《本土研究的危机与生机》。

不消说,这部专著的起点较高。汪琪其实是从她所催生的第二代本土论述的高度上来检视过往的研究。这一高度自然与汪琪长期主持本土研究的资历相关;但是话说回来,仅仅是"资历"和"辈份"不足以解释这部专著的思想高度,"资历"和"辈份"并不决定汪琪要来检讨过往的本土研究。汪琪的"第二代"观点与其说是反映了学界的主流意见,不如说是来自她个人的深刻反思和批评意识。

的确,这部专著比现有的许多本土化论述站得更高,也走得更远。她所追求的本土化"不只在于回归本土、也在走出本土"(第 259 页)。在她看来,70 年代以来海峡两岸和港台地区的学界发起的"本土化"运动看似一路高歌猛进,但实际上已经进入了某个瓶颈。问题的原因是多方面的,其中,"最令人焦虑的,是不但'本土化'概念掺杂了许多似是而非的说法,学界对于本土学术发展也呈现两极化倾向:或是追随主流、或是专注本土"(2014,第 4 页)。这一问题反映出学界并不真正了解"本土化"的目的,因此不清楚应该如何实现"本土化"。汪琪认为"本土化"的最终目的是提出自己的看法,与国际主流对话(2014,第 9—11 页)。

回归本土不难,走出本土也不难——早在上世纪 20 年代的"科玄论战"中打得不可开交的"玄学派"和"科学派"就已经分别这样做了;难的是两者结合。在我看来,汪琪的心始终是向着本土的,言语间处处流露出对本土的眷顾。据汪琪自己说,她早年的几本著作"都是在凸显媒体的文化特色、'在地'观点或经验"(2014,第 4 页)。这次回首过去,其用意也是要寻求本土研究的生机。正是因为有她"立足本土"之情深,才有她"走出本土","与主流对话"之意切。

汪琪清楚地意识到,"只是凸显本土经验是不够的,因为本土学术发展最终无法回避理论层级的讨论与对话"。为此她建议我们走出"本土、国际"二分的思维模式,而要这样做:首先,要小心使用"本土化"这一概念,原因是它"掺杂了许多似是而非的说法",其中包括了本土"在地化"、"典型化"、"本质化"、"中国化"、"港台化"等片面的说法(2014,第 2—10 页);更有甚者,这个"化"有演化成狭隘的本土主义之危险,汪琪相信狭隘的本土主义没有出路,只会把本土研究引向一种极端的做法,或是"专注本土",或是"追随'西方'主流"。不幸的是,她看到这种两极化的危险正在成为现实,许多华人学者都在忙着经营自己的一小块"本土",结果是没有"整合性的整理与分析"、"欠缺理论论述"、"不事经营学术主张"、"对于研究问题与观察角度欠缺自主性"、"被动地'套用'或'照搬'现成理论",最后事与愿违,"华人学者基本上都仍然是在复制西方的理论论述"(第22—38页)。

今天,"本土研究的危机与生机"取决于它能否超越过往研究的问题意识。在我看来,这部新著最有价值的地方还不在于它给出的答案,而在于它引发我们去思考的一系列新问题。譬如,"本土文化"是否可以还原为某种"本质"?是否有必要区分"本土"与非本土"研究?扎根于"本土"的研究是否就是"本土研究"?我们是否有评判"本土"的客观准则?本土化是否应该牵扯上族群情结?研究传统的观念和方法是否就是本土研究?如何避免西方视角和西化立场?……这些问题是冲着目前本土研究的本体论、认识论、价值论和方法论来的,所以不是一般的问题。我们不一定认同这里的每一个问题,但不能不承认它们都根茎相连,牵一发而动全身。若单独来看,这些问题也许不是什么新问题,也许都在这样那样的场合被人讨论过。但总体来看,它们展现了一种新思维,新在它们超越了本土、外来二分的思维模式,也就是说,它们是在一个新的、开放的思维框架下和盘端出来的。不错,我们仍然可以坚持旧的本土化思路,并从这一思路上来回答上述问题,但不可否认,这些问题的提出本身已经开放了从另外一个思路上来回答的可能性。新一代本土学者不是非要在汪琪的问题框架下思考和工作,但起码要响应汪琪的问题,并要尝试给出合理的说法。

新一代本土学者要走出本土,与国际学术对话,意味着他们还必须摆脱"特殊、普世"二分的思维模式。汪琪很清楚,如果我们仍像西方和本土许多学者那样,简单地套用这个二分模式来区隔本土学术和西方学术的话,对话将演变为另外一种两极化:或是各说各话(专注本土),或是搬用西方的理论论述(追随主流)。有趣的是,汪琪采取了另外一种解决方法:在"本土"还是"国际"的问题上,汪琪的做法是"走出本土";而在本土"特殊性"还是西方"普世性"的问题上,她却选择把西方拉回到它的"本土"原点,"西方不过是另一个'本土'"(第30页)。既然西方不代表"普世",对话也就不必要套用西方的论述。

但问题没有根本解决,为了避免各方学者各说各话,汪琪还"必须寻找一条'异'中可以求'同'的途径",她于是主张用"可共量性"概念取代"普世性"(2014,第7页)。"可共量性、不可共量性"(commensurability/incommensurability)源自库恩(Thomas Samuel Kuhn)的"科学革命"理论。之所以要说"革命",是因为库恩认为新的科学典范不可能从旧的典范内部自发产生出来,新旧典范使用不同的语汇,彼此无法对译和互通。库恩说它们"不可共量",意谓它们是不可比较的。但因为"不可共量"的说法无法解释在不同典范下工作的科学家仍然可以沟通的事实,库恩在晚年修正了原先的一些说法,在他看来,"不可翻译"的语汇不一定就"不可诠释",因此在不同典范下工作的人们仍然可以借助"诠释"来达至相互的理解(Kuhn, Conant & Haugeland, 2000, pp. 36-38)。这一修正开放了一种可能性:"不可共量"的语汇或概念经由适当的"诠释"之后是"可以共量的"。"可共量性"概念在此被汪琪用来说明本土学术在国际间与其他本土学术对话的可能性。这个"可共量性"而不是"普世性"的选择再一次显示了汪琪的本土倾向,对她来说,"'可共量'有一个'普世性'所没有的关键性优点,就是它所要求的是'相似'或'对等'、而非绝对的'相同';⋯⋯因为只是'雷同','特殊性'就保有了一个合理的存在空间"(2014,第8页)。

由此看来,在汪琪的本土化论述架构里,"诠释"(interpretation)最后承担了促进学术对话的重托,它甚至承载了本土研究发展的希望,它因此必须是一个复杂的过程。这样一个论述架构决定了这里说的"诠释"既不同于"翻译"(translation),也有别于一般人所理解的"诠释"。它需要处理好"不可翻译性"与"可共量性"的关系,前者解释了本土学术的"特殊性",后者则解释了它由"特殊"走向"共通"的可能性。因为这样,它至少要分两步走,即"由'普世'到'特殊'、再由'特殊'到'可共量性'"(第 214 页)。从另一角度来说,诠释意味着诠释者不能满足于寻求意思相等或相近的语汇,他还要"进入概念与命题的历史脉络"(第 212 页)。如何进入?汪琪提供了以下方法,它包括两个重要步骤:

首先,要扩大文献探讨(literature review)所参考的范围,不但包括相关理论过去的讨论,也包括这些理论的思想根源与历史文化背景,同时找出所有本土文献中足以连结"本土"与"外来"观点与关怀重点的论述。其次,由于这些本土观点、思想与关怀重点未必是以现代所谓"科学语言"所书写,甚且也不合乎社会科学的论述原则,因此在分析比较"外来"与"本土"的"异"、"同"及其理论上的意义之前,必须经过"诠释"与"翻译",将其转化为得以与"外来"论述对话的语言(第 251—252 页)。

汪琪在最后一章(第六章)还提供了一个具体实施这一方法的分析案例。我个人认为,"进入概念与命题的历史脉络"是必须的,但在具体的操作上,我们可以不拘一格,我们可以有各种进入到"历史脉络"中去寻求"特殊性"和"可共量性"的途径。就是在以上方法的框架之下,我们也还可以选择不同的做法。思想史家如张灏、墨子刻、史华慈等已开拓出一些具体进入"中国历史脉络"的路径,譬如从当事人的思想环境和生存情境进入(如张灏,2006),或者从儒学传统的"共同语法"入手(如墨子刻,1996)、又或者从中国文化的问题意识(Problematiques)出发(如史华慈,见林同奇,2002),这些路径各自代表了一种处理和分析历史文献的方法。学者在寻求进入历史文献的同时,也在寻求一种理解和对话的方式。本土的传播学者可以参考这些方法和途径。但无论是何种方法和途径,它们都将见证汪琪所说的那个"批判、吸纳,对抗、融合,破坏、建立的过程"(第212页)。

在我看来,本书有两个思想亮点,让这本视野高远的专论立足一个道德高地而又不至于高不胜寒。首先是对文化间对话的冀望。把跨文化对话看作是"本土化"的最终目的,是汪琪个人的理解和愿景,本土学者不一定都这样想,这不一定就是他们发起"本土化"运动的初衷。但我认为这是汪琪的卓识,它展示了一种国际视野,也为"本土化"或本土学术发展安排了一个美好去处,"本土化"不是闭门造车,自说自话,这毕竟是一个全球化的时代(不管从哪个意义上来理解它)。

其次,是汪琪对中国文化的深刻反思。她在第二、第三章指出目前"本土化"的许多问题(譬如欠缺自主性)都可以追根求源到华人文化的治学传统、教育体制、和学术政策,她的意思是要本土学者更多地思考中华文化自身的问题。对她来说:"今天华人学术发展所面对的也绝不只是一个学术帝国主义的问题,而是学术典范、教育体制与政策问题,更是历史文化问题——是一个关乎整体、而非只是'本土'或非西方学界的问题。文化是关键,也是所有上述因素背后的根源;它不是一个冰冷遥远的研究题材,也是研究的本身"(自序)。"本土化"不是固步自封,发展本土学术与提倡文化反思不相冲突,中国文化不是也讲究反求诸己吗,所以这一要求不过份,起码在道德上说得过去。

我个人认为,汪琪在书中提出了一个理论架构,这是一个完整的架构,每个部分都经过仔细的斟酌和推敲,而部分与部分之间则由若干重要的文化价值理念铆接在一起。任何理论架构都需要某些价值理念从中穿针引线,所以不是问题。我倒认为汪琪对跨文化对话的热切关照和她强烈的反思意识正好凸显出她的本土化论述的主要特色。

参考文献

Kuhn, T. S., Conant, J., & Haugeland, J. eds., *The Road Since Structure: Philosophical Essays, 1970-1993, with an Autobiographical Interview*, (Chicago: University of Chicago Press, 2000).

Wang, G. ed., *De-Westernizing Communication Research: Changing Questions and Altering Frameworks*, (London: Routledge, 2000).

Wang, G. ed., Special issue: Asian communication research in ferment-Moving beyond Eurocentrism, *Asian Journal of Communication*, 19(4), 2009.

冯应谦、黄懿慧编:《华人传播想象》,香港:香港中文大学香港亚太研究所,2012 年。

黄旦、沈国麟编:《理论与经验——中国传播研究的问题及路径》,上海:复旦大学出版社,2013 年。

林同奇:他为我们留下了什么:史华慈史学思想初探,《世界史学》,2002 年,第 2 期,第 38—66 页。

汪琪:本土传播研究的下一步,《传播与社会学刊》,2014 年,第 29 期,第 1—15 页。

萧小穗:走出简单的二分模式,《传播与社会学刊》,2014 年,第 29 期,第 v—x 页。

墨子刻:《摆脱困境——新儒学与中国政治文化的演进》(*Escape from Predicament: Neo-Confucianism and China's Evolving Political Culture*),南京:江苏人民出版社,1996 年。

张灏:《危机中的中国知识分子:寻求秩序与意义》(*Chinese Intellectuals in Crisis: Search for Order and Meaning, 1890-1911*)(高力克、王跃译),北京:新星出版社,2006 年。

自

序

　　或许是自己的生长环境与经历,文化议题始终让我着迷;但是会把文化差异带进学术研究本身来看"本土化",却是经年累月在"问"、"被问"、"反问"与我所得到的、以及没有得到的答案之间发酵、沉淀而来的。

　　十多年前,在巴黎一次以全球化为题的演讲结束后,一位白发苍苍的教授来问:"为什么你不讲'你(们)的'理论"? 面对这样一个从未想过的问题,我只能坦白回说:"全球化理论就是这样";"但东方有很深刻的思想传统"。他显然不满意我的答复,说完转身离去。又一次,和一位被我认为是"狂热马克思主义者"、"思想不转弯"的朋友闲聊,无意间说出自己的疑惑:"为什么新旧马克思主义论述总把自由主义经济与文化视为对立的两个极端"? 本以为这问题会触发对方热辣的反驳,不料这位德国学者竟回说:"有道理;问得好"! 这答复同样让我出乎意表。巴黎老教授的问题让我开始思索"我"和"我的文化传统"与我所了解的理论之间的关连;而终生以马克思研究为职志的老友,则让我不得不认真面对"理论未必有效",以及"所以又怎样"的问题。

　　问题引导思考,但有时没有问题,也同样逼人思考。一段时日后,我观察到口述这类对答绝少在本土社会科学与人文学界出现——这又是为什么？问到理论，我当年给法国老教授的答复："人家理论就是这样"是常见的回应；也有更热心的学者建议："先回去把它弄懂再问"。但就只有"没弄懂"才会有问题吗？在西方的思辩传统，问题是科学发现与知识建构的起点。常常是：有问题就没问题，没问题倒会有问题。或说华人不习惯发问与质疑，但重"体悟"与"转化"。问题是，我们的研究中展现了多少体悟的淬炼与转化的智慧？如果我们觉得不应该安于本土学术的现状，未来的路又要怎么走？

对于许多学者，"本土化"是问题的答案，而它也是一个学术自主的问题。"主体性"沦丧所造成的现象令人不安，由这个角度切入本土化议题十分自然。但是本土化概念有其含混之处。对我而言，今天华人学术发展所面对的也绝不只是一个学术帝国主义的问题，而是学术典范、教育体制与政策问题，更是历史文化问题——是一个关乎整体，而非只是"本土"或非西方学界的问题。文化是关键，也是所有上述因素背后的根源，它不是一个冰冷遥远的研究题材，也是研究的本身。我们要进入西方所建构的现代学术领域，无时无刻不在面对跨文化互动所可能出现的问题。脱离文化脉络去讲"主体性"，不但很容易让我们落入"文化中心主义"的陷阱，许多无解的问题也随之而来。

本书是根据作者于 2011 年编辑出版的英文著作：《传播研究去西方：不同的问题与框架》(*De-Westernizing Communication Research：Altering Frameworks and Changing Questions*)中，自己执笔的三章发展而成。这本书的付梓，也是一连串因缘际会的产物。2007 年我由香港回到台北执教，当时一个有关传播研究本土化的"顶尖大学研究计划"主持人出缺，给了我一个重拾此一研究议题的机会。说"重拾"，是因为 1998 年起，我已经开始了这一主题的跨学门计划，但是在举办了几次工作坊、以及初步资料搜集之后，始终没能在工作的转换中，得到进一步开展的机会。2007年的"顶大计划"提供了一个平台——两年期间由工作坊发展出国际学术会议，会议论文再分别由《亚洲传播期刊》(*Asian Journal of Communication*)与劳特里奇出版社(Routledge)出版，至此告一段落。同一时间，台湾政治大学提供的"讲座研究费"，让我得以开启了一个颇为浪漫的"中西对话系列丛书"计划，希望能借由深入历史文化脉络去讨论各学门的关键概念，为未来建构本土论述铺路。然而系列专书第一、二本所得到的反应让我了解，对大部分学界人士，"本土化"的意义、作法与牵涉的因素，还是相当陌生与模糊。困心含虑的推敲，使我兴起了撰写本书，以及调整系列丛书方向的念头。

由文化角度来看本土学术有助于拓展视野，但也令我遭遇前所未有的挑战。首先，是"本土化"所牵涉的议题，逼使我远远离开了自己熟悉的传播研究，进入许多颇为陌生的领域——包括哲学、诠释学，甚至中东以及南亚近代史。这其中的每一个领域都足以令人倾毕生之力去钻研；而我只是一名过客、一名粗暴的掠夺者，贪心地各处寻找可以灌溉本土议题的活水泉源。书写过程中的另一挑战，是我提出的论述，是否能够通过自己所定立的标准达到自己期许他人的目标？每一支射向别人的箭，都有两支对准自己。但不论顾虑有多少，在学术的领域，态度可以谦虚，但在"表述看法"方面，却需要"(野人)献曝"的勇气。学术思想的衍展，贵在我们检验别人主张的同时，别人也检验我们的主张——包括我们对别人主张的检验。在这样的思维之下，我不揣浅陋，提出自己的看法，准备接受批评与检验。本书中对于第一代本土化论述的检讨与评论，也是在这样的思维下展开的。

检讨与评论的目的不在否定或抹煞，而是对话与讨论——这也是本书的目的。事实上，由人类历史来看，无论中国、欧洲或其他文明的传统，缺少了这一环，思想都趋向停滞。欧洲中古时期与中国在近两千年科举盛行时期，都出现思想的停滞现象。如果三百年前欧洲在抛弃神权时，一并抛弃了希腊传统，则今天的欧洲会是现在我们看到的欧洲吗？如果文艺复兴让欧洲的思想再度蓬勃发展，则华人学界何不能换个角度去审视"传统"？西方有一句谚语："（替婴儿洗完澡）不要把婴儿连洗澡水一起倒掉了"。师法西方不必全盘否定自我；科举式思考不足取，何不回到中国历史上思想发展最蓬勃的春秋战国时期去寻找答案？诸子学说的论述方法与取径，难道没有值得我们参考借镜之处？这部分我们了解了多少？

经过近两千年思想上的限缩与百余年的自我否定，如今要求华人学界融合中西，启动一次学术上的"浴火重生"，绝非易事；但若今天我们不往前走，未来将益发地举步维艰。本土学术发展是一场接力赛，最重要的是我们有没有把棒子丢掉、自我放弃。

本书大部分书稿是在退休之后写就的。我谢谢两岸四地在不同阶段给我宝贵意见的学界朋友，尤其是新加坡南洋理工大学郭振羽教授、台湾政治大学钟蔚文教授、北京大学卓南生与程曼丽教授，以及香港浸会大学张佩瑶和黎翠珍教授。多年来他们给我的回应与鼓励，让我了解本土学术发展议题在不同华人学术社群的意义。此外青年学者——包括政治大学传播学院博士班，以及北京大学新闻研究会新闻史论青年师资特训班同窗会的成员——对于本土学术发展的关怀，更令我对未来充满期待。我也谢谢在整个书写过程当中担任助理的纪金庆。金庆总揽所有的"后勤任务"，他对于我各种"非典型"文献搜寻与分析指令的回应，是我思索问题很大的助力。令人神伤的，是学术上一路相伴的好友张佩瑶教授，未及看到本书便已辞世。至于书稿能够问世，特别要谢谢华东师范大学出版社以及台北商务印书馆抛开利润考量、全力支持本书以及"中西对话系列丛书"简、繁体字版的出版。

最后，我谢谢我的女儿肇华和外子彭家发教授多年来的体谅与支持。当我离家远去新加坡与纽西兰闭门写作，老伴与家中老狗相伴，一天两餐便当度日。为了这本他口中的"天书"，到处帮我找资料，在夜晚灯下一字一句地耐心替我校订书稿。这些点点滴滴留在心头，丰富了四十年婚姻生活的色彩。

母亲任永温女士是我一生的精神支柱，而父亲公纪先生则是我的启蒙老师。现在回想起来，父母亲给我的教育其实蕴含了相当多元的文化思维。童年时期我曾因气喘病而休学，父母亲特地带我上阿里山调养身体。每天早上七点，父亲便把我叫醒，牵起我的手，在漫天晨雾的山中健走。蛛网一样的山径向四面八方延展，父亲往往不走熟路，却怂恿我去探寻未知的景色。他经常玩的一个把戏，是两手一摊，说："迷路了"。此时八岁的我，就会豪气干云地带领父亲找路。近六十年后的今天，书写本书的经历很巧妙地牵连着儿时在山中找路的记忆。不知道为什么，当年的我，对于"找到路"总是充满信心。

谨以此书献给先父母、家人，以及所有为本土学术发展努力不懈的有心人。

2013 年 9 月 15 日于基督城寒舍

第一章　"本土化"：错误的答案

距今一百多年前的中国,在遭逢殖民侵略、现代化与民主化多重冲击的同时,经历了一场惊天动地的思想典范转移。在号称"普世"的科学价值洗礼之下,中国知识分子把两千年来被视为"国学"的典籍锁进"中国文史"的小箱子,开始走上一条"学术现代化"的不归路。

然而这条"拥抱普世"的路,却并非走得无怨无悔、也绝不是全然地义无反顾。由民国初年到"文革",尽管中国文化传统曾经一而再、再而三地在各种运动中被"自己人"所否定、挞伐,但"本土"的焦土之下,种子却没有腐化、消失;一股不安的躁动情绪,隐身在"西化"、"国际化"、"全球化"的表象之下,伺机而动。由 1936 年社会学家杨开道对于"中国社会科学……只用外国的材料"[①]的批评,到潘菽[②]和吴文藻有关"学术中国化"[③]的呼吁,以至于今天华人学界有关"本土化"的检讨,都可以说是反映了同一种对于现状的不满,以及对于现代学术"普世性质"、以及自

---

① 叶启政:《社会学和本土化》,台北:巨流出版社,2001 年,第 109 页;杨开道:《序》,瞿同祖:《中国法律与中国社会》,台南:儌勉,1978 年,第 1—3 页。

② 叶启政:《社会学和本土化》,台北:巨流出版社,2001 年,第 109 页;潘菽:《学术中国化问题争议》,《读书月报》1939 年第 1 卷第 3 期。

③ 叶启政:《社会学和本土化》,台北:巨流出版社,2001 年,第 109 页;杨开道:《序》,瞿同祖:《中国法律与中国社会》,台南:儌勉,1978 年,第 1—3 页。

身角色的疑问与惶惑。问题是,"解药"在哪里?

截至目前为止,许多华人以及亚非学界人士都将"本土化"视为答案;多年来,"本土化"或多或少也都曾引起一些有关学术上"自我"与"他者"的反省。但各个华人社会的学术发展路径与学门特质不同,"本土化"被重视的程度也有差别。中国香港与新加坡受惠于其特殊的历史经验与贸易地位,研究国际化程度和压力一向较高。台湾由70年代开始经济起飞,留学生回流,积极引入国外的理论与方法。20世纪80年代,学界面临全球化挑战,杨国枢等学者发起"心理学本土化"运动之后,开始讨论社会与行为科学"中国化"的问题,港、台才陆续出现了有关本土化的学术讨论与著作①。中国大陆的社会科学研究受到政治因素牵连,起步较晚。但改革开放后社会科学重建;面对西方文献大量快速引入,学界也陆续出现了本土化、中国化的讨论。

在80年之后的21世纪的今天,国际学术环境已经与20世纪30年代大不相同,然而对于未来发展方向的疑惑仍然没有解开,学术环境在"追求国际竞争力"的压力之下,似乎更加没有多元发展的空间。有关本土化的讨论,整体而言在深度和广度上也始终没有太大突破。就如同传播学者黄旦所描述的,这些所谓"本土化""争论"其实是"有争无论";一些"非黑即白非白即黑式的你来我往"论题既然从未曾展开,也就难怪"辕门外三声炮响",但引起的不过是星点烟火;四周仍然是"一片死寂"。

---

① 黄光国:《由建构实在论谈心理学本土化》,《社会科学理论与本土化学术研讨会论文集》。南华大学教育社会学研究所暨应用社会学系,1999年5月,第20页;朱云汉:《社会科学本土化的深层课题》,《二十一世纪双月刊》(台北)第74卷,第64、73页,2002年12月。

而这种沉默,黄旦警告说,比争论本身更值得警惕和重视①。

　　"本土化"的议题未能撼动人心有许多原因:或是政治与民族情绪的参杂渗透,或是欠缺切实可行的方法与途径——都使得讨论无以为继。然则"下一步"迈不出去,其实隐含的是一个更根本的问题,就是概念本身。就以学术"本土化"的进展而言,有学者认为台湾已经由"研究现象本土化"逐渐进展到"研究概念本土化"、以至于"研究典范本土化"②。然而同样看台湾的本土化运动,也有人认为不可乐观;社会学者叶启政就认为,台湾的本土化运动不但成绩称不上耀眼,甚至遭遇瓶颈、后继乏力③。观察结论如此不同,是否因为判断标准不一、或者根本对于"本土化"的内涵有不同的认识? "本土化"究竟指的是什么? 如果意义不清楚、"本土化"是方是圆人人理解不同,我们又怎么知道如何去观察、判断,应该赞成或反对、又如何去实践?

"在地化"与一片迷雾中的"本土化"

　　意义的矛盾,常使讨论陷入泥沼,然而要澄清概念,首先要处理的是"本土"与"本土化"的差异。文献中对"全球化"的讨论不少,但有关"本

---

① 黄旦:《问题的"中国"与中国的"问题"》,《理论与经验——中国传播研究的问题与路径》,黄旦、沈国麟编,上海:复旦大学出版社,2013 年,第 36 页。
② 杨弘任:《地方知识与在地范畴本土化的一种进路》,邹川雄、苏峰山编:《社会科学本土化之反思与前瞻:庆祝叶启政教授荣退论文集》,嘉义县大林镇:南华大学教社所出版,高雄:复文图书总经销,2009 年,第 367—380 页。
③ 叶启政:《全球化趋势下学术研究"本土化"的戏目》,邹川雄、苏峰山编:《社会科学本土化之反思与前瞻:庆祝叶启政教授荣退论文集》,嘉义县大林镇:南华大学教社所出版,高雄:复文图书总经销,2009 年,第 1 页。

土"的则非常有限。在英文里,社会科学研究"本土化"一般被解释为"本土"(indigenous)或"在地"(local)。两者的意义都被它们的相反词所制约:非"外来"的,便是"本土";而非"全球"的,便是"在地"。"本土"和"在地"最主要的差别,是前者还有"原生(于一地)"的意思,例如少数民族(indigenous people)。根据语言学的说法,而"在地"的拉丁字源"locus"的意思其实是"地方"(place),①因此"在地"也和"地方"脱不了关系,然而这个"地方"却未必是一个"地理"的概念,而是人和他所居住、生活的土地之间的连结。它牵涉到人如何去"熟悉与了解自己居住的地方与小区",尤其牵涉到人"对地方的情感",或是一个让人真正觉得"有归属感的地方"。换言之,"在地"是由"人"与"地方"之间的联系与思考习惯所形塑的。② "在地"的世界可能是流动不拘的,然而人与"地方"的联系与习惯却不轻易动摇,正如哈维(David Harvey)所指出的,世界的变动愈大,我们愈像一条航行五湖四海的船,不能没有一个可以下锚的地方。③ 由上述解释,我们可以确定"在地",其实并不一定有很清楚的时间或空间的指涉。它存在于每个人心中,未必是一个客观存在的实体。

"在地"的意义已经如此抽象、流动,使得问题更复杂的,是目前中文文献谈论"本土化"概念,有时候是在"本土"(indigenous)的意义之下去谈的,但是也有些是在"在地"(local)的意义之下去谈的。这里需要注意

---

① Helena Norberg-Hodge, "Bringing the economy back home: Towards a culture of place", *The Ecologist*, Vol. 29,1999, pp. 215 – 218.

② James N. Rosenau, *Distant Proximities* (Princeton: Princeton University Press, 2003), p. 88.

③ David Harvey, *The Urban Experience*, (Oxford, 1989), p. 302.

的是,虽然这两者经常被交替使用、甚至翻译上也未必有所区分,但是如果要从全球化的理论脉络来看,则"本土化"与"在地化"却有微妙但关键性的差异:"在地化"是对应"全球化"的一个概念。全球化论述所注意的,基本上是现代自由经济体制进一步向全球扩张时所出现的各种现象,因此在这个脉络下谈"在地化",出发点与观察角度其实是"全球如何进入在地"。以广告文案为例,过去麦当劳广告里欢欣鼓舞吃汉堡的可能都是西方人,然而"在地化"之后,同样是一个在摇篮里看到麦当劳招牌就会开心欢笑的娃娃,非洲观众看到的是黑肤色娃娃,亚洲观众看到的是黄肤色娃娃。观众觉得亲切,美国汉堡薯条也卖得更好。"理论上"所有地区的商品都可以用这种方式销到其他地区去,就如同宏基计算机在国外的广告通常也不会只出现黄皮肤演员;但这并不是"全球化"论述的走向。它的观察角度反映的其实是西方,甚至是西方国家的跨国企业。也因此"在地化"的本意并不是要让"在地人"回心转意,重新认识水饺的美味,更不是要让水饺在美国卖得更好,而是要更多吃水饺的人去吃汉堡。在学术上,"在地化"所隐含的,不过是灵活运用源自西方的理论,增强它的适用性与有效性。

除此之外,"全球化"、"在地化"的论述里面,通常被忽略的另外一个涵意是:如果一个地区并没有可供外销的产品,那么谈谈外来产品的"在地化"就可以了。至于"在地"如何发展产业的竞争力、积极加入国际贸易活动就更不是论述所关心的议题。但是对于非西方学界而言,如何发展学术研究、积极加入国际对话却正是最迫切的问题。上述分析显示,在"全球化"的脉络之下谈"在地化",其观察角度与关怀主旨都并非出自"在地"或"本土",也不能涵盖目前非西方学界所关心的许多议题。由后殖民理论的角度来看,如此非西方仍然是研究中的"他者"或"客体",不但没有成为研究的主体，也没有平等对话的空间。

　　与"在地化"一词相比，使用"本土化"概念无须挂心"西方观点"的问题，但容易走入"文化原生"的死角，甚至卷入爱国、爱乡情怀或意识形态的漩涡，成为一种口号性的用词；无论赞成或反对都充满情绪反应。例如在中国大陆，有人认为"本土化"反科学、反全球化，因此是"大逆不道"的[①]；又或者认为"本土化"不是传统化、台港化，而是"发展有中国特色的政治学研究"。[②] 在台湾，日本殖民与国民党统治的经验同样使"本土化"概念无可避免地牵扯上民族情结，[③]最后引出"中国化"是否等同"本土化"的争议。但事实上，这些争议本身就已经明白提示将"本土""典型化"[④]或"木乃伊化"，是忽略了文化"同中有异，异中有同"，与"改变中有存读，存读中有改变"的特质。

　　就上述这些说法来看，"本土化"往往隐藏着十分复杂的内涵，无怪乎阿拉塔斯（Syed Farid Alatas）将之定义为一个"无定型"（amorphous）的词汇、一个定义松散的类目。[⑤]

---

① 王绍光：《西方政治学与中国社会研究》，朱云汉、王绍光、赵全胜编：《华人社会政治学本土化研究的理论与实践》，台北：桂冠出版社，2002年，第21页。
② 见童燕齐：《美国知识霸权与中国政治学研究的困境》，朱云汉、王绍光、赵全胜编：《华人社会政治学本土化研究的理论与实践》，台北：桂冠出版社，2002年，第88—89页。
③ 萧全政：《社会科学本土化的意义与理论基础》，苏峰山总编："社会科学理论与本土化"学术研讨会论文集》，嘉义：南华大学教社所研所，1999年，第44页；叶启政：《社会学和本土化》，台北：巨流出版社，2001年，第110—112页。
④ 萧全政：《社会科学本土化的意义与理论基础》，苏峰山总编："社会科学理论与本土化"学术研究会论文集》，嘉义：南华大学社研所，1999年，第44页；叶启政：《社会学和本土化》，台北：巨流出版社，2001年，第110—112页。
⑤ Syed Farid Alatas, "The definition and types of alternative discourse", in Georgette Wang, ed., *De-westernizing Communication Research: Altering Questions and Changing Frameworks* (London, New York: Routledge, 2011), pp. 238 - 253.

这个类目包含了许多不同学门、不同作者的著作，只不过是这些作者都关怀外来理论与本土文化及本土现实"不搭"的问题，以及是否有可能发展另类的科学传统。而中文文献中有关"本土化"的解释，正巧反映了阿拉塔斯的观察——意涵十分"多元"：它可以是一种建立本土知识体系的"过程"[1]、"活动"[2]，也可以是知识上的自觉、反省与批判[3]；还有更多人认为"本土化"是一种手段或策略，它包含了所有学术社群功能的自主与自立。[4] 整体而言，华人社会科学界在讨论"本土化"时，大多将之视为一种努力或手段，或更贴切地说，"本土化"是透过自省以使研究贴近心目中的"本土"的努力、手段或策略。其目的，一方面要使研究彰显

---

[1] 叶启政：《社会学和本土化》，台北：巨流出版社，2001年，第112页。

[2] 叶启政：《全球化趋势下学术研究"本土化"的戏目》，《社会科学本土化之反思与前瞻——庆祝叶启政教授荣退论文集》，邹川雄、苏峰山主编，嘉义：南华大学社会所出版社，2009年，第15页；翟学伟：《论社会心理学中国化的方向》，《社会心理研究》第三期（1993）；杨宜音：《社会文化视野下的社会科学：近期中国大陆社会科学本土化及规范画论述析评》，阮新邦，朱伟志主编：《社会科学本土化：多元视角解读》，美国新泽西：八方文化，社会科学文献出版，2001年，第325页。

[3] 郎友兴：《社会心理学中国化的方向与途径》，《社会心理研究》第二期（1994）；杨宜音：《社会文化视野下的社会科学：近期中国大陆社会科学本土化及规范画论述析评》，阮新邦，朱伟志主编：《社会科学本土化：多元视角解读》，美国新泽西：八方文化，社会科学文献出版，2001年，第326页；萧新煌：《社会学在台湾》，蔡勇美与萧新煌主编：《社会学中国化》，台北：巨流出版社，1986年，第296页；金耀基：《社会学的中国化：一个社会知识学的问题》，杨国枢、文崇一主编：《社会及行为科学研究的中国化》，南港：中研院民族学研究所，1982年，第91—114页；叶启政：《从中国社会学的既有性格论社会学研究中国化的方向与展望》，杨国枢与文崇一主编：《社会及行为科学研究的中国化》，南港：中研院民族学研究所，1982年，第115—152页。

[4] J. L. Loubser, "The need for the indigenization of the social science", *International Sociology* 3, 1988, pp. 179 – 187.

本土的语言、社会、文化特质[①]与主体性以服务本土[②]，另一方面也强调要发展理论论述与国际接轨的重要性。[③] 简言之，"本土化"主要的意义是将根基放置在本土，而不再透过西方的出发点、观察角度与关怀主旨来从事学术研究工作。

这样的定义方式虽然揭橥了本土化努力的大方向，但在方法与实践的层面仍然留下不少模糊地带。其中一个经常和这个问题缠杂在一起的，就是很多人对于"本土化"虽然有一些了解，但是对于"什么算是本土研究"却并不很清楚。有不少人认为自己所研究的人、现象，以及收集的资料既然都是"本土"的，这样的研究自然是"本土研究"，没有必要刻意区分本土或非本土。

本土研究的陷阱

确实，尽管我们已经尽量厘清"本土"、以及"本土化"概念的意涵，然

---

① 叶启政：《社会学和本土化》，台北：巨流出版社，2001年，第101页；黄光国：《由建构实在论谈心理学本土化》，《社会科学理论与本土化》学术研讨会论文集。嘉义：南华大学教育社会学研究所暨应用社会学系，1999年5月，第21页；蔡勇美：《蔡序》，蔡勇美与萧新煌主编：《社会学中国化》，台北：巨流出版社，1986年，第1—3页。郭文雄：《从社会学中国化观点看中国少数民族政策与研究》，蔡勇美与萧新煌主编：《社会学中国化》，台北：巨流出版社，1986年，第151—164页；郎友兴：《社会心理学中国化的方向与途径》，《社会心理研究》第2期，1994年；杨宜音：《社会文化视野下的社会科学：近期中国大陆社会科学本土化及规范面论述析评》，阮新邦，朱伟志主编：《社会科学本土化：多元视角解读》，新泽西：八方文化，社会科学文献出版，2001年，第326页。

② 贺雪峰：《回归中国经验研究：论中国本土化科学的建构》，《探索与争鸣》，第11期，2006年，第52—54页。

③ 李金铨：《三十年河东与河西：国际传播研究再出发》，《传播与社会学刊》，2011年第6卷第1期；郑杭生：《促进中国社会学的"理论自觉"——我们需要什么样的中国社会学？》，《江苏社会科学》，2009年，第5册。

而落实到执行层面,"研究"、"理论"、"概念"、"典范"是否就可以清楚区分"本土"或"非本土",甚或"假本土"或"真本土",仍然是一个棘手的问题。换言之,我们可以在进行研究的时候使用"本土化"这个手段,使研究更贴近我们心目中的"本土",但是"手段"如何落实,又是否可以保证或定义"成果"? 正如同一个傻徒弟可以按照师傅教他的手法去雕刻一尊观音像,但这并不能保证最后的成品就是大家心目中的"观音像"——"他"可能太胖,或眼睛太大,或姿态放纵,以至于我们已经无法确定这成品刻画的究竟是不是观音、或是真观音或假观音。然则,谁又能说出一尊"观音像"的客观评判准则和"充要条件"? 还是说:只要徒弟有心想要雕的是观音像,那就是观音像。

话虽如此,很多时候我们在讨论本土化的时候,仍然常常预设了"本土研究"的存在。多年前,心理学者杨中芳认为,要继续深化本土化研究,心理学者必须要对几个问题形成共识:[①]

1. 怎样作才算本土心理学研究?

2. 什么样的研究本土化程度才算高?

3. 如何把历史、文化放在研究的思考架构中——挖掘老古董、研究传统概念与方法就是本土研究吗?

4. 要怎样分工才能建立一个有系统的本土心理学?

杨中芳所提出的第一、二个问题,也就是:"怎样的研究才算'本土'研究?"就预设了"我们是可以明白划分'本土研究'与'非本土研究'的;只是我们对于划分的标准不很清楚,没有共识。"而她的第二个问题:"什

[①] 杨中芳:《试论如何深化本土心理学研究:兼评现阶段之研究成果》,《本土心理学研究》,第 1 期,1993 年,第 122—183 页。

么样的研究本土化程度才算'高'?还预设了一个"本土"的性质,就是它不仅仅是"是"或"不是"的问题,而还是程度的问题。杨国枢就曾批评一些国外学者对于边陲心理学研究的本土"契合性"不足①,这表示我们可以有很"本土"的研究——也就是"本土契合性"很足够的本土研究,也可以有"不大本土"或"契合性很差"的本土研究。为帮助读者了解他所称的"本土契合性",杨国枢特别整理了一套"契合性"的影响因素,②将研究以"特有"或"非特有"现象、"被研究者"或"研究者"观点、以及"单文化"或"跨文化"研究作区分,最后归纳出"以研究者观点探讨特有现象的单文化研究"为"本土契合性"最高的研究。

　　杨国枢所归纳的研究类别让我们了解在实际操作的层面如何去落实"本土契合性";然而这些要件仍然有其局限。翟学伟在评论"本土契合性"的概念时就指出,杨国枢其实并没有改变研究视角和西化立场;③叶启政则认为概念之中预设了实证主义的立场。④ 不但如此,符合"复制型研究"当中,倒有不少是符合要件的。甚至有人因为"契合性"要件中有"特有现象",因此误以为"本土化"要突显本地特色,就只能关注华人或华人社会所"独有"的信念、价值或现象,例如"缘分"、"面子"、"报",或

① 杨国枢:《心理学研究的本土契合性及相关问题》,阮新邦与朱伟志主编:《社会科学本土化:多元视角解读》,新泽西:八方文化,社会科学文献出版,2001年,第3页。
② 杨国枢:《心理学研究的本土契合性及相关问题》,阮新邦、朱伟志编:《社会科学本土化:多元视角解读》,新泽西:八方出版社,2001年,第36—39页。
③ 翟学伟:《本土社会研究的本土视角》,阮新邦、朱伟志编:《社会科学本土化:多元视角解读》,新泽西:八方出版社,2001年,第88—92页。
④ 叶启政:《全球化趋势下学术研究"本土化"的戏目》,《社会科学本土化之反思与前瞻——庆祝叶启政教授荣退论文集》,邹川雄与苏峰山主编,嘉义:南华大学社会所出版社,2009年,第7页。

网络世界的"人肉搜索"等等。这些自有其研究价值,只是如果过度强调"特殊性"(particularity),将使得理论上的讨论或开展十分困难,因为理论在本质上是"普世"或"一般"的。这部分我们在第四章有更深入的分析。

与一项研究的"本土成分"高低有关的,是所谓"假本土研究"的问题。"假本土研究"至少有两类。第一类经常可见的所谓"假本土研究",是回到传统典籍或本土文献中"指认"其中符合社会科学概念或理论的。与一项研究的本土成分高低有关的是一项研究究竟"因何而起,为谁而作"。目前,刘献中"指认"其中符合社会科学概念或理论的部分。换言之,这种研究尝试证明"西方有的,我们也有"。许多亚非学者在开始思索本土化议题时,走的都是这条路①。直到今天,类似的例子依然俯拾皆是。亚洲学界许多有关"公共领域"(public sphere)概念②的研究,都在努力证明这样的现象也可以在本地社会找到。另外一类被认为是具有代表性的例子——印度史学家及科学哲学家南达(Meera Nanda)的主张。③ 她宣称,透过古典印度文本所得来的吠陀梵语(Vedic)④知识是"科学的"。米格诺罗(Walter Mignolo)⑤不客气地批评这种研究其实是

---

① 黄旦:《问题的"中国"与中国的"问题"》,《理论与经验——中国传播研究问题与路径》,黄旦、沈国麟编,上海:复旦大学出版社,2013 年,第 44—46 页。

② Jürgen Habermas, *The Structural TransFormation of the Public Sphere*: *An Inquiry into A Category of Bourgeois Society*, trans. Thomas Burger with the assistance of Frederick Lawrence (Cambridge: MIT Press, 1989).

③ Meera Nanda 的主张见(http://www.frontlineonnet.com/fl2026/stories/20040102000607800.htm). Meera Nanda, "Postmodernism, Hindu nationalism and 'Vedic science'", *Frontline*, Vol. 20, Issue 26, 2003.

④ 早期梵语之一种。

⑤ Walter Mignolo, "The splendors and miseries of 'science'", in Boavent——ura de Sousa Santos ed. , *Cognitive Justice in a Global World* (Lanham: Lexington Books, 2007), pp. 375 - 405.

不偏不倚地掉入了西方基本教义的陷阱,因为它所改变的只是西方学界主张的内容,而非内容背后所依循的逻辑。沃勒斯坦(Immanuel Wallerstein)①更认为这种"照着西方药单到自己的传统(或社会文化)去抓药"的研究,不过是东方主义的化身——也就是由西方人眼里看自己的"虚幻角色"(avatars)。它代表着边陲学者尝试恢复自信,与西方建立平等对话的努力;但也反映出他们在急于连结本土与主流西方文献之余,忽略了其中潜藏的价值与世界观的重要差异。同样的,一些学者把"阴阳"归为西方"二元对立"传统之下,完全忽略了两者反映的世界观在根本上是绝不相同的。这种研究反而是帮助"欧洲中心"论述证明"欧洲"确是"普世"与"全球"的;即使不是"助纣为虐",也不能超越既有框架、发展由本土观点出发的论述。

　　最后还有一种研究,表面上可能具有所有"本土研究"的形式要件,但是因为这种研究所反映的不是本土而是西方——甚至资本主义者的需求,因此在本质上与18、19世纪殖民主为殖民所需而作的研究同样都是"木马屠城记"中的"木马"。1980年西方学界对于中国组织机构当中"关系"突如其来的兴趣,显然和大陆市场开放之后,西方投资者与中国官僚体系打交道的挫折经验有非常密切的关系。在这个观察角度下,所谓"社会科学研究的本土化",不过是资本主义进入各地市场的工具而已。② 这种研究代表了非西方学界对于研究问题与观察角度欠缺自主性,以至于那些有权力、影响力的一方就决定了他们所应该从事的研究,

---

① Immanuel Wallerstein, *European Universalism : The Rhetoric of Power*, (New York: The New Press, 2006), p. 46.
② *Ibid*.

以及如何进行这些研究。

由上述分析来看,一项研究是否"真本土"或"足够本土",很难以单纯的"是"或"否"来回答。过去不少学者提出"本土研究"的要件,但是一项具备所有这些要件的研究是否必然就是"真本土"或"高本土性"研究?似乎又不尽然。这个问题不但牵涉到"本土"与"本土化"的含混定义、本土资料与研究方法的应用、学术研究的动机与目的,更牵涉到对异质文化的差异是否妥善处理。以及"主体性"的根本问题。这些问题我们在后面的章节会有更深入的讨论,是由以上的分析来看,经由"本土化"来推展学术发展不仅很容易使我们陷入死角,而且"本土化"原来的词义也仍然是"令外来的事物更适用、适应本土",并不带有将"本土"转为行动主体的意思。谈"本土化"不行吗?我们今天所面对的所有困难,真的是"不够本土"所造的、抑或还有其他的问题存在?我们是否陷入了"本土"的泥沼,却忽略了问题真正的关键?换言之,如果我们跳出"本土、外来"的框框去看本土学术发展的瓶颈,可能看到什么?

在理论论辩中缺席:契机带来的危机

20世纪中期以后,全球化的浪潮席卷全球,带来的不是世界大同的气象,反而是主流政经势力进一步扩张的疑虑。但是到了21世纪初,在资本主义极度操作,以及一波波金融风暴的影响下,以西欧和北美为首的西方世界竟由征服者和解放者逐渐转换到被援助和借贷者的角色。相对地,亚洲的印度、中国、马来西亚,非洲的埃及、南非,以及南美的巴西、墨西哥等地纷纷开始展现经济实力。经济实力影响政治、体育、科学等其他国际竞争的场域,原来的"中心"虽然没有被"去除",但显然已经开始褪色。边陲地区自十九世纪以来就被帝国主义和殖民势力压得透不过气,现在终于看到了去"旧中心"的潜在可能。

近年来,社会科学在国际学术发表的整体外貌,仿佛也呼应着上述"去中心"现象。无论是以英语以外的语文,或以欧美以外地区为重点的期刊或专书不但为数更多,有关这些地区的研究也较以往更受重视。[①]除此之外,心理学门的多元发展更令人瞩目:除了早年的跨文化心理学(cross-cultural psychology)与比较心理学(comparative psychology),又发展出本土心理学(in-digenous psychology)、文化心理学(cultural psychology)、族群心理学(psychological anthropology / ethnopsychology)等等。或许在社会科学领域,心理学是个例外。早在酝酿时期,心理学研究就已经开始本土化。[②] 然而今天无论我们将"文化"一词加在任何一个传统学门的名称之前——例如文化哲学、文化经济学或文化人类学,都会发现心理学界的情况隐隐然已经成为整个社会科学界的一种演变趋势。

上述发展很容易让人感觉社会科学研究终于开始趋向"多元化"与"本土化"。多元文化论述为非西方观点开拓了空间,"边陲"在主流论述

---

① 仅仅以传播学界而言,2005 年前后已经有七种传播期刊在亚洲出版,另外,传播学门的 SSCI (Social Science Citation Index)期刊当中,以中国为主题的论文数,也逐年增加,参见 Guo-Ming Chen, "Asian communication studies: What and where to now", *Review of Communication*, Vol. 6, No. 4, 2006, pp. 295 – 311, 以及 Y. K. SO Clement, "The Rise of Asian communication research: A citation study of SSCI journals," *Asian Journal of Communication*, Vol. 20, No. 2, 2010, pp. 231 – 248.

② Kurt Danziger, "Universalism and indigenization in the history of modern psychology". In A. C. Brock ed. , *Internationalizing the History of Psychology* (New York: New York University Press), pp. 208 – 225.

中终于得到更多关注的目光——聚光灯终于扫到了过去没有什么人注意的角落;它为边陲学界带来了比以往更有利的发言位置,带动了边陲学界对于"学术自主"的关注,对于"本土化"议题也赋予了更多的"正当性"。甚至有不少学者认为,"本土"与"西方"已经开始对话。这些都指向一个前所未有的"本土"翻转颓势的契机。

然而再往深一层去看,情况其实并没有根本改变。从十九世纪以降,来自西方的"主流论述"不断推陈出新。早年的"现代化理论"盛极一时,但是历经世界各国工业化、资本主义极度扩张与两次世界大战,欧美学界在不断的反思与论辩后开始孕育出新一代的论述:20 世纪 50 年代出现的"后现代"(postmodernism)理论是针对"现代化理论"核心论点的挑战;20 世纪 30 年代法兰克福学派(Frankfurt School)则对"马克思主义"盲点提出了"新马克思主义"(neo-Marxism)和"批判理论"(critical theories);20 世纪 60 年代由英国起家的"文化研究"反映的是当时伯明翰大学一群学者对于社会上一些特殊现象的研究兴趣。同样的情况发生在社会科学方法论。尽管"逻辑实证论"(logical positivism)与"经验科学"(empiricism)从 19 世纪末到 20 世纪中如日中天,所有这些论述所标榜的原则与基本价值也都被于 20 世纪 60～70 年代出现的"后实证主义"(postpositivism)、"批判实在论"(critical realism)与"社会建构论"(social constructivism)所修订、甚至排拒。相对的,历史悠久的"诠释学"(hermeneutics)则在此同时又重新得到重视。不但如此,所有这些在过去五、六十年当中所孕育的论述,也都不断地被讨论、否定、修订,而新的论述也不断在酝酿当中。

对于"主流论述"的演变,这样的描述显然极为粗略;然而这里的重点也并不在它是如何演变的,而是在这不断演变的过程当中,华人学界——甚至整个非西方学界所扮演的角色是什么？20世纪70年代末期，由法农（Frantz Fanon，1925－1961）、萨义德（Edward W. Said，1935－2003），以及斯皮瓦克（Gayatri Chakravorty Spivak，1942－ ）等人带动的"后殖民论述"（post-colonial theories），近年来陷在反西方的思考框架，未有突破。然而除此之外，非西方学界就没有对主流论述本身提出过有力的评论或意见，遑论对话。二次世界大战后，社会科学理论与方法的转变与发展不可谓不巨大，但是在上述理论论辩的过程当中，很少看到亚非学者的身影。这现象并不单只存在于实证研究，也普遍存在于不同学术立场、使用不同方法的研究。

国际学术研究多元化蓬勃发展，亚非学者却在理论论辩过程中缺席——这其中的意涵是什么？或许，我们可以从华人社会学术发展的现况得到一些线索。过去数十年间，华人学者中对"本土化"有持肯定、也有持否定态度，而肯定的一类当中，又可以细分出较温和的"增修主义"一类，以及较激烈的"自立门户"一类。前者以修订、增补外来的理论知识为主；或至少是阶段性目标，而后者则主张完全回归传统，在本土的历史文化脉络中建立崭新的学术典范。他们在学术场域中自由发挥，看似生机无限。问题在于，无论"本土化"是否为研究的关怀要点，无论作者投身主流或自立门户，研究作品中原创的系统性理论论述都不多见。在华人社会当中，中国香港与新加坡受惠于其特殊的历史经验与贸易地位，学术研究国际化程度一向较高；20世纪80年代初，社会学者萧新煌与张笠云检视了十多项由各单位委托完成的经验研究，发现这些研究大多缺乏理论基础；理论架构与研究设计也明显脱节。1985年，萧新煌和李哲夫在回顾社会学本土化成果时发现类似的情况。台湾的社会学研究不但没有"整合性的整理与分析"，更重要的，是也没有"理论建树"。① 针对这个问题，叶启政有更直接的评论："(具有原创的)'理论'论述虽非完全空白，但也几近全无"。②

同样在中国大陆，当西方人文思想与社会科学的"大论述"(grand narrative)逐渐取代"文革"，以及"文革"以前的知识体系时，学界也出现一些质疑的声浪。翟学伟便观察到，植基于欧美文化的理论、概念与中国人所熟悉的"在地知识"相距颇远，因此中国学者往往是"在光秃秃的概念上建构学门的想象"③；反映在研究上则是被动地"套用"或"照搬"现成理论；④即便研究问题与数据来自本土经验，最后也只证实中国现实不符合西方理论，未曾提出自己的理论，与之对话。另一方面，虽有少数学者在"本土化"的大纛之下舍弃西方，选择回归历史传统，试图在文化的基础上去建构"具有中国特色的社会科学理论体系"。⑤ 然而这两种研究所带来的成果都各有其不足之处。贺雪峰认为，前者是没有历史关照，也没有理论建树的复制型研究；而后者却是没有现实关照，无法响

---

① 萧新煌、李哲夫：《卅年来海峡两岸社会学的发展(上)》，《中国论坛》(台北)第 224 期 (1985 年 1 月)，第 47—51 页；萧新煌、李哲夫：《卅年来海峡两岸社会学的发展(下)》，《中国论坛》(台北)第 225 期，1985 年 2 月，第 58—60 页。

② 叶启政：《社会学和本土化》，台北：巨流出版社，2001 年版，第 81 页。

③ 黄旦：《传播的想象：兼评中国内地传播学本土化之路径》，《华人传播想象》，冯应谦、黄懿慧编，香港：香港中文大学香港亚太研究所，2012 年，第 92 页。

④ 徐湘林：《面向二十一世纪的中国政策科学》，朱云汉、王绍光、赵全胜编：《华人社会政治学本土化研究的理论与实践》，台北：桂冠出版社，2002 年，第 363 页。

⑤ 郝雨凡：《只有充分国际化才有真正本土化》，《中国社会科学报》，2009 年 12 月；杨宜音：《社会文化视野下的社会科学：近期中国大陆社会科学本土化及规范化论述析评》，阮新邦，朱伟志主编：《社会科学本土化：多元视角解读》，美国新泽西：八方文化，社会科学文献出版，2001 年，第 333 页。

应当代需求,也不能启迪现代思潮的复古之作。这些研究不顾基本学术规范、闭门构筑理论,他认为,不关心现实的历史研究,远比不关心历史的现实研究来得荒诞。[①]

　　华人学界既然缺乏看法或创见,所能做的就颇为有限。有学者认为,我们不妨抛开理论,以研究直接响应本土社会需求。在某些领域这个答案好像可行,一个公司有产品营销问题,只要用市场调查或焦点访谈即可找出解决方案。但更深一层去看,就会发现这种想法存在很多问题,因为现代定义下"研究"的所有环节——包括方法,都可以追溯到某一个理论基础。何况学界进行"学术"研究,就更无法规避以下这个根本的问题:理论层次(包括概念、方法与典范)的论辩与学术研究的关系是什么? 只要我们承认其中是有关联的,则没有自己的理论,就只能借用现成的理论架构来从事一些数据分析的工作。在一本1982年出版的书里,杨国枢与文崇一[②]在序言里写道,全盘承袭西方的理论及方法是"问题主要的原因"。其实我们也可以说:"全盘承袭西方理论"是"问题的结果","自己不事理论论述"才是原因;又或者两者互为因果。但不论是因是果,确实如两位作者所描述的:如此一来,我们只能亦步亦趋,以赶上国外学术潮流为能事;"在日常生活中,我们是中国人,在从事研究工作时,我们却变成了西方人",或更贴切地说,是变成了"半吊子"的西方人。

---

① 黄旦:《传播的想象:兼评中国内地传播学本土化之路径》,《华人传播想象》,冯应谦、黄懿慧编,香港:香港中文大学香港亚太研究所,2012年,第75—89页;贺雪峰:《回归中国经验研究:论中国本土化社会科学的建构》,《探索与争鸣》,第11期,2006年,第52—54页。

② 参见杨国枢,文崇一主编:《社会及行为科学研究的中国化》,台北:中研院民族学研究所,1982年,序言第 i、ii 页。

离 20 世纪 80 年代已有三十余年后的今天，情况不是没有改善，但是很难说问题已经根本解决。

使得情况更为严重的，是不少研究连学术的基本规范也不顾。郝雨凡认为，近年来，中国人文社会科学的发展已经出现了普遍的规范性危机。① 事实上，学术规范不受重视与复制研究的问题可以说是相互扣连的。无论在中国大陆或台湾，会粗率地"照搬"外来理论②、套用外来的测量工具、换上本地收集的资料草草了结"结果分析"的这些研究，在学术规范上必然也有很大缺失。黄光国便指出，"许多研究者更用常识来解释其研究发现，譬如：'中西文化的差异'、'传统与现代的不同'、'社会变迁的影响'等等。"③至于曾志朗④所提到的，"隐含在社会文化实际运作中的心智活动"，或造成差异的历史文化社会脉络等等，不但少有在研

---

① 郝雨凡：《只有充分国际化才有真正本土化》，《中国社会科学报》，2009 年 12 月 26 日。
② 徐湘林：《面向二十一世纪的中国政策科学》，朱云汉、王绍光、赵全胜编：《华人社会政治学本土化研究的理论与实践》，台北：桂冠出版社，2002 年，第 363 页；萧新煌、李哲夫：《卅年来海峡两岸社会学的发展》，蔡勇美与萧新煌编：《社会学中国化》，台北：巨流出版社，1986 年，第 313—314 页；黄光国：《由建构实在论谈心理学本土化》，苏峰山总编：《"社会科学理论与本土化"学术研讨会论文集》，嘉义：南华大学教社研所，1999 年，第 1—39 页；童燕齐：《美国知识霸权与中国政治学研究的困境》，朱云汉、王绍光、赵全胜编：《华人社会政治学本土化研究的理论与实践》，台北：桂冠出版社，2002 年，第 83—97 页；叶启政：《社会学和本土化》，台北：巨流出版社，2001 年；杨中芳：《回顾港台"自我"研究：反省与展望》，杨中芳与高尚仁合编：《中国人.中国心.人格与社会篇》，台北：远流出版社，1991 年，第 15—92 页。
③ 黄光国：《由建构实在论谈心理学本土化》，《社会科学理论与本土化》学术研讨会论文集。嘉义：南华大学教育社会学研究所暨应用社会学系，1999 年 5 月，第 18 页。
④ 曾志朗：《华语文的心理学研究：本土化的沉思》，《"中国人·中国心"：发展与教学篇》，杨中芳与高尚仁编，台北：远流出版社，第 540—581 页；黄光国：《社会及行为科学之中国移植：多项变量分析之应用》，《社会及行为科学研究的中国化》，中研院民族学研究所，1982 年，第 19 页。

究架构中出现,反而经常被归入"未来研究建议"项下,一笔带过。黄光国认为,台湾的心理学研究在本质上和"代工产业"没有根本差异:代工工厂根据先进国家所交付的设计图大量生产复制品,而边陲地区的研究人员根据西方框架分析本土数据。这种研究都被黄光国称之为"复制型"的、"没有灵魂"的或"没有脑筋的素朴经验主义"的研究。[1]

无独有偶,艺术与文史研究也陆续被诊断出"失语"的问题。在文学领域,有学者认为"欧洲人的规范统治了文学的产生过程"。整体而言,近年来社会科学教育及学术研究在华人地区快速成长,社会投入大量的人力及预算,也累积了大量研究结果,这些研究让我们对华人,以及华人社会文化有更广、更深的了解。但是回顾过去累积的文献来看,数量虽然不少,未来的路途却还很漫长。二次世界大战之后,殖民地在政治上独立了,却没有在学术上独立。迄今,非洲[2]、拉丁美洲[3]与亚洲,包括华人学界基本上都仍然在复制西方的理论论述。此刻,我们不得不问:过去华人学界的成果究竟有些什么? 更仔细一点说,百年来这个庞大的学术社群在学术研究方面所成就的主要贡献是:

● 新的观察与分析角度?

● 新的概念、理论、研究方法或典范?

● 新的研究领域、方向?

---

[1] 黄光国:《由建构实在论谈心理学本土化》,《社会科学理论与本土化》学术研讨会论文集。嘉义:南华大学教育社会学研究所暨应用社会学系,1999年5月,第15—19页。

[2] Thankdika Mkandawire, "The social sciences in Africa: Breaking local barriers and negotiating international presence", *African Studies Review*, Vol. 40, No. 2, 1997, pp. 15-36.

[3] Catherine Walsh, "Shifting the geopolitics of critical knowledge", *Culture Studies*, Vol. 21, No. 2,2007, pp. 224-239.

● 数据与资料?

就个别领域来看,我们不能说没有值得一书的成绩。以费孝通有关中国社会"差序格局"的论述①而言,他引用"功能人类学"(functional anthropology)来分析中国农村现象、透过理论的应用发掘新问题,并且经由理论的评论与修订②,与西方进行对话,这正是今天许多人希望"本土化"能够达成的目标。然而类似的创新仍然过于稀少。整体而言,由上面所列的几项来看,"欠缺理论论述"是问题的核心③,但其中所牵连的其实是整个学术研究范畴中所有的面向。更广泛地说,在华人学界,学术发展不仅仅是缺乏"理论论述"的问题,而是缺乏"学术主张"。"学术主张"包括研究者对于文献中所有隐含的预设、所展现的观察分析角度与立论架构、使用的方法、背后的深层结构、价值与世界观提出的意见,也包括他自己从中所发展出来的看法与主张;这看法与主张可以包括上述四种学术贡献前三项中的任何一项。不论学派、也不论学门与研究方法,在欠缺"学术主张"的研究中,读者无法看到研究者本身背景、专长与关怀主旨所反映出来的观察角度、看法、论点或新意。由"主流论述"在过去数十年间转化的情况,我们可以了解现代"学术研究"是透过不断的、反复的思辩(dialectic)过程向前推衍的④,而这其中的关键就在

---

① 费孝通:《乡土中国》,北京:生活·读书·新知三联书店,1985 年。

② Syed Farid Alatas, *Alternative discourses in Asian social sciences, responses to Eurocentrism* (New Delhi: Sage Publication, 2006), p. 34; Frank N. Pielce, "Is there room for cultural anthropology in People's Republic of China?", Paper presented at the International Workshop on Indigenoces and Indigenized Anthropology in Asia, 1–3 May, Leiden.

③ 根据《韦氏大字典》的定义,学术研究是一种"发现与解释事实,根据新事证修订既有理论,或应用新理论或法则的活动"。

④ 有关欧洲的思辩传统请见第三章。

于研究者必须指出既有文献的盲点、并且搜集证据、提出自己的看法——也就是"学术主张";但是包括华人在内的亚非学界中人,往往走到这一步便停下了脚步。

数年前,在一场以"公共领域"(public sphere)①为题的演讲,主讲者最后无奈地以两个问题作为结语:"公共领域为什么迟迟没有出现在台湾?"他沉痛地说:"每次遇到灾害,灾民都只是要补偿金,却没人有兴趣一起讨论问题的症结与解决方案在哪里;我们的问题出在哪里?"无巧不巧,一次国际学术研讨会上,一位来自印度的学者在个案分析之后,问了几乎完全一样的两个问题。

数年后的今天,无论台湾或印度都有许多改变。这两位学者对于"公共领域"是否存在本土社会,也可能已经有不同的看法。但当时他们所提的问题,却指向本土学术研究一个十分常见的现象,就是在引用国外学者所提出的概念或理论时,大多预先假设它是普世的。因为是普世的,所以不但应该适用本土,甚至也应该有同样的功能与重要性。如果事实不是如此,那么出问题的必然是研究本身,例如调查样本太小、观察时间太短等等;再不然就是"我们自己"——人民缺乏某种素养、制度不够成熟,或社会仍在转型当中。除了将矛头指向自己,作研究的人很少去探究概念或理论的有效性(validity)与普世性(universality)问题。将理论的普世性视为是无需质疑的,不但不符合学术研究的初衷,更使作研究的人掉落一个自己挖掘的陷阱:如果理论的普世性无须质疑,那么理论便无须检验、

---

① Jürgen Habermas, *The Structural Transformation of the Public Sphere*: *An Inquiry into a Category of Bourgeois Society*. trans, Thomas Burger with the assistance of Frederick Lawrence (Cambridge: MIT Press, 1989).

也无须更多证明它为"有效"的证据;所有根据这理论所作的"学术研究"唯一的任务,反而变成是检验"本土"的"普世性"。如果在本土所搜集的资料符合理论论述,表示"本土"已经是"普世"的。万一无法证明,则表示"本土"仍然是"特殊"的、"发展、转型中"的、尚未"到位"的;也就是后殖民主义(post-colonialism)学者查卡拉巴(Dipesh Chakrabarty)所形容的,一种将殖民世界锁在历史的"等待区"(waiting room)的作法①。如此理论即使是不够完美,也不过修补一下即可。在这样的心态下,学界往往发展出一些奇特的关注重点,例如:当全球化理论开始成为主流,大家问的不是这理论的逻辑或证据是否周延,而是:"我们何时全球化?"

事实上,将理论的"普世性"来对应本土的"特殊性"有其明显的矛盾存在。首先,我们空间应该如何看待"本土"的性质? 以西方的论述来看,目前有两种相反的立场②:或是肯定、或是否定任何论述的"普世性"。如果否定"普世性",则中国台湾与印度是"本土"、是"特殊"的,但英、法、德等"公共论域"的理论的"发源地"也会是"本土"、是"特殊"的。套句查卡拉巴提的话,西方不过是另一个"本土"。如此,"公共论域"反映的是西欧这些国家的特殊性,本就不应该在中国台湾或印度出现。但如果是肯定理论的普世性,那么除非事先已经划定理论的适用限制,例如组织行为,否则大家都应该属于"普世理论"的涵盖范围。如果证据无法支持理论,

---

① Dipesh Chakrabarty, "Europe as a problem of Indian history", *Traces*, Vol. 1, pp. 163 - 164, Naoki Sakai, "The dislocation of the west and the status of the humanities," *Traces*, Vol. 1, p. 82; David Morley, "The geography of theory and the place of knowledge: Pivots, peripheries and waiting rooms," in Georgette Wang, ed., *De-westernizing Communication Research: Altering Questions and Changing Frameworks* (London, New York: Routledge, 2011.)

② 在本书第四章对"普世性"概念有更深入讨论。

就不会是"本土"的特殊性所造成的,而是理论的有效性出现问题。否则,如果中国台湾、印度这些"本土"是因为尚未发展成熟而可以划在"普世"所涵盖的范围之外的,则在"普世"范围之外的范围可以有多大? 那么"有效"的意义又是什么? 因此一方面肯定理论论述的"普世性",另方面却将本土视为"特殊",就难怪得研究的人会变成像翟学伟所形容的,"要么在说特殊情况下的现象,而不能对其公认的理论构成挑战,要么在证明公认理论的解释限度,供其修订完善";说穿了,是"怎么做都无关紧要。"①

话说回来,在现代社会提倡"公民意识"、建构"公共领域"的空间并不是不应鼓励:包括华人社会现代化、民主化的工程,似乎都是在"根据外来理论改造自己",然而纯就学术本身而言,研究的目的空间是什么? 努力设法让外来理论在"本土"的土壤生根,还是根据本土经验反思理论,进行学术对话、回馈社会? 以"公共论域"为例,世界上没有 18 世纪欧洲社会文化条件的国家很多,"公共领域"概念的预设未必成立;但"预设不成立"并不表示它对这些国家毫无价值。毕竟今天亚非大部分地区也都已经民主化;既然民主化,必然同样需要面对公共政策的议题。那么今天亚非国家中公共政策的形成,是否就不具备概念化或理论化的价值与潜力②? 我们是否可以由本土个案分析中找出不同国家公共政策形成的轨迹,检讨概念、或发展新的分析模式? 很可惜的是,非西方学界大多数学者在发现外来理论不适用的时候,不是将矛头对着自己,就是将本土与西方的差异视为另起炉灶的理由——既然双方全然不同,不如走自己的路。问题是,

---

① 黄旦:《问题的"中国"与中国的"问题"》,《理论与经验——中国传播研究的问题与路径》,黄旦、沈国麟编,上海:复旦大学出版社,2013 年,第 49 页;引自翟学伟:《"关系"研究的脱殖民化与理论重构》,习学伟:《中国人的关系原理》,北京大学出版社,2011 年,第 175 页。
② 详见第五章《"共量性"与"不可共量性"的相依相随》一节。

前者将问题归罪于"本土"，期待有一天能改造社会以解决学术问题[①]；后者闭关自守、放弃对话，两种反应都不符合现代学术研究的精神。在这样的心态和方向下会发展出何等样貌的学术研究？这种学术研究确是华人学界、以及非西方学界所追求的目标吗？

由上述例子，我们看到的一个现象，是"研究者"这个"主体"经常被他所引用的论述与收集的资料带着走，而不是由他主导研究。这是过去在检讨"复制型研究"时常被提到的，研究欠缺"主体性"的问题。由于"复制研究""套用"理论框架的现象在量化研究最为明显，因此许多学者认为，只要抛弃量化研究法就可以解决问题。事实上这个看法忽略了一点，就是即便我们不再使用量化研究法，甚至将带有实证色彩的"理论"也放在一边，转而以诠释学较通用的"论述"或"话语"（discourse）替代，仍然无法回避一个事实，就是"论述"也是一种"理念的表达"[②]。只有数据的堆砌仍然谈不上理念或想法（idea），不同的只是由堆砌量化数据转而堆砌质化资料。那么，如果过去华人学界最主要贡献只是数据与资料，未来我们是否还要照着这个方向继续走下去？

正如前面所提到的，近年来国际学界盛行的"后现代"、"后结构"（post-structuralism），以及"诠释学"等论述，使得启蒙以来就统领主流思潮的"大一统"普世知识观，终于转向"特殊"、"在地"以及"多元"。在"后殖民主义"的推波助澜之下，一时之间"在地"声势看涨，吸引了较以往更多

[①] 在后面章节里面我们会谈到，其实这心态牵涉的不只是"社会"与"学术"的问题，还包括了"本土社会"与"外来理论"的问题，也就是后殖民论述所谈的"欧洲中心主义"与"东方主义"。

[②] 张佩瑶：《传统与现代之间：中国译学研究新途径》，湖南：湖南人民出版社，2012年，第131页。

的目光，也进一步激发非西方学界思考学术未来方向的动力。然而这个转变所代表的，仍然是西方学界对于现代性在欧美社会出现的种种复杂问题的响应。它对西方世界之外的"在地"意义究竟是什么，则并没有明确答案——主流学界甚至也没有太多的兴趣与讨论。"在地化"的火烧得愈旺，"在地"的冷灶也愈显突兀。如果非西方学界不趁势积极面对"在地"、"本土"的学术开展，则前述多元化与去中心的路能走多远、是否可以解决"在地"问题不但是个未知数，连带亚非学界对于主流典范的批判也失去了着力点。如果确是这样，则现在的努力是否也不过是配合西方学界的卖力演出？毕竟"文化研究"的源头是英国，"后现代论述"和"批判理论"同样和欧美文化社会脱不了关系。这一幕过后，是否回归西方主轴，还坐实了"你拿不出东西"的帽子？换言之，当"大叙述"、绝对性与普世性饱受排斥与否定，一切讲究多元、相对、特殊性，亚非学界所面对的却是一个颇为矛盾的情况：跟着走"小叙述"的路，看似是回归本土，实际上却又仍然在跟随西方，如果未能利用机会走出"自己的路"则最终是否也会落入类似"后现代"[①]与"特定文化取径"的论述僵局？（详见第四章）对于一些华人学者批判主流论述，石之瑜有颇为中肯的观察：

> ……借用批判学派除了有助于抗拒欧美的情绪外，是不是真的有利于反帝反殖民呢？……好像任天堂游戏，用游戏主人已经规定好了的武器相互投掷，在进入屏幕的厮杀情境时，疏离了自己的生活实践，塑造一个西方，在反对它……或修正它……

---

① 劳思光：《当代西方思想的困局》，台北：台湾商务印书馆，2014 年。

的过程中,培养一种中国特色的感觉。[1]

因此整体来看,国际学界所显现的"多元"和"本土"趋势充其量只停留在表象,"主流典范"仍然牢牢地掌握在欧美学界手里。

这情况可以用一个比喻来说明:如果学术研究无数发展的可能性隐藏在黑暗当中,则概念、理论与典范框架就是一支火把,它引导我们去关注某一个特定的区域范围。但是如果我们全体都只靠一支火把引路,而不自备火把,就永远只能跟着它的光走,永远只看到从它的角度所看出去的景色,以及它所能照到的范围。即便我们自己的样貌,也得依赖拿着火把的人描述给我们听。不但如此,用这支火把找路的人还可能会走错路、迷失方向,或在原点打转,那么跟随在后面的人又如何? 就算是他不犯错,他要往哪个方向去照,也是他依据自己——而非跟在后面的人——的想法和需要来决定的。简单地说:广义的理论论辩就像是别人手中的火把,而我作学术研究,就是去借别人的火把的光来收集柴火,并点燃自己的火把。因此只将理论或论述作为引导资料收集与分析的工具,不检讨它的预设、逻辑架构、与论据的周延与否,也不提出任何主张或看法,就等于"谁有火把跟谁",却不思借用别人的火来点燃自己的火把。这种不从事学术对话的研究很容易沦于一种"习作",只需将数据套入不同的公式便可完成。在这种情况下,研究人员能证明的,只是他们具有一些理论论述的知识,以及收集、组织、分析数据的能力。我们可以不客气地说,研究只为提供数据而没有理论论述,等于是出了劳力,却将型塑论述的机会拱

---

[1]　石之瑜:《政治学是一种政治主张,中国人有没有自己的主张》,《华人社会政治学本土化研究的理论与实践》,台北:桂冠出版社,2002 年,第 57—81 页。

手让人。学术研究不能脱离理论论述所设定的方向与范围,如果对"框架"束手无策,就很难逃脱沦为欧美理论论述"实验室"的下场。[①] 所显现的,是思想上与原创性的贫乏。换言之,学术研究的最终目的并不在于证明作者收集与处理资料的能力,而在于提出作者对研究议题的重要看法。如果没有,即使主题定位在本土的特有现象,或使用了大量本土历史与文化背景资料,这项研究可能依然停留在探索问题、描述现象的初始阶段,而尚未由资料分析中发展出理论论述。也就是说,研究所贡献的仍是数据资料,在这种情况下,斤斤计较研究是否可以称之为"本土",或有多少成份的"本土"血统,意义又有多重大?

确实,在西方强大的影响与现实环境限制之下,华人学者要求突破而有所作为并非易事;然而如此大的一个学术社群在如此长的一段时间内,在领导社会科学研究的思想、理论论述层级的贡献都非常有限、甚至没有参与论辩,这情况便不仅仅是研究性质可以解释的。造成"研究欠缺学术主张"的问题,训练不足、大环境不佳都是原因[②],却绝不是全部原因。撇开研究基本规范的问题,我们在人文与社会科学研究的各个环节之间似乎出现了问题:收集数据和资料的功夫可能已经作了不少,然而最终并没有能根据研究者的反思与研究发现有效"反馈"到理论层面的讨论。"代工式研究"所传达的讯息是,大多数研究人员并没有显示要突破现状的意图或深刻的省思,反而是采取了最安全、便捷的作法去交卷。深一层次看

---

① Yoshitaka Miike, "Beyond Eurocentrism in the intercultural field", in William J. Starosta & Guo-Ming Chen, eds. *Ferment in the Intercultural Field*: *Axiology/Value/Praxis* (Thousand Oaks: Sage Publications, 2003), p. 244.

② 傅大为:《历史建构、边陲策略、与"中国化"》,《岛屿边缘》,台北,第 1 卷第 1 期,1991 年,第 103—127 页;叶启政:《社会学和本土化》,台北:巨流出版社,2001 年,第 124 页。

这个现象,与其指责理论背弃了我们,不如说我们放弃了理论。

将眼光放远一些来看,"复制型研究"所影响的,还不只是某一个学术社群在国际社群中所扮演的角色与它的未来。如果学术对话可以化为一幕舞台剧,则剧中人理应各有其必须要扮演的角色和背诵的台词。我们可以想象舞台上有一些人在表演,而其他演员只是模仿主角的动作和台词吗？过去"后殖民"以及欧洲中心主义的论述大多指责西方论述独大的现象,却忽略了这个现象所造成的另一个问题,就是唐宁(John Downing)所指出的,今天国际学界人文与社会科学的讨论,基本上都不过是"主流西方知识传统之内的'独白'"①。表面上学术主张针锋相对,实际上系出同源;遵循的是同样的典范,秉持的是同样的世界观与价值观,具有同样的优势但也暗藏同样的盲点。同样的,"源自欧洲的"社会科学所能提供的研究工具与规范虽然五花八门,这些方法仍是由一"特殊"(并非"普世")的社会文化脉络与知识系统所孕育出来的。在此系统中所设计的有效性的检验,以及过程当中所遭到的批判,也都还是来自"自家人",并没有脱离这个知识体系,其思考框架与基本预设。就像钟摆,论述方向可以由一头摆荡到另外一头,但"万变不离其宗",无论是摆到极左或极右,仍然同属同一"钟"之下的运动;没有、不会、也不可能变成"土圭"。② 甚至我们可以说,正因为钟的设计如此,才会有钟摆的现象。

任何学术体系都有优点与缺点,在某一时空情境下,一个体系的优势可能凌驾其他,但这并不表示这个较优体系就完美无瑕,其他的就全无价值。

① Downing, J. *Internationalizing Media Theory：Transition，Power，Culture* (London：Sage，1996)，p. xi.

② 中国最古老的定时器,公元前两千余年前始于尧帝时期。

无论是否别无选择，当西方传统之外的研究人员抛弃自己的世界观与价值观，以及本有的优势尽力追随模仿时，其实是造成了另一层次思想上与原创性的贫乏。在学术研究的领域里，"追随者"没有贡献，也没有地位；而看似居于领导地位的"被追随者"同样没有得到好处，它失去重要的对话对象，无法由不同的观点得到更多启发与成长，也失去了精进的机会。无论是有意还是无心，今天国际学界所面临的，实际上是一个双输的局面：思想上的"去殖民"是所有人——包括西方学界——的事情，绝不仅仅是边陲学界的事情。①

学术社群"不事经营学术主张"的另一个问题，是研究与社会脱节。近年华人学界关心本土化议题，最常见的理由就是外来理论"不适用"。② 简单说，就是欧美所发展出来的典范、理论和方法并不适合用于分析、了解我们的心理、行为与社会文化，或解决我们的问题。我们在前面提到，有学者将外来理论与本土现实的"不合"归咎本土，但也有人认为外来理论既然不好用，不如抛开理论，以研究直接回应本土社会需求。还有学者认定"经营理论论述"与"回应本土需求"两者根本不可得兼③；

---

① Walter Mignolo, "The splendors and miseries of 'science' in Boaventura de Sousa Santos ed." *Cognitive Justice in a Global World* (Lanham: Lexington Books, 2007), pp. 375 - 405, 另一版本出版在：Walter Mignolo, "Prophets facing sidewise: The geopolitics of knowledge and the colonial difference," *Social Epistemology*, Vol. 19, No. 1, pp. 111 - 127.

② 黄光国：《由建构实在论谈心理学本土化》，《社会科学理论与本土化》学术研讨会论文集。嘉义：南华大学教育社会学研究所暨应用社会学系，1999年5月，第13页；许纪霖：《学术的本土化与世界化》，《香港社会科学学报》，香港：香港牛津大学出版社，1995年第3期；王绍光：《西方政治学与中国社会研究》，《华人社会政治学本土化研究的理论与实践》，台北：桂冠出版社，2002年，第21—55页；蔡勇美与萧新煌主编：《社会学中国化》，台北：巨流出版社，1986年。

③ 黄旦：《问题的"中国"与中国的"问题"》，《理论与经验——中国传播研究的问题与路径》，黄旦、沈国麟编，上海：复旦大学出版社，2013年，第50页；引自翟学伟：《"关系"研究的脱殖民化与理论重构》，翟学伟：《中国人的关系原理》，北京大学出版社，2011年，第175页。

将焦点放置在理论必定使我们偏离社会需求。诚然，广义下的"研究"种类很多，例如，解决实务上问题的研究；未必每一种都必须锁定理论的讨论，我们也不能期待每一项研究都产生新的理论或方法。然而将研究限缩在实务层面其实存在两个问题，首先，这么做是否就可以规避理论层面的问题？在某些领域这个答案好像可行；一个公司有产品行销问题，只要用市场调查或焦点访谈即可找出解决方案。但更深一层去看，就会发现这种想法存在很多矛盾之处；因为现代定义下"研究"的所有环节——包括方法，都可以追溯到某一个理论基础。因此即便是纯粹应用的研究，也不可能完全不碰触知识与理论，以上述"火把"的比喻来看，"完全舍弃理论"不只是"放弃点燃自己的火把"，而是连别人的火把也一并放弃；如此只能在黑暗中摸索了。其次，"学术研究"与企业所作的市场调查或政府智库所作的政策分析毕竟有无不同？前者是一种围绕着理论知识进行的活动；正如我们在前面一再强调的，研究的目的在了解，但更在于产生系统性的理论知识或提出论述理念①。因此数据或资料主要的价值并不仅在于分析一时一地某社会的问题或描述一群人的生活形态，而在于它们提供讨论、并发展新学术主张的依据；单凭数据资料与实证研究的累积，并不一定就能够归纳出理论②。

在实务上导致"拿错药方治错病"的原因不是研究人员太专注于理论，而是粗率套用外来理论的结果。在学术上，这种研究同样可能是牛头不对马嘴；不但无法贴近本土社会，也无法贴近西方社会。这里需要厘

---

① 《韦氏大字典》将学术研究定义为一种"发现与解释事实、根据新事证修订既有理论、或应用新理论或法则的活动"。

② Larry Laudan, *Progress and Its Problems Towards a Theory of Scientific Growth* (London：Routledge & K. Paul, 1977).

清的,是对本土而言,"外来"理论未必没有价值;数百年来非西方国家的"现代化",所依恃的也不过是"外来理论"。即便查卡拉巴提也承认,对于"非西方",西方知识是不适切、但也是"不可或缺"的①。问题是"复制型研究"毫不考虑这些理论、概念与本地社会文化脉络之间的距离与扞格②,最终是"我们的研究"与"我们的社会文化"之间疏离、甚至脱钩。

事实上理论知识"不适用"有两个层面的议题。其一,是我们在稍后谈到普世性时会再提到的,就是理论知识"不适用"并不是个无解的问题。首先,理论本身原本就并非是一成不变的,即使在"发源地"的社会文化脉络,它也不断遭受挑战、甚至被淘汰。③ 其次,我们在前面提到,以西方的论述来看,目前有两种相反的立场④;或是肯定、或是否定任何论述的"普世性"。如果按照知识社会学(sociology of knowledge)与后实证主义(postpositivism)所主张的,则思想与知识起自我们所生活的社会文化场域,也必然反映着这社会文化的需求与价值观。假使我们暂时抛开例如"欧洲中心主义"或"文化本质主义"这些因素不谈,则外来理论论述因为观察角度与价值观而忽略另一"本土"的特殊性而产生误谬,其"水土不服"并不难理解,甚至是可以预料的。因此,一项研究原封不动

---

① Dipesh Chakrabarty, *Provincializing Europe: Postcolonial Thought and Historical Difference* (Princeton: Princeton University Press, Oxford: Oxford Press, 2000); David Morley, "The geography of theory and the place of knowledge: Pivots, peripheries and waiting rooms," in Georgette Wang, ed., *De-westernizing Communication Research: Altering Questions and Changing Frameworks* (London, New York: Routledge, 2011.)

② 这个部分我们将在第四章有关方法的部分再深入探讨。

③ 详见第三章"治学与求知"有关论辩(argumentation)部分。

④ 详见第四章。

地沿用外来框架,则它反映的自然也不会是本土的需求与价值观。然而这里我们必须避免陷入"'特殊'与'普世'非此即彼"的思考框架;也就是说,文化不可能全然"同",也不可能全然"不同"——不是全然普世的未必就全然独特,或没有雷同或相通之处。查卡拉巴提认为外来的理论知识对于本土是"不可或缺"的,就表示本土与非本土必然有相似的需求,否则现代科技又怎能成为现代人类生活中如此重要的一环? 在这种认识下,我们可以舍"普世";但是舍弃"普世"不表示我们必须跟随西方,立刻跳到"普世"相对的另一极端"特殊"。相反的,以文化的特质来看,找到文化间可以"相通"或"可共量"(commensurable)之处,并由此来检讨理论论述,是更为可行的方案。

我们在第五章会详细讨论"普性"与"可共量"的概念。在此处需要说明的是,即便理论不可能"普世",我们仍然可以在"可共量"的基础上讨论、检验与质疑它的有效性。

此时文化或时空差异在预设、推理或证据所造成的问题便是重要的考虑因素。事实上,由发展本土学术的观点来看,这差异往往是主流论述的盲点,也是亚非学者据以检验文献,并提出新学术主张的关键。很明显的一个例子是:今天在贫穷线挣扎的地区,究竟应该适用"后现代"、"现代"还是"前现代"的观察角度与研究分析框架?"后现代"论述来自欧美学者对于"现代性"的反思。然而,后现代论述出现的时候,世界上的这些低收入国家仍然处于低度现代化的情况,它们所面对的问题与挑战不仅与"后现代"论述的发源地区不同,而且与当年这些地区处于"前现代"与"现代"时期所遭遇的问题与挑战,也大不相同。所面对的问题与挑战大不相同。这就提供了非西方学界一个打破以线性思维对待"现代"议题的最佳理由与机会。

　　如果国际学界转向多元文化为"本土"带来了发展的契机，则坐失这一契机所显露的便是深刻的危机。目前我们面临的最大挑战，是如何避免"复制型研究"的陷阱，一方面扎根本土、一方面与国际对话；更实际地说，是如何避免研究疏离本土的社会与文化。这些问题所牵连的范围很广，包括方法论的、认识论的、世界观的；更多的是学术研究上的异质文化议题。过去文献对于这类问题并非没有讨论，然而即便同为华人学界，不同的社会经验与学科素养所引发的看法也十分分歧。在这第一章我们尝试由过去的讨论中整理出一些关键议题，并根据这些议题来探究学术在"本土"的出路。事实上，本土学术的开展会陷入困境，不但有其历史与文化上的因素，也有思考方式等等的问题。在更深入去讨论与发展本土学术相关的议题之前，我们需要先对整个非西方的学术生产脉络——也就是目前华人——甚至亚非学界——所面对的心态上、以及体制上的状况先有一个较为全面的了解；这也是第二章所要讨论的。

自己的敌人:"西方主义"

近年来,非西方学界在检讨"本土化"以及"理论难产"的问题时,大多将表现欠佳的原因归之于两类因素:内在的,包括全盘接受西方论述,粗率套用外来理论框架的做法;外在的,例如"科学主义"(scientism)、"欧洲中心主义"、"东方主义"。然而对于他们——或者应该说"我们"自己——也是身处问题核心的非西方学界中人——所承袭的历史包袱、身处的环境与挑战却极少着墨。

对于西方与非西方世界①在"知识生产"方面的不平衡,阿卜迪(Ali A. Abdi)曾经指出两个主要的肇因:首先是欧洲教育体制的引进与全球化,其次则是本土学界对于"在地生活"和"学习"之间是否密切关联,并

---

① 例如"非西方世界"、"非主流西方"、"边陲"、"东方"(Oriental,East)、亚洲相对于"西方"(Occidental,West)、"主流西方"、"中心"、"欧洲"都同样意义含混,同时忽略了内在的差异与多元性,然而在论述中我们无法完全避免使用这些名词,Hall(1992,p. 277)认为"西方"的概念容许我们将社会分类总结不同的特色,同时为评鉴与比较社会提供一套标准。在本章,"主流西方"一词,是指在18、19世纪曾经是殖民帝国的欧洲国家,以及因为欧洲在全世界势力扩张而产生的新国家,例如:美国、澳洲;而非西方主要指的是二次大战之前被殖民或被外国势力所占领的地区。本章采取这样的定义是因为议题的焦点在对比殖民时期中双方经验的差异。在某些文句中,"西方"被用来指涉欧洲与北美;在谈到东方主义的时候,则指的主要是欧洲。

不重视。① 相反的,他们往往认为西方价值、思想与事物比本地的更为有用、更重要,因此把它们当成学习与研究的重心。这个倾向和阿拉塔斯(Syed Farid Alatas)及余英时所形容的:"不分青红皂白地接受源于西方的观点、概念与理论"是同一类的问题。②

针对这个现象,我们现在要谈的还不是"是否要接纳、排拒或创新西方理论"——这个问题可以稍后再来讨论,而是"要"或"不要"背后的逻辑究竟为何? 盲目的排拒与草率的创新就和盲目接受一样,也会是个问题,那么我们可以由非西方学术社群的心态,以及这个社群所处的社会文化脉络里学到什么呢? 萨义德(Edward W. Said)曾经指出,殖民时代以殖民官、学者与文学家所形成的"东方论述"存有严重的曲解。③ 他所提出的"东方主义"将焦点放置在殖民主建构东方论述的方法上,因而开启了新的理论视野;④但是"东方主义"重点是在"西方":西方是行动者(actor),而"东方"只是文辞暴力(discursive brutality)下的牺牲者。但是殖民统治结束之后六十年的今天,这个"受害人"早已不同当年;但是学术的颓势依旧,显然单单指责加害者已经不能找到问题的答案。正如同陈光兴所指出的,继续对西方进行偏执的批判,结果是被批判的对象所制约、无法脱身。⑤

---

① Ali A. Abdi, "Eurocentric discourses and African Philosophies and epistemologies of education: Counter-hegemonic analyses and responses", *International Education*, 36(1), 2006.

② Syed Farid Alatas, *Alternative Discourses in Asian Social Science: Responses to Eurocentrism* (New Delhi: Sage, 2006).余英时:《中国思想传统的现代诠释》,台北:联经出版事业公司,1987年。

③ Edward W. Said, *Orientalism* (New York: Vintage, 1979).

④ Ning Wang, "Orientalism verus Occidentalism?", *New Lietary History*, 28, 1997, pp. 57 – 67.

⑤ 陈光兴:《去帝国:亚洲作为方法》,台北:行人出版社,2006年,第3页。

对于非西方人而言，"东方主义（Orientalism）"论述中最值得注意的，不仅只是这种态度已经形成"西方"对"东方"整套知识体系与殖民统治的基调，同时它也影响东方人如何看待自己。或许受限于他本人的生长背景[①]，萨义德的论述并没有对后者有太多着墨。但无可否认的，如果我们要深刻了解"东方主义"如何对东方人造成影响，就不能不去了解东方人如何看待西方以及看待自己。事实上，主流西方的霸权以及西方的"他者"（Other）的反应是相互作用的一体的两面。所谓"一个巴掌拍不响"，如果我们只看一面，必然无法深入了解整体情况。正如阿卜迪所指出的，轻视本土反映的正是这种"东方人习惯由西方人的角度来看自己"的特异现象。[②] 这里所牵涉的还不只是视角的问题，由历史上来看，"后殖民"学者所提出来的"贱民心态"（subalten mentality）[③]和非西方世界遭遇西方的情境有很大关系。这些历史情境形塑了非西方世界对于西方的了解、认知，也决定了因此而产生的知识体系样貌。

到目前为止，无论是东方主义或后殖民的文献，仍然很少由华人社会、亚洲、非洲，或拉丁美洲的角度来检视这些议题的研究。与其将注意焦点放在主流西方霸权，本章尝试将注意力转到"非西方"，尤其是华人在过去三百年的历史经验——也就是"西方势力东渐"的这段关键时期。这么做的目的是要超越"东方主义"所关注的范畴，了解"西方主义"论述的本质与特色，以及它被建构的历史背景与脉络，并描述"非西方"凝视

---

① 萨义德虽然生在巴勒斯坦，早年接受的却是欧洲殖民教育，16 岁之后长期客居欧美。

② Ali A. Abdi, "Eurocentric discourses and African Philosophies and epistemologies of education counter-hegemonic analyses and responses", *International Education*, 36(1), 2006.

③ Dipesh Chakrabarty, *Provincializing Europe: Postcolonial Thought and Historical Difference* (Princeton: Princeton University Press, 2000).

"西方",以及"非西方"凝视它自己(Self)的方式之间,如何形成一个共生关系。作者认为,"西方主义"的讨论,能够提供一个分析架构,以便:

(一)厘清现存知识体系上层架构一些缠杂不清的问题,以及非西方世界社会科学研究理论化的困难,例如:欠缺原创思维及深刻省思,以及研究与其社会与文化脉络的割裂;

(二)鉴往知来。一位优秀的驾驶不但要向前看,也必须要不时地看看后视镜,回到历史可帮助我们了解为何世界是今天的样貌,以及我们要怎样才能到达目的地。本章在简短回顾西方主义文献之后,将会使用中国的案例来描述非西方世界是如何遭遇一个现代的欧洲,以及这些经验如何形塑了西方主义论述。作者希望,这么做能够帮助我们更深入了解为什么西方对于社会科学研究能有全面性影响,以及包括华人的非西方学界究竟可以怎么做,才能对学术研究有更大的贡献。

在进入主题之前,我们需要先说明本章一些名词使用的问题。第一章曾经提到,人类文化与社会在本质上就是开放与动态的,因此将其中一些视为一个"集合体",例如:将印度、泰国、菲律宾、中国及日本等国都视为"亚洲国家"或"东方",就很难避免过度简化的问题。当然,将亚洲、非洲甚至拉丁美洲都放在一起称之为"非西方",以与"西方"对立,也是颇为粗糙的二元分类。使用这些名词不能忽略其内在的复杂性与多样性,何况由另一个角度看,是"东"或是"西"其实不过是一种相对(relative)的说法——"地球上的每一点都同时是西方、也是东方"。[1] 萨

---

① Christopher Lloyd GoGwilt, *The Invention of the West : Joseph Conrad and the Doublemapping of Europe and Empire* (Stanford: Stanford University Press, 1995), p. 15.

义德也承认对于不同的人，“东方”会有不同的意涵，在他而言，“东方”指的主要是与欧洲相邻的伊斯兰中东；但是对东亚而言，“中东”已经很接近“西方”了。

因此在本章这些名词并不是要用来形容一个二元对立的关系，而是区分在重要的历史转折点与冲突点上，占据了不同位置的双方；因为在冲突中的位置与角色不同，对于同一场战役、同一份协议与同一时期的统治，双方所留下的记忆与诠释绝对不可能相同——例如“殖民主”与“被殖民者”。当我们将历史情境与地理名词结合起来时，不同群体之间的差异便会显现出来。

伯奈特（Alastair Bonnett）曾经指出，尽管在人文与社会科学研究中，欧洲和北美占据着核心地位，然而“西方的‘他者’如何想象西方”，却很少成为注意的焦点。① 相对于“后殖民”论述对“东方主义”的重视，有关“西方主义”的文献不但颇为零散，而且这个名词也曾经以非常不同的面貌出现；②例如，非西方世界对于西方世界的刻板印象，或者是西方文明所形塑的意识形态。③ 截至目前为止，文献中有关前者“刻板印象”的论述主要出现在《西方主义：在敌人眼中的西方》（*Occidentalism：the West in the Eyes of its Enemies*）一书当中。这本书是纽约世贸大楼遭受攻击之后完成的著作，作者强调他们无意借这个概念发动一场全球的反

① Alastair Bonnett，*The Idea of the West：Culture，Politics and History*（Houndmills，Basingstoke，Hampshire，New York：Palgrave Macmillan，2004），p. 7.
② Alastair Bonnett，*The Idea of the West：Culture，Politics and History*（Houndmills，Basingstoke，Hampshire，New York：Palgrave Macmillan，2004）.
③ James G. Carrier，ed.，*Occidentalism：Images of the West*（Oxford：Oxford University Press，1995）；Ian Buruma and Avishai Margalit，*Occidentalism：The West in the Eyes of Its Enemies*（New York，2004）.

恐战争，或抹黑"西方"的敌人，然而将这样一个概念放置在"反恐"的框架下去检视西方文明所受到的负面评价与"去人性化"描述，^①其观察与分析难免流于片面。相对的，伯奈特却认为，起自不同文明之间的接触与交流的"西方主义"，可能激发不同的现代化模式，所以也可以有正面的效果；^②而范恩（Couze Venn）更视之为"自我创造"（project of self-invention），以及讨论现代性与后殖民主义的领域。^③

由于"西方主义"曾经被用在极为不同的论述脉络里，它的定义也成为问题。事实上，作为"东方主义"论述的自然延伸，"东方主义"与"西方主义"之间不可避免地存在一种微妙、矛盾的论述关系，共同分享着意识形态上的策略。在文献中，"西方主义"不但是隐含在"东方主义"之中，也经常是透过"东方主义"被定义的。我们甚至可以说它是"东方主义"对立的论述、对立的记忆、甚至是对立的"他者"（counter-Other）。^④正如柯容尼（Fernando Coronil）所指出的，如今我们对"东方主义"的批判，往往不能不由"西方主义"开始。^⑤

在本章，"东方主义"与"西方主义"之间的关系并非论述重点，

---

① Ian Buruma & Avishai Margalit, *Occidentalism: The West in the Eyes of Its Enemies* (New York, 2004), pp. 10 - 11.

② Alastair Bonnett, *The Idea of the West: Culture, Politics and History* (Houndmills, Basingstoke, Hampshire, New York: Palgrave Macmillan, 2004).

③ Couze Venn, *Occidentalism: Modernity and Subjectivity* (London: Sage, 2000); Christopher Gogwilt, The Invention of the West: Joseph Conrad and the Double-Mapping of Europe and Empire (Stanford: Stanford University Press, 1995).

④ Xiaomei Chen, *Occidentalism: A Theory of Couter-Discourse in Post-Mao China* (New York: Oxford University Press, 2003).

⑤ Fernando Coronil, "Beyond occidentalism: Toward nonimperial geohistorical categories", *Culture Anthropology*, 11(1):51 - 87, 1996, p. 57.

但是讨论“西方主义”很难完全不提“东方主义”。由学术论辩的角度看，无论要谈“东方主义”或“西方主义”，都必须先回答两个问题：“东方”与“西方”的内涵为何这样的对立适切？再者，它确实存在吗？根据萨义德的说法，“东方主义”包括了两个彼此密切关联的论述层次：

1）学术层面，任何作有关东方研究的学者都是东方主义者，而他们所作的，就是“东方主义”。

2）一般性的、基于东方与西方在认识论与本体论上的差别而形成的思考风格。① 这包括文学作品、社会分析、政治档案里面所提到的东方，以及东方的人民、风俗、思想与命运等等。

上述解释未必周全，但为便于对照分析，本文采用萨义德论述中的“西方”——也即欧洲为主体的文明，并以“西方主义”代表同样两个层次的论述。换言之，“西方主义”指的是：“东方人对于西方所建构的论述，这项论述在特殊的历史情境中成形，而这历史情境从而决定了它的本质、特色、以及观察角度”。这里的重点并不是在论述的内容，而是它被形塑的历史脉络；也就是过往的发展如何塑造了非西方观看西方、以及看自己的方式。现存的知识体系不可能脱离“东方主义”与“西方主义”而存在，正如同“东方主义”的“他者”不可能脱离“西方主义”的“他者”存在。也因此，“东方主义”与“西方主义”不是一种二元对立的关系，而是相辅相成的，就好像“东方”或“非西方”并非“西方”的对立面。

至于相对应的“东方”，本文关心的重点为华人，但也及于其他亚洲文明，因为三百年西方殖民期间，亚洲各国在政治、经济，以及文化上所

---

① Edward W. Said, *Orientalism* (New York: Vintage Books, 1979).

承受的与经历的有颇多共同之处,而今天在学术自主发展上也面对同样的挑战。

遭遇西方

东方人对于西方印象的建构,是在数百年的历史过程中所逐渐形成的,这过程远比《西方主义》一书中所写的复杂,[①]其中或许不免存有对于"西方"的排斥与敌意、甚至曲解,但也并非全无根据。1096 年十字军东征,血腥胜利的代价是加强了回教徒心目中对于欧洲人的负面印象:"欧洲人是侵略、无知、野蛮,以作战、争吵方式推广自己生活方式的人"。[②] 但是如果我们稍微仔细一点,就会看到在许多面向上,"东方"对"西方"的论述,与"东方主义"中所描述的"西方"对于"东方"的论述,具有根本的差异。而这差异的源头,是两方在同一个历史场景中完全相反的角色与位置。

在 17 世纪与 18 世纪之间,欧洲势力在启蒙与工业革命之后,达到一个前所未有的高峰。它在武器与航海方面的优势、资本主义的兴起、以及对于原物料与市场扩张的需求,很快就为欧洲累积了殖民的能量。欧洲不但有能力、也有理由来了解他领土之外的世界。为了满足向外扩张政经势力在知识上的需求,仅仅在 1800—1950 年的这 150 年之间,欧

---

① Ian Buruma & Avishai Margalit, *Occidentalism: The West in the Eyes of Its Enemies* (New York, 2004).

② Akbar S. Ahmed, *Islam under Siege: Living Dangerously in a Post-Honor World* (Cambridge: Polity, Malden: Distributed in the USA by Blackwell Pub., 2003), p. 78.

洲出版有关中东的书籍,就高达六万本。[1] 然而东方的统治者与知识分子了解西方的需求却截然不同——在需求的原因、程度,或本质上都是如此。在 18 世纪,包括中国的清朝、南亚的莫卧儿王朝(Mughal Dynasty)以及中东的奥图曼帝国(Ottoman Empire)、东欧的一部分以及北非,都是政治与军事上的强权。这些帝国虽然已经呈现衰败的迹象,它们仍然掌控了广大的土地,各自盘踞在自己的地盘上,汲汲营营于本身的事务。或许教育体制的发展限制了这些帝国建构欧洲研究的能力,然而最重要的是在那段时期,它们并没有显现出有发掘与学习欧洲的意图,甚至也没有察觉到巨大变化已然在身边出现。这些庞大的亚洲帝国对于统辖范围之外的世界没有兴趣,也不感觉有需要去了解。在欧洲,波兰人哥白尼(N. Copernicus,1473 - 1543)以太阳为中心的《天体运行论(Revolutionibus Orbium Coelestium)》在 16 世纪已经成为热烈讨论的议题,然而一直到 17 世纪末期,它才第一次在土耳其出现。[2] 在伊斯兰世界,更是迟至 1802 年才在埃及首度出现有关西洋的书籍。[3]

至于中国,虽然早在唐代之前已经与边疆以西的诸国有贸易以及宗教的来往,但是最早的科学知识还是由耶稣会传教士在明末万历年间传入的,这时候虽然出现了一些欧洲的中译著作,但是主题限于天文、数学和地图学,流传的范围也限于少数士大夫阶层,并不普及。至于最早中国人自己所执笔的有关欧洲政治制度、建筑、风俗的《身见录》一书,则直

---

[1] Edward W. Said, *Orientalism* (New York: Vintage. , 1979), p. 214.

[2] Albert Hourani, *A History of the Arab Peoples* (Cambridge: Belknap Press of Harvard University Press, 2002) p. 259.

[3] 刘易斯:《穆斯林发现欧洲》(李中文译),台北:立绪文化,2007 年,第 277 页。

到清初,樊守义被康熙皇帝派到罗马教廷,又回到中国之后才写成。时间上(公元1721年)已经比欧洲第一本有关中国的著作——威尼斯商人马可波罗(Marco Polo,1254-1324)在1298完成的《马可波罗游记(The Travels of Marco Polo)》晚了四百余年。[①]《身见录》之外,向中国介绍欧洲的第二本书,是乾隆年间谢清高游欧后所写的《海录》。[②] 这本书记录欧洲的贸易、工艺、人民生活及世界地理,比《身见录》更广为人知,但是时间上当然也更晚了。

另外一个中国对于外面世界缺乏兴趣的典型例子,是郑和下西洋。明成祖永乐三年(1405年),郑和由苏州浏家港出发,开启了有史以来世界上最大规模的航海事业。七次出航,他的船队最大的时候有60余艘船,这些船也是当时世界上最大的海船,面积超过一个足球场,锚重有几千斤。一艘船可容纳上千人,随行人员动辄两万七、八千名,出航时间多达一年以上。截至公元1433年,郑和病逝海上,他的船队总共拜访了30多个在西太平洋和印度洋的国家和地区,最远到过非洲东部、红海、麦加,甚至传说也可能到过澳大利亚、美洲和新西兰。时间上来说,郑和比哥伦布发现新大陆还早了数十年。他的航行虽然为明朝带来不少收益以及通商机会,也剿平了一些海贼,平息了一些战乱,基本上却不过是一次又一次"宣扬天威"的"友好之旅"。永乐帝崩、郑和亡故之后,一切烟消云散。除了带回来的珍奇异兽,他的航行对于中国日后的发展,甚或

[①] 有一种说法,是《身见录》写成之后从未刻印,也没有在中国流传。反而是抗战前夕,由一位目录学家在梵蒂冈的图书馆中找到,在他的文章中介绍给读者,至此中国人才知道有这本书的存在(http://baike.baidu.com/view/2685162.htm);那时已经是1937年了。

[②] (清)谢清高口述;(清)杨炳南笔录;安京校释:《海录校释》,北京:商务印书馆,2002年。

中国人对于世界的认识,都没有什么显著影响。难怪梁启超要问,何以郑和不但未能如后来的哥伦布等人开拓新纪元,甚至"郑和之后也不再有第二个郑和"。[①]

不论是因为内在的问题或是对外经济与军事扩张能力的衰败,东方统治者不但普遍忽视西方,它们对于西方人的步步紧逼也懵懂无知。在中国,就是"外国使节觐见皇帝应否行跪拜之礼"这样的一个问题,都可以当成国家大事,由乾隆时期一直吵到同治时期。鸦片战争之后,清廷对于英、法割地赔款的要求照单全收,但对于向皇帝亲递国书的要求却仍然严加拒绝,只因"此事关系国体,万难允许"。[②] 这情势一直持续到"西方"的军队兵临城下,东方帝国的将士们才猛然发现他们面对的,是从来没有见过的武器与军事策略。然而此时"幡然醒悟"为时已晚,就算同治皇帝万般不愿的接见了外国使节,未来三百年西方与东方邂逅的剧本已然写好,双方的接触形态也已经定调。真正平等交流的机会,早就在掠夺性的贸易活动、不平等合约、与军事威胁之下失去了。

---

① 梁启超在《祖国大航海家郑和传》一文中有这样的感慨:"及观郑君,则全世界历史上所号称航海伟人,能与并肩者,何其寡也。郑君之初航海,当哥伦布发现亚美利加以前六十余年,当维哥达嘉马(瓦斯科·达·伽马)发现印度新航路以前七十余年。故何以哥氏、维氏之绩,能使全世界划然开一新纪元;而郑君之烈,随郑君之没以俱逝? 我国民虽稍食其赐,亦几希焉。则哥伦布以后,有无量数之哥伦布,维哥达嘉马以后,有无量数维哥达嘉马,而我则郑和以后,竟无第二之郑和。"《新民丛报》是梁启超在日本横滨创办的。《祖国大航海家郑和传》,以"中国之新民"笔名发表在《新民丛报》第 3 年(1904 年)第 21 号。参见 http://big5.china.com.cn/chinese/zhuanti/zhxxy/876109.htm

② 雷颐:《还原真实历史:李鸿章与晚清四十年》,山西:山西人民出版社,2008 年。

表 2.1 西方主义的历史脉络

文明	与西方首度遭遇	后果
清 1644—1911 年 统治地区中国及蒙古	在 1840 年的鸦片战争后,遭遇一连串军事挫败,被迫与日本、美国、以及数个欧洲强权签订不平等条约。	● 光绪皇帝于 1898 年所发动的百日维新失败。 ● 1919 年"五四运动"。
莫卧儿(The Mughal Empire)1526—1858 年统治地区包括印度半岛直到北部的克什米尔(Kashmir)以及西边的 Balochistan(现属巴基斯坦)	17 世纪,欧洲国家设立东印度公司,接着统治了部分印度,执行行政与军事任务。 1858 年印度正式沦入英国殖民统治。	19 世纪社会与宗教革新和民族主义运动。
奥图曼帝国(The Ottoman Empire)(1299 - 1923) 统治地区包括中东、北非和东南欧	1095—1272 年的十字军东征,是东方与西方情势扭转的关键。 1768 年俄国的船舰将士兵运送到希腊,1798 年法国占领埃及。	● 苏丹瑟林三世(Selim III)尝试发动奥图曼帝国的第一次改革,①但在 1807 年被逐,参与革新运动者被杀。 ● 梅末阿里(Mehmet Ali)

① 在奥图曼帝国对于革新的需求在 17 世纪已开始出现,最初它的本质是属于教会,目的在重建教会的组织与作为,已恢复过去的荣景(Goldschmidt, 2000;Naff, 1977;Hourani, 1986)。然而巴尔干半岛、高加索与地中海所发生的一连串军事冲突,迫使 Sultan Selim III(r. 1789—1807)走出第一步——将他的军队西化,但是当军队西化的行动一旦展开,他就发现体制的革新已经没有办法限制在军事部分,而必须扩展到其他领域,例如:教育、税制、财政以及法律(见表)。由于这些 Sultan Selim III 的这些措施,以及 Mehmet Ali 在埃及(臣属奥图曼帝国)、Sultan Mahmud II 在奥图曼帝国本土以及 Nasir al-Din Shah 在波斯的革新运动,都威胁到宗教领袖在社会上的威权,以及他们所代表的宗教组织。现代化与传统宗教势力之间的矛盾与冲突便无法避免。为了在快速变迁的时代中坚守回教信仰,一群"伊斯兰现代主义者",包括在政治上非常活(转下页)

续　表

文明	与西方首度遭遇	后果
		在埃及以及苏丹马末二世（Sultan Mahmud II）在奥图曼本土，以及纳赛尔·阿尔丁·沙（Nasir al-Din Shah）在波斯的改革成效不一。 ● 土耳其国父凯末尔为了使土耳其成为一个西化的现代国家，在 1920 年代初期，雷厉风行进一步削弱传统宗教组织的影响力。

　　1914 年第一次世界大战开始之前，世界上已经有高达十分之九的土地落入欧洲殖民者的手中。[①] 在数百年的殖民统治期间，非西方世界在初尝西方现代性的滋味时，同时经历了空前未有的战争、传染病、屠杀与资源的掠夺，以及文化传统灭绝的危机。玻利维亚被公认为当代最具影响力的学者佛斯托（Reinaga Fausto），曾经这样描述美洲印第安族群的遭遇：[②]

　　我们的挣扎由来久远，从西班牙人入侵“美洲印第安人民

（接上页）跃的 Jamal alDin al-Afghani 以及宗教学者 Muhammad Abduh，建议将伊斯兰的主要教义，以及他在生活上的应用与法则区分开来，根据他们的主张，“上帝是经由先知 revealed”的信念得以在理论上成立。而在 Aur'an——也即法则与社会道德所包涵一般原则的应用则可能随情境改变（Hourani，2002，p. 308）。这个区别使得回教世界在观察、诠释与了解伊斯兰的不同方式开始浮现时，得以改变社会组织。

① Robert J. C. Young, *Postcolonialism: A Historical Introduction* (Oxford: Blackwell, 2001), p. 3.

② Reinaga Fausto, *La Revolucion Indio* (Partido Indio de Bolivia; Ediciones PIB, 1969).

联盟"的那一刻就开始了。我们所面对的,是欧洲有史以来所有成就的优势,包括罗马法、拿破仑法典、法国民主政治、马克思列宁主义——所有使得我们不得不继续依赖、被思想殖民、在黑暗中无法找到光明的事物……我们需要用自己的头脑去思考;不是耶稣,也不是马克思。

佛斯托所列举的"西方成就"尚未包含科学与技术在内,但他笔下的美洲印第安人经验,显然并非孤立个案。在西方的强大影响力之下,"东方帝国"不时会出现政治革新以及现代化的尝试。但整体而言,国家认同错乱、文化资产丧失、自主权的重建、内部矛盾,以及国族主义与现代性的冲突,是"西方主义"论述形成时期非常明显的一些特色。

"西方主义"与"东方主义"论述

在上述历史背景之下,"东方"对欧洲所形成的知识体系,与欧洲对于这些地区和人民所形成的知识体系在本质上根本不同。这些差异包括:

一、形成论述的目的与动机

正如萨义德和福柯等人所指出的,"东方主义"的论述背后,隐藏着资本主义与殖民统治的企图,也就是知识与权力、以及帝国主义的扩张间密不可分的关联。① 在讨论到西方有关世界其他地区的论述时,霍尔

---

① Stuart Hall and Bram Gieben, ed. , *Formations of Modernity* (Cambridge: Politiy Press in Association with the Open University, 1992), p. 293.

(Stuart Hall)很明白的写道："我们有很多理由相信这（西方与新世界的）遭遇 encounter 不可能是单纯的，因此欧洲对于世界其他地方的论述，也同样不可能是清白无辜的。"①它的背后必然存在着政治的企图与野心。

相对的，"西方主义"论述却不然。由于当时东方大部分的政治领袖只有在被迫向西方霸权投降的时候，才警觉到向欧洲学习的需要，因此他们经常是在自保、改革、与生存的急迫需求之下，来了解与想象西方的。换言之，欧洲人在前往"东方"时，已经有足够的知识来帮助他们实现目的。他们有的是时间与资源来决定"如何"了解东方、以及了解东方的"什么"，但是"东方"了解欧洲却没有这样的余裕。了解对方的目的与背景，因此，对于"西方主义"的论述以及其内涵，都有长远以及深刻的影响。

二、论述的广度、深度、质量与架构

如果"东方主义"偏颇、肤浅、以及片面的论述反映了西方作者的动机以及书写的特殊情境，②则"西方主义"论述的这方面问题只有更为严重。唯一的差别，是造成这种偏颇、肤浅与片面论述的原因。如同前面我们提到的，欧洲开始崛起时，东方帝国浑然不觉，等到对方强大的贸易与军事步步紧逼，东方帝国已经没有能力、时间，或资源来从事对于欧洲文明完整、以及深入的了解。即使帝国中较为开明的政治精英有意向欧洲学习，他们的重点通常不得不放置在能够快速解决最严重、以及最紧迫问题的技术层面。只有在第一回合的模仿和学习没有产生预期的结

---

① Stuart Hall,"The West and the rest: Discourse and power", in Stuart Hall and Bram Gieben, ed. , *Formations of Modernity* (Cambridge: Politiy Press in Association with the Open University, 1992).

② Edward W. Said, *Orientalism* (New York: Vintage, 1979).

果时,范围才会逐渐扩展到应用科学、教育体制、法律与社会科学的层面。在清末的中国,这种选择性学习的倾向非常明显。

鸦片战争与英法联军之后,清廷在1860年代开始主动推行了35年的"洋务运动"。打着"师夷长技以制夷"的口号,大规模模仿欧洲的公司体制,开启了中国的工业发展,同时引进大量18世纪以后欧洲所发展出来的科学技术成果、翻译西文著作、培养了第一批留学童生,走出了修习"西学"的第一步。这"第一步"的重点很清楚:重理工,轻人文法政。康有为曾经批评,官方的"江南制造局"所译西书多是"兵医不切之学"。①到了"洋务运动"后期,尤其是"北洋舰队"在"甲午战争"中覆没之后,知识分子开始惊觉到仅仅机电工艺之学无法救国。由于官方所翻译的书籍种类有限、不敷所需,于是转向日本找寻法政制度的资料。这也是何以历史学家回顾"西风东渐"的轨迹,能够相当清楚地区分出三个阶段:"洋务运动"时期的船坚炮利、振兴实业,"戊戌变法"、"辛亥革命"时期的建构法制、改变政体,以及"五四时期"的"新文化运动"。②

在当时的政治情势之下,这种"选择性的学习"可以说是不得已的妥协。然而举国以这种方式去认识欧洲文明,所得到的知识是割裂的、片段的、零散的。学生或许懂得了一些器械运作的原理,但是对于孕育这些原理的科学知识、带动科学革命的历史文化思想脉络,以及其与现代政治、经济、社会体制之间的关联性则都茫然不知其所以。值得注意的,是这种"选择性"的学习并非仅仅存在于"西风东渐"的早期。余英时观察19世纪末与20世纪初中国知识分子,发现他们所热心响应的,仍然

---

① 康有为:《康南海自编年谱》,北京:中华书局,1992年,第36—37页。
② 李泽厚:《中国现代思想史论》,台北:三民书局,2009年,第336页。

不过是"在自己传统里产生回响的那些西方价值与理念。"① 即使"全盘西化"是许多五四知识分子的主张,这些人对于西方的了解也未必深刻。② 从这个角度来看,由清末以至毛泽东所推行的"向西方学习",可以说,一直都是一种以其实用价值为准的、游击式的"选择性吸收",始终没有完整地、系统性地将欧洲的优点吸纳过来。这是"西方主义论述"的第一个盲点。

"西方主义"论述的另外一个盲点,是对于翻译著作的依赖。由于本国作者介绍欧洲的著作不多,为解燃眉之急,早期中国人了解欧洲,都必须透过翻译的途径。"洋务运动"展开之后,"京师同文馆"与"江南制造局翻译馆"成为两个负责编译西书的主要官方机构。"京师同文馆"所翻译、编辑的西书多为课程使用,题材范围较广,包括法律、天文、算学、格致、化学等等,而"江南制造局翻译馆"则是 19 世纪中国最大的西书翻译出版机构。据梁启超《西学书目表》③统计,在 1896 年前出版的 352 种西书中,"江南制造局翻译馆"译刊的占三分之一。为了配合"制造局"所需,翻译书籍大多以军工制造,以及与军工制造有关的算学、电学、化学、水学为主。

"同文馆"和"江南制造总局翻译馆"所出版的译著,使许多知识分子逐渐接受了西方观念,形成新的知识观,并带动了新的学校类型。④ 但是 1898 年"戊戌变法"前后,另一场大规模引介西方思想的文化运动中,

---

① 余英时:《历史人物与文化危机》,台北:东大图书公司,1995 年。
② 同上书,第 15 页。
③ 梁启超:《西学书目表》,《慎始基斋丛书》,台北:中研院历史语言研究所傅斯年图书馆藏。
④ 吴洪成、李兵:《洋务运动时期西学科学与科技知识的引入及相关教科书的编译》,《亚太科学教育论坛》,第 4 期第 2 册,2003 年 12 月。

所翻译的书籍数据和之前的一批有了颇大差别。我们在前面提到,这批书籍大多来自日本,而主题则环绕着法律与政体议题。翻译工作没有官府的资源与介入,但是当时受欢迎的程度竟到了"日本每一新书出,译者动辄数家"的地步。① 1920 年,"五四运动"爆发之后,梁启超由欧洲回国,在北京组织"共学社",开始积极引入西方现代思潮。除聘请罗素、杜威、杜里舒与泰戈尔来讲学,同时翻译大量外文名著,此时译介的书籍种类才终于拓展到文化、史学与哲学领域。

　　19 世纪末期,民间的翻译活动"如火如荼",但问题弊病也随之而来。梁启超坦然承认,这批译作"皆所谓'梁启超式'的输入,无组织、无选择、本末不具、派别不明,以多为贵"。不仅如此,"稗贩、破碎、笼统、肤浅、错误诸弊,皆不能免"。② 梁启超的这段文字显示出"西方主义"论述的第二个盲点:非西方国家过度仰赖翻译,而翻译质量却未必有保障;由于原著作并非为华人读者而写,时间与空间上的错置往往造成理解上的困难,以及译文的扭曲与过度推断(reductiveness)。③ 严复在翻译英国生物学家赫胥黎(Thomas H. Huxley,1825 – 1895)的《天演论》(Evolution and Ethics and Other Essays)时,便没有忠于原文;他不但有选择地意译、甚或借题发挥。④ 严复是清朝派到英国留学的第一批留学

---

① 梁启超:《清代学术概论》,台北:中华书局,第 72—73 页;王泛森:《中国近代思想与学术的系谱》,河北:河北教育出版社,2001 年,第 164 页。
② 同上。
③ Xianlin Song, "Post-Mao new poetry and 'occidentalism'", *East Asia*, 18(1), 2000, pp. 82 - 109; Alastair Bonnett, *The idea of the West*: *Culture*, *Politics and History* (Houndmills, Basingstoke, Hampshire, New York: Palgrave Macmillan, 2004).
④ 中研院研究员黄克武讲演:《翻译与中国的现代性》,参见 http://www. ym. edu. tw/ymnews/237/a1_3. html

生,翻译英文著作尚且有这样的情况,则当中经过两回合译介的著作与思想——也就是透过日本了解欧洲,则无可避免地又承受了日本作者所可能犯下的错误与所受到的限制。

选择性学习与过度依赖翻译西书,使得"西方主义"论述在架构上比较像是一个扁平的金字塔,底层的实用知识大得不成比例。一般而言,抽象层次越高,理解的困难越大,在论述上所占的比例、以及被重视的程度就越低,因此概念、理论、典范与哲学思维,虽然是科学与技术的基石,无形中却因为"使用价值"不明显,而被东方知识分子轻忽。译者的主观判断、语文障碍造成翻译质量不齐,再加上文化和意识形态的差异,最后的成果如何可想而知。汲汲营营引入各种"进步"思潮之余,东方学者却失去了系统性分析与省思西方思想的动能,也不再在意是否应该建立自己观察的角度与视野。

三、"自我"、"他者"与"西方主义"论述

"东方主义"与"西方主义"论述间最后一个,可能也是最重要的差异,是在两者"自我"与"他者"的对应关系。对欧洲人而言,了解他们的"他者"(东方),进一步证实了"自我"的优越性,然而东方人却是在领教了"他者"(西方)的优越性之后,才感觉到学习的必要。因此我们说在特定的历史过程当中,西方"他者"的贬抑与"自我"的优越性是共生,并且相互强化的。但这情势在东方却是完全反转的:东方的"他者"的优越性与其"自我"的贬抑也是共生,并且相互强化的。近代历史,尤其是中国历史非常明确地在四个阶段展现了这个过程。

"中学为体,西学为用"

在西方与东方接触的最初阶段,知识分子与政治精英对于和自身文化传统冲突的思维或做法,通常是排拒的。但即使已经知道无法排拒,为使改革能顺利进行,他们仍然需要证明文化传统的韧性,并且找出两者妥协的方法。19世纪中,日本著名学者佐久间象山(Sakuma Shōzan)提出的"东洋道德(Japanese ethics)、西洋艺术(Western technology)",以及福泽渝吉提出的"和魂洋才"(*wakon-yosia*)都是明治维新时期的箴言,[1]以为日本现代化的途径。在伊斯兰世界,将"宗教教条"(doctrine)与"教条在实际生活中的运用"区分开来的作法,也曾经发挥阶段性功能,在现代化过程中扮演了重要的角色。[2]

在中国,为了让儒家思想与西方科技相容,清末洋务运动的代表人物张之洞(1837—1909)在1898年提出了"中学为体,西学为用"的原则(《劝学篇》),[3]这个原则随即成为"鸦片战争"之后,中国工业化的最高指导方针。在这个原则之下,"理"被绝对化,纲常名教被视为不变的价值。既有体制不仅是祖制,更是圣人之道的展现,因此是天经地义、恒久不变的。相对于"体"、"理"、"道"的恒久不变,"用"、"气"、"器"则有变动

① Kenkichiro Koizumi,"In Search of Wakon",*Technology and Culture*,2002,43(1),pp. 29-49;王晓秋:《东亚历史比较研究》,北京:北京大学出版社,2012年,第117页。
② Albert Hourani,*A History of the Arab Peoples*(Cambridge:Belknap, Press of Harvard University,2002) p. 307.
③ 张之洞:《劝学篇》,北京:中华书局,1991年。

的可能。① 晚清很有影响力的一派思潮，"西学源于中国说"便主张西学的源头其实是中国。既然一切源于中国，则只要能"掌握古学的真谛"，便可"克服西人的挑战"。② 俞樾，以及后来的廖平、康有为与梁启超都致力"会通"孔子与现代西方。这个逻辑推演到极致，康有为甚至将欧美宫室也能说成"孔子之制"。③ 既是如此，中国传统不会受威胁。守旧分子被安抚，洋务人士也得以引进西方的武器、器械、企业体制、甚至现代学堂，但同时"西学"却被硬塞到了儒家思想的名下。除了一些实用、可救急的知识，其他的文、史、哲部份自然也就没有太多人在意了。

"西用"扩张

在这个阶段，清廷要兼顾"传统文化"与"引入西学"的策略开始出现瓶颈。在军事挫败、国土沦丧与贸易利益尽失的压力下，进一步西化的需求渐渐浮现。当时积极推动洋务的李鸿章（1823—1901）深深体会到仅靠"仿造器械"不足以达到"以夷制夷"的目的，必得溯本追源：

> 仿造西方器械，常是"循规蹈矩，不能继续增长"。只要"西人别出新奇，中国又成故步"，因此必须学习"西洋制造之精"所

① 薛化元：《晚清"中体西用"思想论（1861—1900）：官定意识形态的西化理论》，台北：稻乡出版社，2001年，第38页。
② 王泛森：《中国近代思想与学术的系谱》，河北：河北教育出版社，2001年，第92页。
③ 康有为：《中庸注》，台北：商务印书馆，1968年，第33页；王泛森：《中国近代思想与学术的系谱》，河北：河北教育出版社，2001年，第99页。

源本的测算格致之学。①

　　此时无论是李鸿章或张之洞所主张的"西用"范畴都有逐渐扩大，而"中体"随之缩小的情况。② 然而"西用"一旦开始扩张，便很难再划出底线。传统思维的核心定位也随之被挑战，日益贬低。公元1894年"甲午战争"之后，"洋务运动"宣告失败，在西方"自由"、"平等"、"博爱"观念的冲击下，规范"君臣"、"父子"、"夫妇"间绝对主从关系的"三纲"原则，就成为严复、谭嗣同（1865—1898）、康有为（1858—1927）等维新人士的主要攻击目标。③

　　种种的革新运动，自然让一些思想较为保守的人士感到不安。公元1898年戊戌变法前夕，湖南人曾廉曾经对于变法之议提出反对意见，甚至上书请杀康有为，原因是此例一开，将伊于胡底："蛮夷之议，始自言技，继之以言政，益之以言教，而君臣父子夫妇之纲废，于是天下之人视其亲长亦不啻水中之萍，泛泛然相值而已"④。以当时的情况来说，这种言论难免危言耸听，但是证之于后世五四运动的一些激进主张，曾老先生也并非全然的杞人忧天。

对于"中体"信心的崩溃：自我与他者冲突的高潮

　　由19世纪初期开始，清朝启动了各种形式的改革运动，然而，在这

---

① 薛化元：《晚清"中体西用"思想论（1861—1900）：官定意识形态的西化理论》，台北：稻乡出版社，2001年，第65页。
② 同上书，第65—67页。
③ 周昌龙：《新思潮与传统》，台北：时报出版社，1955年，第172—173页。
④ 曾廉：《瓠庵集》，第13卷，上杜先生书，李泽厚，台北：三民书局，2009年，第336页。

些现代化的努力背后,中国人的"自我"也在文化认同的需求与逃避文化
认同以追求现代化之间被割裂。与西方接触过程当中,不断挫败所带来
的挫折与羞辱,使得中国人无法不面对西方的影响力与优越性,而这优
越性同时又反差了中国本身社会与政治制度和文化传统的缺失与限制。
知识分子蓦然发现,自古被视为"天经地义"、"不可动摇"的真理与万古
恒存的纲常,原来都是必须质疑与挑战的对象。① 在国家名存实亡、列
强瓜分与儒家思想崩解的三重危机之下,②知识分子所感受到的是焦
虑、茫然与彷徨。

由强化传统的时代角度看,五四知识分子的严厉批判或是必要的。
他们的怀疑精神有利于纠正过去的盲从。③ 但是礼教、传统价值观与中
国文化间并没有清楚的界线。在缺乏解除危机的立即可见方案情况下,
许多人从反礼教开始转向全面排拒,并轻视自己,以及自己的文化传
统。④ 在这情况下,"中体"面临全盘崩解。反礼教成为新文化运动的主
要成分,传统思想和制度也受到全面批判。⑤ 在反传统浪潮冲击之下的
中国青年,甚至可以将自己的姓氏都改为"你我他",⑥这是美国教育哲

① 余英时:《中国文化的重建》,北京:中信出版社,2011 年,第 184 页。
② 张灏:《五四新论》,余英时等著:《五四新论:既非文艺复兴,亦非启蒙运动》,台北:联经,
1999 年。
③ 周策纵:《五四运动告诉我们什么?》,大学杂志第 48 期,台北:大学杂志社,1971 年;舒
衡哲:《中国启蒙运动:知识分子与五四遗产》(刘京建译),台北:桂冠出版社,2000 年,
第 363—365 页。
④ 这个困境曾经被鲁迅所创造的一个"假洋鬼子"的角色取代,来取笑那些希望变成洋人、
在穿着上、举止上,和谈吐上也都学西方人的中国人。在印度,孟加拉国的知识分子,即
使在家里也操外语,以外国人的生活方式过日子(Ballhatchet, 1985, p. 175)。
⑤ 周策纵:《五四运动史》(杨默夫编译),台北:龙田出版社,1984 年,第 288 页。
⑥ 同上书,第 291 页。

学家杜威(John Dewey,1859－1952)所从没有见过的现象：

> 关于社会和经济方面的思想观念……很少见到一个国家
> 像中国一样,有些辩论本来可以用来维护既成秩序和现状的,
> 却一点也不被重视。①

这种否定传统,以至于自我否定的浪潮在知识分子与精英之间,形成一种复杂与痛苦的感受。一时间,这种心态充斥各种言论的字里行间。②

> "有一天我问一个人他为什么只训练外国的狗,他回答说
> 中国的狗也很聪明;它们的嗅觉竟比外国的狗还灵,不过太不
> 专心了。……所以教不成材。何以中国狗这样的像中国人
> 呢……? 不是不聪明,只是缺乏责任心。"(傅斯年)③
>
> "在这种环境下,中国人只会争吵和口角,而不能批评。"
> (罗家伦)④
>
> "与其崇拜孔丘关羽不如崇拜达尔文和易卜生"(鲁迅)
>
> "……罗素来华几个月,因病回去了。我们抱着万分痛心,
> 感谢他们都尚不厌弃像我们这样的野蛮民族,希望我们自己下

---

① 周策纵:《五四运动史》(杨默夫编译),台北:龙田出版社,1984 年,第 290 页。
② 舒衡哲:《中国启蒙运动:知识分子与五四遗产》(刘京建译),台北:桂冠出版社,2000
年,第 134—135 页。
③ 同上书,第 135—136 页。
④ 同上书,第 137 页。

次不要这样接待他们了。"("新潮社"成员孙扶园)

孙扶园的后面这一段文字,已经很难用"谦逊"的美德来解释,正如同傅斯年以中国人模拟中国狗,已经很接近对自己和自己人的蔑视,甚至否定了。① 但是,在这一波惊天动地的变局当中,却有一个特别值得我们注意的情况,这就是"五四"的知识分子虽然勇于打倒旧文化所建立的偶像,不知不觉中却建立了新偶像:古圣先贤"让位",然而这些"位子"并没有被搬走,而是立刻换上了"杜(威)子"、"罗(素)子"甚至"马(克思)子"等"西圣西贤"。"新"、"旧"之间,是整个认同对象的转移,但思维方式本身却没有太大转变。

由历史上看,由 17 到 20 世纪间,"东方"精英所发动的反传统运动声势浩大,然而他们——无论是使节、官员、留学生、回流移民,或知识分子——对于"西方"与自己的文化传统其实大多都存有复杂的情结。一方面他们无法割舍"东方";另方面,落后西方的挫折感造成对传统轻忽、排斥的情绪与对认同的需求纠结交错的情形。印裔英籍作家奈保尔(Vidiadhar Surajprasad Naipaul)由寻根之旅所获得的,只是和祖国那种"再也无法接受的人生态度、思维和看待世界方式"的疏离感。② 奈保尔选择"逃离",但有更多东方精英选择改革。但即使是最激进的改革份子,他们的反复也同样反映了这种复杂的心境。

由胡适(1891—1962)与梅光迪(1890—1945)之间的对话,余英时观

---

① 舒衡哲:《中国启蒙运动:知识分子与五四遗产》(刘京建译),台北:桂冠出版社,2000年,第 134 页。
② 奈保尔:《幽黯国度:记忆与现实交错的印度之旅》(李永平译),台北:马可孛罗文化出版,2000 年,第 29 页。

察到五四时期的知识分子,即使不是在几天和几星期以内,也能在几个月里不断移转他们的立场。[①] 1900 年展开的新文化运动的主要人物里,胡适被认为是领导运动最具代表性的知识分子之一。在《吴虞文录》一书的序言中他写道:[②]

> "正因为二千年吃人的礼教法制都挂着孔丘的招牌,故这块孔丘的招牌——无论是老店或是冒牌——不能不拿下来捣碎烧去"。

这样的言论看似激烈,然而胡适仍然一再强调孔子历史地位的重要性。他在给陈之藩(1925—2012)的一封信中特别提到:"关于'孔家店',我向来不主张轻视或武断的抹杀"。他坚持中国人文主义与理性主义的传统,"没有被破坏也不可能被破坏"。[③] 胡适并没有解释一旦礼教及"孔丘老店的招牌"都被除去之后,中国的人文主义与理性主义传统还会剩下什么?余英时认为胡适这有关"'人文主义'与'理性主义'没有被破坏"的话不能视为一个"历史事实",然而胡适也没有其他选择,只能够坚持这个信念。因为如果传统崩解,那么中国的新文化运动以及胡适本人的认同,都会被彻底摧毁,一无所有。[④] 或许正因为如此,胡适始终没有

---

① 余英时等:《五四新论:既非文艺复兴,亦非启蒙运动》,台北:联经出版事业公司,1999年,第 26 页。
② 周昌龙:《新思潮与传统》,台北:时报出版社,1955 年,第 163 页。
③ 同上。
④ 余英时等:《五四新论:既非文艺复兴,亦非启蒙运动》,台北:联经出版事业公司,1999年,第 11 页。

放弃赋予儒学新生命的努力,终其一生他没有中断书写"儒学"、"新儒学"、"理学",以及其与"自由主义"之间的融合。类似的情况可以在钱玄同(1887—1939)、吴虞(1872—1949)、鲁迅(1881—1936)、周作人(1885—1967)这一批激进的留日学生身上看到。他们主张废汉字、少读,甚至不读中文书,①并且认为"新"与"旧"之间完全没有"折衷"可言。② 然而,后来在反省自己的"反孔"立场时,他们又有不同的想法。钱玄同在 1922 年给周作人的一封信中就提到:"……前几年那种排斥孔教、排斥旧文学的态度很应该改变。"③他甚至认为"若有人肯研究孔教与旧文学,鳃理而整之,这是求之不可得的事"。④

余英时的观察道尽了中国知识分子在动乱年代中的困境,在某一程度上这个困境在今天也仍然存在,也就是自身文化资产定位的不确定。认为"新文化运动"基本上延续了"戊戌变法"时期"纲常革命"的思维,并没有对法制理性、个人私权或有限政府提出更深入的讨论。⑤ 然而,对于中国知识分子的心态而言,"纲常革命"与"反孔"有一个极为重要的差别。清末民初的知识分子虽然受到东洋与西洋思想影响而开始检讨到传统文化的问题,然而他们由中国传统出发的立场与文化认同对象仍然是非常清楚的。但是五四时代情况已经不同:以中国经典附会西方已经明显是行不通的。剩下的唯一选择,是让西方观念取代中国经典的中心

---

① 李泽厚,《中国现代思想史论(二版)》,台北:三民书局,2009 年。
② 舒衡哲:《中国启蒙运动:知识分子与五四遗产》(刘京建译),台北:桂冠出版社,2000年,第 21 页。
③ 钱玄同,《致周作人》,《鲁迅研究资料》第 9 辑,天津:天津人民出版社;余英时等著:《五四新论:既非文艺复兴,亦非启蒙运动》,台北:联经出版事业公司,1999 年,第 180 页。
④ 同上。
⑤ 周昌龙:《新思潮与传统》,台北:时报出版社,1955 年,第 163 页。

地位,他们的认同也因此开始转向西方,造成余英时所谓的"双重边缘化":中国文化本身退居边缘,而知识分子也撤出中国文化的中心。反映在学术著作的书写方式,是从那时候开始,不论批判传统或倡议变迁,中国的知识分子几乎"必然地求助于西方理念、价值或习俗,以作为正当性的最终基础"。① 同样的,日本教科书进入中国之后,"章节体"的史书开始流行,人们也开始采用历史分期,这都是以前所没有的。②

从历史角度来看,中国知识分子遭遇西方现代性的情境是独一无二的,而其他亚洲地区在同一时期的经历也各有其独特性。例如:阿拉伯与伊朗在历史上与欧洲有密切的交集,而且经常被认为对于欧洲科学的发展,例如:数学、医学、天文与工程有重要贡献。③ 在印度,19 世纪后半期英国的教育体制以及其本身的国族运动,对于印度知识分子与精英的影响颇为深远;④另外一方面,日本与欧洲的直接接触非常少,却早在 16世纪就对欧洲产生了浓厚的兴趣,⑤19 世纪后期日本厉行明治维新,在西化的灵活度与包容性上远远超越清廷,⑥结果使得日本成为非西方

---

① 余英时:《五四新论:既非文艺复兴,亦非启蒙运动》,台北:联经出版事业公司,1999 年,第 17 页;Yu Ying-shih, "The radicalization of China", *Daedalus*, 122. No. 2 (Spring), 1993, pp. 125 - 150.

② 王泛森:《中国近代思想与学术的系谱》,河北:河北教育出版社,2001 年,第 162 页。

③ 历史学家对于这些贡献在现代科学的意义有不同的诠释,然而大多数的人都不否认有这些贡献。

④ Kenneth Ballhatchet, "Indian perceptions of the West", *Comparative Civilization Review*, 13 and 14, 1985, p. 175.

⑤ William E. Naff, "Reflections on the question of 'East' and 'West' from the point of view of Japan", in B. Lewis, E. Leites and M. Case, eds. , *As Others See Us : Mutual Perceptions, East and West* , pp. 215 - 232. (Comparative Civilization Review, 13 and 14, 1985).

⑥ 王晓秋:《东亚历史比较研究》,北京:北京大学出版社,2012 年,第 117 页。

世界当中，极少数能在完全自主的情况下现代化的国家之一。

　　然而，即使存在这些差异，无论是直接或者间接由欧洲势力扩张所带来的社会与文化变迁，却也有着非常类似的形态（见表1）。这些包括了变迁的肇因与经历的阶段、人们——尤其是知识分子与精英在心理上的转折，以及"自我"在"西方"与"东方"之间的拉扯。同时还可以观察到的包括初期保留传统价值或是宗教组织的努力、反对与赞成现代化两派人马的辩论、化解文化传统与欧洲现代性间冲突所提出的方案，以及最后传统的崩解以及政治精英革命运动的成功。[1] 不同地区、文明、族群所经历的，却几乎是完全一样的历史轨迹。

　　当凯末尔（Mustafa Kemal Atatürk,1881‑1938）结束了奥图曼帝国六百年的统治，在 1923 年成为土耳其共和国的首任总统时，他宣称土耳其需要"文化转向"，也就是要斩断"伊斯兰的根源"，[2]以进一步削弱宗教组织的影响力。在印度，所有被认为是过去象征的事物，包括阶级、宗教，以及女性的社会地位，在 19 世纪中期的社会与宗教革新运动之后，都成为攻击的目标。[3] 主导明治维新的福泽渝吉曾经说，"我必须为了

① Albert Hourani, *A History of the Arab Peoples* (Cambridge: Belknap Press of Harvard University Press, 2002); Bernard Lewis "Muslim perceptions of the West", *Comparative Civilization Review*, 13 and 14, 1985; Kenneth Ballhatchet, "Indian perceptions of the West", *Comparative Civilization Review*, 13 and 14, 1985;玛朱姆达等:《印度通史》(李志夫译),台北:台湾编译馆;William E. Naff, "Reflections on the Question of 'East' and .'West'from the Point of. View of Japan", in B. Lewis, E. Leites and M. Case, eds., *As Others See Us: Mutual Perceptions, East and West* (Comparative Civilization Review, 13 and 14,1985); Alastair Bonnett, *The Idea of the West: Culture, Politics and History* (Houndmills, Basingstoke, Hampshire, New York: Palgrave Macmillan, 2004).
② Akbar S. Ahmed, *Islam Today* (London: I. B. Tauris, 2001).
③ 玛朱姆达等:《印度通史》(李志夫译),台北:台湾编译馆,1981 年。

日本,将日本重塑成为'西方的'",他对于日本的传统并不担心,对他而言,落伍的文化是没有前途的。①

今天,建构西方主义论述的历史舞台已经在时间中隐没,在第一回合的大规模革新之后,激进西化的动能开始消退,文化的韧性于焉浮现。与过去彻底切割的主张逐渐被多元现代性的论述所取代,而传统也不再被认为是变革的障碍。② 文化价值对于促进市场竞争力的影响在许多研究中被发掘,例如:儒家思想对企业管理的重要性,然而我们能够确定的说,"西方主义"已经完全消失了吗? 知识分子在这漫长时间里饱受摧残的"自我",是否已经由废墟上再起?

21 世纪的"西方主义"

第二次世界大战之后殖民帝国快速崩解,然而政治殖民的结束并不必然代表经济、文化或学术殖民的结束。当已故伊朗领袖霍梅尼(Ayatollah Khomeini)以"不要东方、也不要西方"来阐述伊斯兰复兴运动时,其中蕴含的是亟待摆脱对传统与西方依赖,追求独立自主的文化觉醒;③亚洲领导人所提出的"亚洲价值"口号,彰显着类似的思维。由某一个层面来看,这些思维不断被提出,正显示"西方主义"所带来的失

---

① Alastair Bonnett, *The Idea of the West:Culture,Politics and History* (Houndmills, Basingstoke, Hampshire, New York:Palgrave Macmillan, 2004), pp. 66 - 67.

② Sami Zubaida, "Economic and politicl activism in Islam", *Economy and Society*, 1(3), 1972, pp. 308 - 338.

③ Akbar S. Ahmed, *Islam under Siege:Living Dangerously in a Post-Honor World* (Cambridge:Polity, Malden:Distributed in the USA by Blackwell Publisher, 2003), p. vii.

落感不但仍然存在，并且十分具体地在一些地方呈现出来，学术研究即是一例。然而由文化的观点分析，要走出目前的困境，这一代"东方"知识分子所遭遇的困难，可能较上一代更大。

回到本土社会科学文献来看，今天的华人学界承袭了上述"五四时代"的自我定位与书写典范：以西方价值、理论作为正当性的基础；"不事理论论述"反映的，也正是"向西方学习"的一贯方针。但是在情感上，"五四"知识分子对于传统的爱恨情仇在今天的知识分子身上，大多已经淡化，甚至于被漠然以对。之所以如此，有其无可抗拒的环境与文化因素，其中包括西方知识体系的独特地位、教育与学术政策的方向，以及对于自身思想传统认识的贫乏。

一、"欧洲中心主义"与西方知识体系的独特地位

我们在前面提到，今天无论是在社会科学范畴之内或之外，欧洲知识传统（intellectual tradition）都已经是全世界独一无二的。[1] 它不仅在深度、广度，以及有效性上占据优越地位，而且启蒙时期经由培根（Francis Bacon，1561 - 1626）、牛顿（Isaac Newton，1642 - 1727）和迦利

---

[1] Rajani Kannepalli Kanth, *Against Eurocentrism*: *A Transcendent Critique of Modernist Science*, *Society*, *and Morals* (New York: Palgrave MacMillan, 2005); Immanuel Wallerstein, *European Universalism*: *The Rhetoric of Power* (New York: The New Press, 2006); Dipesh Chakrabarty, *Provincializing Europe*: *Postcolonial Thought and Historical Difference* (Princeton: Princeton University Press, 2000); Kristoffer Kristensen, Brent D. Slife & Stephen C. Yanchar, "On What Basis are Evaluations Possible in a Fragmented Psychology? An Alternative to Obectivism and Relativism", *Journal of Mind and Behavior*, 21(3),2000, pp. 273 - 288; Stuart Hall and Bram Gieben, ed. , *Formations of Modernity* (Oxford: Polity in association with Open University, 1992), pp. 276 - 320.

略(Galileo Galilei,1564－1642)等科学家所发展出来的"科学方法",因为可以产生机械操控的、实证的,以及号称普世的成果,"物质主义"、"决定论"的价值观也深植行为科学。① 由17世纪起,科学不但塑造了现代文明,这些基本价值与观察分析角度也隐身在现代化论述与欧洲的知识体系之中,随着欧洲殖民势力向全球扩展。一时之间,"怀疑精神"、"理性主义"、"实证主义"与"反权威主义"成为"现代化"的主流价值。既然科学理论与方法标榜"普世性",影响所及,许多人认为科学知识在本质上就是普世的。孕育科学理论与方法的价值,也不再被视为是特定时空脉络下的产物,而被认为是"有关人类本质及其研究的事实情况",并且被一体接受。例如,学界对心理学的一种界定方式,就是将之视为一种"人类在特殊情境下所产制的知识体系",这套体系不但跨越了历史文明、有效地抑制了历史所酝酿的自然心智,并且代之以现代科技为基础来了解人的心智情绪与行为。因此,与心理学接轨的学术知识并不是文化传统,而是经过"社会改革、知识突破,以及现实里实体建构的世界";也因此具有文化意义的心理学就不适合"理性心理学"的要求。② 在这样的认知之下,所有碰触到文化殊性与局部理论的论述,都被质疑是否妨碍了理论发展;而所有违反科学价值的文化传统,也成为科学与现代化的阻碍,是必须扫除或重新定位的。

法律社会学者桑托斯(Boaventura de Sousa Santos)观察到,"科学理

---

① Kristoffer Kristensen,Brent D. Slife & Stephen C. Yanchar,"On what basis are evaluations possible in a fragmented psychology? An Alternative to Objectivism and relativism",*Journal of Mind and Behavior*,21(3),2000,pp. 273－288.

② 余德慧:《本土心理学的基础问题探问》,《从现代到本土:庆贺杨国枢教授七秩华诞论文集》,叶启政主编,台北:远流出版社,2002年,第155—183页。

性"是一个"全球",也是一个"极权"的模式;一方面认定根据它所设定的原则与规则所形成的"模式"与"理论"都是"放诸四海皆准"的;另一方面则否定所有无法达到它所设定的"知识论"原则与"方法论"规则的知识与论述。米格诺罗(Walter D. Mignola)也指出,伴随科学的是一种后设论述(meta theory),这种论述定义某一种操作为"科学",并赋予价值,同时淘汰不符合这种后设论述标准的知识。① 换言之,欧洲的知识系统设定了所有比较与评鉴知识的标准。在这套评鉴标准之下,所有其他的知识体系、生产知识的方法,甚至思考习惯都被认为是次等、不科学,也因此没有价值,甚至是不相关的。② 用日常的语言来说,这意思等于:"我有的你都没有,而你有的不是没用就是有问题。"吕格尔便曾经说,现代人不是没有神话,现代人所创造的神话与理性批判盘根错节;两者互相扣连,也互相支持。③ 有论者认为,中国思想史不会呈现出普遍性。针对这一点,中村元问道:"'不会呈现出普遍性'是什么意思呢?难道能够说西洋文化所产生的任何东西都能显示出普遍性,反之其他诸民族文化所产生的一切东西都没有普遍性吗?"事实上,中国思想激励了欧洲的启蒙思潮,鼓舞了伏尔泰和沃尔弗,甚至于在东洋内部也进行过伟大的文

---

① Boaventura de Sousa Santos, ed. , *Cognitive Justice in a Global World*: *Prudent Knowledges for a Decent Life* (Lanham: Lexington Books, 2007), p. 375.

② Ali A. Abdi, "Eurocentric discourses and African Philosophies and epistemologies of education: Counter-hegemonic analyses and responses", *International Education*, 36 (1),2006, pp. 15 - 31.

③ Paul Ricoeur, "Dialogue with Paul Ricoeur", in Richard Kearney, ed. , *Dialogue with Contemporary Continental Thinkers* (Manchester: Manchester University Press, 1988), pp. 15 - 45.

化交流。① 然而这些"证据"并没有受到应有的重视。阿卜迪在讨论非洲哲学与知识论的教育时提到,所谓"正式教育"(formal education)一旦确立,全世界的本土知识与学习方法都失去了立足之地与存在价值。②因此,酒井直树在讨论殖民现代性的时候直言,"普遍主义"与"特殊主义"之间其实存在着一个"共谋"关系:③欧洲发明的论述既然被视为是"普世"的,其他地方的论述就都被视为是"特殊"的,不具有理论化的潜力。在没有其他知识系统挑战或可资比对的情况下,所有这一套系统背后特有的价值观、世界观,甚至偏见与误谬,也都被"包裹式"地接受,这也是"后殖民"学者所批判的"欧洲中心主义"。

20世纪70年代由一位深受马克思思想影响的埃及学者萨米·阿敏(Samir Amin)所提出来的"欧洲中心主义",主要在揭示一种以欧洲角度对待,以及诠释其他社会文化与历史的论述方式。④ 在18世纪末,工业革命成功之后,欧洲已经牢牢的掌握了全球政经优势,优越感也越发明显:其他未能领先现代化的文化甚至种族,想当然地被视为是较差的,他们的文明也是停滞不前的。⑤ 在这种氛围下所产生的论述,一方面认

---

① 中村元:《东方民族的思维方式》(林太,马小鹤译),台北:淑馨出版社,1990年,第28—29页。

② Ali A. Abdi, "Eurocentric discourses and African Philosophies and epistemologies of education: Counter-hegemonic analyses and responses", *International Education*, 36 (1),2006, p. 1.

③ 酒井直树:《现代性与其批判:普遍主义与特殊主义的问题》(白培德译),《台湾社会研究季刊》,第30期,第205—236页。

④ Samir Amin, *Eurocentrism: Modernity, Religion, and Democracy: A Critique of Eurocentrism and Culturalism* (New York: Monthly Review Press, 2009).

⑤ Immanuel Wallerstein, *European Universalism: The Rhetoric of Power* (New York: The New Press, 2006).

定欧洲人与欧洲社会优于非欧洲人与非欧洲社会，以及亚洲、非洲历史只有在"欧洲文明扩张"的前提与框架下才有审视的价值；另一方面也为这种种族优越提供了各式佐证——包括"不可不殖民"的理由，以及殖民者维持其统治地位所需要知道的知识。[1]

马祖瑞（Ali A. Mazuri）曾经为"欧洲中心主义"的历史观算了一次总账，列出七大罪状，例如，英雄主义，夸大欧洲在各方面的成就，认为新大陆、非洲最高的山脉等等都是欧洲人发现的；掩饰罪状，教科书中轻轻带过欧洲殖民造成南美洲印第安 80％人口的灭绝与文化的消失；[2]对于主张宪法保障人身自由的美国总统杰斐逊自己拥有 200 名奴隶这回事，略而不提；至于其他文明的成就，同样视而不见。数学的发展便是一例。根据欧洲文献的说法，最早数学是由希腊发轫，黑暗时代之后在文艺复兴时期被重新发现，再传到世界各地的。但是综合亚洲历史，却发现数学最早的源头是印度、中国和巴比伦，之后再由巴格达传到西班牙、埃及和阿拉伯帝国。例如"毕氏（Pythagorean）定理"[3]的演算，早在《周髀算经》就已经写得清清楚楚，也即："勾广三、股修四、径隅（弦）五。《周髀算经》的作者与确切年代虽然已经不可考，但推算至少也比公元前五世纪的华氏定理早几百年。[4] 其实，数千年前写成的这本"周髀算经"，所谈的还不是三角几何，是天文！

---

[1] Goody，Jack，*The Theft of History* (Cambridge：Cambridge University Press，2006).

[2] Ali A. Mazuri and R. K. Kanth，edited，*The Challenge of Eurocentrism：Global Perspectives，Policy and Prospects* (New York：Palgrave Macmillan，2009)，pp. xi‐xv.

[3] 也即直角三角形两边的平方相加等于斜边平方。

[4] George Ghevergghese Joseph，"Mathmatics and Eurocentrism"，in Ali A. Mazuri and Rajani Kannepalli Kanth，ed. ，*The Challenge of Eurocentrism：Global Perspectives，Policy，and Prospects* (New York：Palgrave Macmillan，2009)，p. 31.

　　由知识社会学或科学哲学的观点来看，既然每个社会、社群看世界都必然是由自己的立场出发，则在这方面欧洲便不是独一无二的。华夏文明自古以"中土"自居，其"以自我为中心"的世界观显而易见。孔子说"微管仲，吾其披发左衽矣"（《论语·宪问·第十四》），似乎也没有赞赏其他族裔的意思。但"欧洲中心主义"之所以成为严重问题，是因为这种知识体系不但是以"普世"面貌呈现的，①并被认为是造成欧洲现代化，以及绝对政经优势的原因。因此欧洲以外地区的人在接触到这种知识以后，他们便不再去质疑或挑战这种论述。在这种情况下，带有欧洲观点的历史、地理与人文知识得以在毫无筛选、检视的情况下进入亚非地区，便成为这些地区现代化过程中的缩影。

　　事实上，19世纪以来，无论是被殖民或没有被殖民的非西方地区，都在没有选择的情况下臣服、接受、并从而开始依赖西方。"欧洲观点"就是亚非人民的"真实"；他们接受"以欧洲为出发点的系统知识与理论"，习而不察。这情况即使在最单纯的历史与地理常识，都有无数的例子可循，包括"亚洲（Asia）"这个名词都是一个"欧洲中心"思维的产物。②自从19世纪以来，世人就习惯"世界有五大洲"的想法。然而是谁决定这五大洲的名称？其划分的标准又在哪里？如果"洲"的定义是一大块独立的陆地，则今天亚洲西南边的界线在土耳其境内，虽然隔着一个狭窄的博斯普鲁斯海峡（Bosphorus）与"欧洲"相望，但是北边的俄罗斯却横跨欧亚，紧紧的将"两"洲连在一起；既然相连，为什么又会被视为各自

---

① Immanuel Wallerstein，*European Universalism：The Rhetoric of Power*（New York：The New Press，2006）.

② Chen，Guo-Ming，"The ferment and future of communication studies in Asia：Chinese and Japanese perspectives"，*China Media Research*，2(1)，2006.

独立的陆块? 如果亚欧的区分源自文化与种族的不同,则今天亚洲各国之间无论在人种、文化与宗教上的差异都不小于亚洲与欧洲之间的差异。但是如果我们由亚里士多德(Aristotle,384‑322 BC)以降,欧洲人对于"东"、"西"差异的看法,以及欧洲商人与航海探险家的角度来看,就容易理解了。以数百年前交通工具的发展程度,欧洲人活动最频繁的范围主要在地中海区域,向东他们极少超越乌拉山。在这样的认知之下,由今天的印度以至于日本的这一块陆地不过是"东方"、"亚洲"——也是今天的中东——的延伸。因此,当年欧洲人图方便所创造的"亚洲",无意间为今天主张以"亚洲"为本土论述基础的学者造成难题:在概念上"亚洲"不但难以定义,①并且充斥着"多重焦虑"。② 同样的,历史上对于事件的记载方式也可能充满欧洲观点。伊斯兰学界经常举的一个例子,公元 1096—1291 年十多次被称为"十字军东征"的战争。目前西方与中文文献及教科书里,大多将之定位为"宗教战争",却忽视了十字军在进入耶路撒冷之后屠城,并没有放过城里巴勒斯坦裔的基督教徒——如果是宗教战争,何以不放过基督徒? 因此伊斯兰世界认为,这些战役是"法兰克人、欧洲人对中东的侵略",并不能定义为"宗教战争"。

　　史地数据如此,具有"科学性质"的社会科学理论又如何? 一个以数十个美国大学学生的推论习惯为实验对象的研究,可以写成一本题为

---

① Yoshitaka Miike, "Beyond Eurocentrism in the intercultural field: searching for an Asiacentric paradigm", William J. Starosta and Guo-Ming Chen, eds. , *Ferment in the Intercultural Field*: *Axiology/ Value/ Praxis* (Thousand Oaks: Sage, 2003), p. 249.
② 陈光兴:《去帝国:亚洲作为方法》,台北:行人出版,2007 年,第 345 页。

"人类推论"的学术著作。① 如果没有被挑战,这本书的论述也会被所有
地区的读者以"人类推理"的知识所接受。同样的,分析沟通行为的的"人
际沟通理论",同样以"人"——而非某一特定地区或文化中的"人"——
为分析单位,但是这些理论却以个体性(individuality)、自我中心、理性、
权利意识、自由与物质主义等等西方社会的特质为立论的基础,这与儒
家社会所强调的和谐、相互依赖、讲分寸(social sensitivity)以及自律的
特质明显不同。② 但是这情况持续数十年,直到晚近才有亚裔学者指
出,西方取向的沟通理论未必能够帮助我们了解儒家社会中的人际沟通
行为。事实上,既然理性、个体性等价值观,甚至知识的定义及科学语言
都是欧洲这个思想传统与时空情境的产品,③则理论上就可以说科学知
识所代表的也不过是"本土典范"中的一种。正如查卡拉巴提所指出的,
宣称可以涵盖"全人类"的理论,实际上是在对大部分人类都没有了解的
情况下产生的。④ 知识的普世性因此就是追求认识论上的根本变革时,

---

① Richard E. Nisbett, *The Geography of Thought : How Asians and Westerners Think Differently ... and Why* (New York: Free Press, 2003), p. xiv.
② Yoshitaka Miike, "An Asiacentric reflection on Eurocentric bias in communication theory", *Communication Monography*, 74 (2), 272 - 8; Guo-Ming Chen, "Asian communication studies: What and where to now", *Review of Communication*, 6(4), 295 - 311; Min-Sun Kim, *Non-western Perpectives on Human Communication : Implications For Theory and Practice* (Thousand Oaks, Calif. : Sage Publications, 2002).
③ Kristoffer Kristensen, Brent D. Slife & Stephen C. Yanchar, "On what basis are evaluations possible in a fragmented psychology? An alternative to objectivism and relativism," *Journal of Mind and Behavior* 21(3), 2000, p. 274.
④ Dipesh Chakrabarty, *Provincializing Europe : Postcolonial Thought and Historical Difference* (Princeton: Princeton University Press, 2000), p. 29.

第一项必须要推翻的预设。[①]

要检讨今天国际学界知识产出严重失衡的原因,欧洲知识系统独大无疑是最主要因素之一,但非唯一肇因。以下我们将分析非西方国家在教育体制与学界心态上的因素,这两个因素相互纠结,形成了目前西方主义文献的脉络与架构。

二、上层结构的因素—高等教育体制与学术政策

在宗教与政治权威的包容下,早在12、13世纪,大学已经在欧洲兴起。到了1500年,欧洲的大学已经超过100所,这些大学不但成为科学研究的根据地,也成为全世界信息汇集的场所。[②] 如果要说"大学"是"一个社会、文明中最高的教学机构",则中国的太学比欧洲第一所大学——意大利的波罗那大学(University of Bologna,1088)——要早一千年,但是太学所教的是"圣贤之学",传授的内容与功能都和欧洲大学截然不同。到了16、17世纪,欧洲的教育体制随着殖民势力与现代化浪潮在世界各个角落落叶生根,彻底取代了这些地区原有的教育机制。阿赫美德(Akbar S. Ahmed)观察到,欧洲的殖民不只在政治上,也在文化与学术上。[③]

欧洲教育制度的全球化使得"西方"的影响力得以在学术的两个层

---

① 石之瑜:《社会科学本土研究的知识札记》,国家发展研究,第2卷第1期,2002年12月,第179—202页,第185页。

② 麦克尼尔(J. R. McNeill)与威廉·麦克尼尔(William H. McNeill):《文明之网:无国界的人类进化史》(张俊盛,林翠芬译),台北:书林出版,2007年。

③ J. R. McNeill & William H. McNeill, *The Human Web: A Bird's Eye View of World History* (New York: W. W. Norton & Co, 2003).

次上扎根：内涵与体制。前者确定了社会科学研究"西方"的体质，从而排除了非西方思维介入的正当性；后者则维持（perpetuate）了这样的排他性。在晚清，无论官方或民间，"办学"都是引入"西学"的重要途径。有学者认为，假如不是非西方国家所采取的训练、评鉴与资助研究方式，目前的知识权力架构也不可能屹立不摇。① 由于大学教育的重点放置在专业知识与训练，在本土历史、文学与哲学的课程，通常在中学阶段就已结束。因此对非西方世界大多数的大学生而言，高等教育代表的是不同阶段的学习。这个阶段的重点是"普世知识"，但这些知识与他们生活的世界并没有直接相关。四年不足以使学生对像欧洲这样一个文明或现代性如此复杂的概念有透彻的了解，或保证他们有深厚的西方文史与逻辑论证基础。然而他们对于本身的文化资产的认识，大多却只有高中程度。

在今天各种社会体制中，教育与研究体制可以说是西化程度最高的。② 虽然全球暖化以及几次的全球金融与经济危机，显现了科学与现代体制的不足，西方在知识的生产、传输与散播上仍有不可动摇的地位。但知识的来源只允许有一种吗？没有"现代"知识便是"无知"吗？如果一位老农可以告诉农业专家他所不知道的事情，则我们就得同意，"现代"定义下的"无知"并不见得是"知"的对立面，而可能是"一些人形容另

---

① U. Kim，"Psychology，science and culture：Cross-culture analysis of national psychologies in developing countries"，*International Journal of Psychology*，30（6），1995，pp. 663 – 679；Guo-Ming Chen and Yoshitaka Miike，"The ferment and future of communication studies in Asia：Chinese and Japanese perspectives"，*China Media Research*，2（1），2006，p. 3.
② 陈平原：《中国现代学术之建立：以章太炎、胡适之为中心》，台北：麦田出版社，第25页。

一些人"的情况,其中充满了价值判断。[1] 然而由于这种单元知识观与教育体制的盛行,往往使得亚非学者认定本身原有的传统与文化资产与现代知识生产无关;但即使他们不这么看,却也未必有能力运用这些资产。

查卡拉巴提观察到印度学者不读印度"逻辑学"、"文法学"(grammarians)、"语意学"与"美学"方面的著作,因为存在于梵文与波斯文的知识传统现在已成为历史研究的素材,[2]正如同坎德(Rajani Kannepalli Kanth)所形容的,在对非欧洲思维系统性的贬抑之后,在非欧洲知识传统中所存在的思想已然成为"鬼魅"。[3] 不但如此,这些文献被一般人视为是遥不可及的,深藏在典故、经典文献,甚至口语相传之中,[4]要将这些资源发展成为学术思维,学者不但需要解读古典文字的能力,还需要时间来研读庞大的传统文献、从事理性重构(reconstruction)的训练,并且在知识上予以有效验证,对于受现代教育的研究人员而言,这无疑是另一个巨大的挑战。[5] 同样的,自从19世纪以来中国知识分子的世界就陷入了混乱与矛盾之中,直到今天都还没有

---

[1] Mark Hobart ed., *An Anthropological Critique of Development : The Growth of Ignorance?* (London, New York: Routledge, 1993), p. 1.

[2] Dipesh Chakrabarty, *Provincializing Europe : Postcolonial Thought and Historical Difference* (Princeton, N. J. : Princeton University Press, 2000), pp. 5 - 6.

[3] Rajani Kannepalli Kanth, *Against Eurocentrism : A Transcendent Critique of Modernist Science, Society,and Morals* (New York: Palgrave Macmillan, 2005), p. 4.

[4] 这不表示这些概念与想法在日常生活中不存在,然而要在研究中使用它们就必须回归传统文本。

[5] Rajani Kannepalli Kanth, *Against Eurocentrism : A Transcendent Critique of Modernist Science, Society, and Morals* (New York: Palgrave Macmillan, 2005), p. 4.

重新检视中华文化的基本价值。① 在李长之的眼里,五四的知识分子不仅不欣赏传统,也不了解西方的古典文化。② 然而和今天相比,他们的传统文化素养已经远远超过现今华人社会高中教育所能提供的程度。

　　教育体制一元化所造成的上述问题,在"全球竞争"的学术发展政策思维引导下,更显严重。近年来国际学术出版与发表看似多元,然而"主流"的地位却往往因为边陲地区的学术政策而更加巩固。在评鉴制度的阴影下,今天许多华人学者必须在所谓的"国际一级期刊"发表论文,才能证明自己的研究能力;甚至于他们工作的学校经费也才有保障。③ 不幸的是,由于主流西方可以宣称是它孕育、发展了科学,因此它的推理方式、世界观、甚至语言都成为现代人从事学术研究的前提。④ 在英国出版的《高等教育时报》(Times Higher Education)一篇短评里,文化学者托比·米勒(Toby Miller,2013)⑤强调英文不该是学术的唯一语言,因为这是"傲慢的,不切实际与反智(anti-intellectual)的";他宣称"未来不

① 余英时:《中国思想传统的现代诠释》,台北:联经出版事业公司,1987年,第49页。

② 余英时等著:《五四新论:既非文艺复兴,亦非启蒙运动》,台北:联经出版事业公司,1999年,第15页。

③ Kuan-Hsing Chen, Sechin Chien, "Knowledge production in the era of neo-liberal globalization", *Taiwan: A Radical Quarterly in Social Studies*, 56, 2004, pp. 179 – 206.

④ Immanuel Wallerstein, *European Universalism: The Rhetoric of Power* (New York: The New Press, 2006); Rajani Kannepalli Kanth, *Against Eurocentrism: A Transcendent Critique of Modernist Science, Society, and Morals* (New York: Palgrave Macmillan, 2005).

⑤ Toby Miller, March 7, 2013: Polyglots required if we want a place in the global academy, Times Higher Education, http://www. timeshighereducation. co. uk/ comment/opinion/polyglots-required-if-we-want-a-place-in-the-global-academy/ 2002326. article.

是英文"(The future is not English)。米勒的用心良苦,然而他所呼吁的:学术研究朝向多语言方向发展,同样离"实际"颇遥远。"多元化"的表面下,隐藏着牢固的学术威权体制。正如他所观察到的,直到今天,国际学会、图书馆与政府所认可的期刊名单——例如 SSCI 期刊、以及学界对英语以外的研究素材的轻忽,正反映着"知识必须以英文沟通"的心态。

　　为了造就学术上的卓越成就,非西方世界学者必须要在早已设定的条件与规则下竞争。非但如此,国际期刊或外语专书的主要读者群既然不在非西方学界,则除非是能够提供主流学界可资运用的素材或有特殊观点,否则与主要读者群没有直接关联的研究主题,通常不易得到主编的青睐,使得以本土议题为主的研究相对处于竞争劣势。而目前亚非地区许多国家将科学与人文及社会科学研究者一视同仁,要求"国际竞争力"的作法,其实是使得问题更加严重;研究无法"根植本土",从而消蚀了学术自主的基础,疏离了自己身处的社会文化,使得本土学界不得不配合西方的——而非自己社会的——学术旨趣作研究。余英时以"中国传统及其原始点及内部中所呈现的脉络为研究的立足点,而非西方理论"为傲;然而绝大部分华人学界都没有足够的学术资产或现实动机来坚持这样的原则。福柯认为,"论述永远与权力及知识的生产有关"。[1]然而与其说这种将"国际竞争力"为首要目标的政策是要取得更多权利,毋宁说是反映着一种"他者"导向的心态。

　　由今天非西方学术社群面临的问题来看,"西方主义"的刻痕显而易

---

[1] Michel Foucault, Colin Gordon ed. and trans., *Power/Knowledge*: *Selected Interviews and Other Writing*, 1972 - 1977 (Brighton: Havester Press, 1980).

见。源自欧洲的教育体制以及"他者"导向的学术政策,使得"东方"未必深刻了解"西方",但对于"东方"自己却是隔阂与轻忽的。因此即使亚非学者愿意尝试到传统典籍中去寻找答案,他们在这条路上也走得十分辛苦。正如陈国明与三池贤孝所提到的,亚洲学者可能"还没有准备好",因为他们大部分对于自己的文化资产并没有深刻了解。[①] 问题是教育及学术大环境不改变,这种情势很难扭转。

全盘接收主流西方所发展的方法与理论

我们在第一章谈到,近年来西方学界对于科学知识以及相关的客观性、普世性等概念颇多质疑,然而一个很吊诡的现象是,西方学界对于欧美以外地区仍然有不少学术论述反映了"欧洲、西方中心"心态。另一方面,面对西方学界的这种"欧洲中心"心态,长久以来处于弱势的亚非学界却也仍旧耽于"由西方看世界"。于是一个"愿打",一个"愿挨",往往形成一种矛盾而病态的"两厢情愿"状况。查卡拉巴提观察到,各国历史对于非西方世界现代化过程的描述与诠释,大多受到一种以欧洲为中心的历史观影响。南亚的社会科学家也可以非常热衷地讨论马克思(Karl H. Marx,1818-1883)或韦伯(Max Weber. 1864-1920)的思想,使用各种进口概念与理论来构想与分析研究,却完全不感觉需要将这些思想家的主张,放置在欧洲知识分子的历史脉络里来理解,[②]也不去注意概

---

① Guo-Ming Chen & Yoshitaka Miike, "The ferment and future of communication studies in Asia: Chinese and Japanese perspectives", *China Media Research*, 2(1),2006, p. 3.

② Dipesh Chakrabarty, *Provincializing Europe: Postcolonial Thought and Historical Difference* (Princeton: Princeton University Press, 2000), p. 6.

念与理论背后所隐藏的世界观、文化脉络或上层结构与其他社会间的差异。

阿拉塔斯在检讨边陲学术问题时,提出了"学术依赖"的几个面向,①其中最根本的,是有关思想观念的依赖。从这里看,"后殖民主义"与"马克思主义",以及学术研究"本土化"和"文化研究"之间的关联就颇有深意。赫连(A. P. Helene)在评论《西方主义》②一书时,观察到伊斯兰以及其他边陲地区攻击西方的炮火竟然也是西方。③ 罗勃·杨(Robert J. C. Young)认为这样的一个吊诡其来有自:马克思所批评的是西方的社会与经济作为(practices),以及其所代表的价值观,由于这些批评的对象都是西方社会,因此仿佛马克思也是反西方的。④ 马利克(Abdel Malek)认为,"反殖民"论述本身虽然是亚非学界的产物,但是马克思在"后殖民"论述的地位却是无可置疑的。对于第一代"后殖民"学者而言,"马克思主义"不但是他们论述的起点,并且也是他们所有论述的基础。⑤ 这里我们需要问的,不是这样的连结是否有问题,或"后殖民"论述是否应该依赖马克思来批判西方,但是一个假设性且关键性的问题是:假使没有马克思理论,有关非西方世界的批判省思,以及相关议题的辩论,还能有什么样的理论基础? 正如麦奎尔(Denis McQuail)所指

---

① Syed Farid Alatas, *Alternative Discourses in Asian Social Science: Responses to Eurocentrism* (New Delhi: Sage, 2006), p. 4.

② Ian Buruma and Avishai Margalit, *Occidentalism: The West in the Eyes of Its Enemies* (New York, 2004.)

③ A. P. Helene, "Occidentalism", *SAIS Review*, 24(2), 2004, pp. 181–184.

④ Robert J. C. Young, *Postcolonialism: A Historical Introduction* (Oxford: Blackwell Publishers, 2001).

⑤ *Ibid.*, p. 168.

出的，即使是批判理论，也仍然是西方的；①它隐含着同样一套欧洲的普世价值，包括平等、多元、自由，以及物质文明的进步史观。

"后殖民主义"是在西方世界之外所发展出来的，也被视为是针对西方的有力批判，因此上述分析在"学术依赖"的议题上特别发人深省。难道非西方世界的学者已经到了一个没有西方就"无法批判西方"、"去西方"，以及"肯定自己的地步"吗？我们甚至可以问，是否"批判非西方的依赖性"本身也是"依赖"的一种表现？"依赖"、"模仿"在西方有明显的负面意涵，但是在中文，甚或日文、印度文、印第安文里也有同样的负面意涵吗？事实上，长久以来中国人都将依赖与模仿视为学习的第一步。然而模仿未必阻碍创意以及独特风格的发展。无论是书法、绘画、文风、甚至拳脚功夫，一旦学生掌握要领，他们就被期待能在实作中根据自己的想法与品味发展自己的风格。不幸的是，今天亚非学界在欧洲知识系统独大，本土单元教育体制与"他者"导向的学术政策几项因素的影响之下，不仅"依赖"、"模仿"，而且长期停滞在这种"前置作业"的阶段。能大步踏出下一步的，可以说是少之又少。这里的问题还不仅仅是模仿与追随，而在于他们在种种条件框限下无法脱身。结果是国际学术群体当中，有许多人其实并没有参与学术对话。他们的文化资产没有被利用，他们的所长也没有得到发展、成长的机会。

臣服于欧洲中心典范之下的学术研究，除了无能创新，还常常犯下与西方学界同样的错误。余英时观察到五四运动期间中国知识分子认为缺乏进化史观（evolutionary thinking）是儒家与道家思想当中一个重

---

① Denis McQuail, "Some reflections on the western bias of media theory", *Asian Journal of Communication*, 10(2), 2000. pp. 1 – 13.

要的缺失。① 然而今天在西方学界，“进化史观”已经不受重视，②而“二元”思考模式在欧洲的哲学史上更是一个长久以来被批评的目标。华裔学者面对西方科学与民主的文化传统，却选择将自己框限在一个“非此即彼”的模式中，将自己定位在西方的对立面，因此同样地蹈入了二元的线性思维，从而丧失了深入了解现代性所牵涉的一些深藏价值与哲学默认的机会。③ 就如同在“西方主义”式的论述中所反映出来的，议题的讨论很容易流于极端，不是全盘否定就是全盘接受外来思维。④同样地，文化传统不是成为攻击的目标就是被利用作为反击西方的利器。

　　除了跟着犯错，“全盘接受”的结果也可能是自失立场。其中一个例子是非西方学界对于后现代论述的态度。后现代理论既然拒绝接受包括客观性以及普世性（universality）与科学主义等属于现代性（modernity）的概念，如果亚非学者真正同意后现代论者的这种态度，就不会接受所有理论论述的普世性，而这“理论”也应该包括“后现代理论”——也就是说，亚非学者应该同样质疑后现代论述本身的适用性，而不是只质疑其他理论的普世性。但是非西方学界非但很少质疑“后现代理论”的此一反普世立场，并且充分利用它“追求特定时空脉络下真理”的“小叙述”主张，发展本土研究，从而肯定了后现代理论本身的普世性。但理论的普世性正是后现代论述所否定的。换言之，非西方学者并没有

---

① 余英时：《中国思想传统的现代诠释》，台北：联经出版事业公司，1987年，第6页。
② 同上书，第21页。
③ 玛朱姆达等：《印度通史》（李志夫译），台北：台湾编译馆，1981年；金观涛，刘青峰：《开放中的变迁：再论中国社会超稳定结构》，台北：风云时代出版，1994年，第254页。
④ 余英时：《中国思想传统的现代诠释》，台北：联经出版事业公司，1987年，第6页。

质疑后现代论述的立场。事实上，绝对的普世性与完全排斥普世性可能同样是有问题的。① 如果说"科学主义"是一种知识上的极权，则非西方学界这种"人家愿打我愿挨"的心态，其实已经超越"科学主义"的范围，自动将整个西方论述——包括西方认为是普世或非普世的学术主张——都纳入了"知识极权"的统治范围，并自愿接受统治。

跟着西方贬抑自己

非西方学界在全盘接受外来方法与典范的同时，也接受了外来方法与典范对于自己传统思维的评价与态度。翻译学者张佩瑶在讨论中国传统译论的研究中发现，学者在论文中经常使用的词汇不是"不同"或"差异"，而是"缺乏"、"弱点"和"落后"；这种词汇反映了、也强化了华人学界的文化自卑。② 因此，非西方学界"全盘接受"的另一面，是有系统地漠视传统思维与文化。这些都不被认为是与学术研究有任何关联的，在理论建构上也不具任何潜力。阿拉塔斯因此认为目前亚洲学术社群缺乏原创性论述，模仿的盛行不过是原因之一；③另一个原因是轻视亚洲本身的著作，认为"亚洲著作没有参考价值"，排除非西方世界的思想与点子，尤其是那些源于自身的历史、文化，以及他们所生活的社会文化情境的思想与想法（ideas）。这个倾向有两重涵意：一、就如同我们早先

---

① 劳思光：《当代西方思想的困局》，台北：台湾商务印书馆，2014年。
② 张佩瑶：《传统与现代之间：中国译学研究新途径》，湖南：湖南人民出版社，2012年，第36页。
③ Syed Fraid Alatas, *Alternative Discourses in Asian Social Science: Responses to Eurocentrism* (New Delhi: Sage, 2006), pp. 64-65.

指出的，在专业上非西方世界学者与他们所生活的社会，甚至与他们的"自我"都是断裂的；二、他们的著作因此无法受惠于非西方深厚的思想传统，[①]但不同来源的思想传统可能正是学门整体发展与成长所需要。举例来说，诠释学与符号学(semiotic)的文献中，对于语言、符号与意义有很广泛的讨论，然而却很少学者注意到佛学与道家思想，同样对于这些议题有不同角度的观察与省思。一篇亚洲学者完成的论文不可不引述主流文献，但是如果没有本土文献则通常不会受到太大责难。因此即使本土文献中具有启发性的观点或已经展现新的论述方向，往往也无法引起太多讨论，以至于无疾而终。换言之，学术上的"西方主义"最大的问题，不只在于过度认可西方，也在于"东方"完全接受了"西方"对于知识的评判标准，不再认为自身的文化与社会科学研究及知识的生产有任何相关。

　　无可置疑的是优势典范会一直存在到更有效的典范出现为止，然而如果"西方主义"确实影响着非西方学界在社会科学研究上的表现，则将他们的思维由框限中解放出来就有其急迫性。也唯有这样，亚非以及华人学者的"自我"才不会继续被自己的"他者"以及"自我"所双重否定。坎德认为，继续努力仍然是最重要的，因为不这么做，我们就无法重新诠释各种想法。[②] 正如同本章在一开始的时候所提到的，无论是在欧洲中心论述上发展批判思维或是借助外来的想法来建构非西方认同，都未必

---

① Ali A. Abdi, "Eurocentric discourses and African philosophies and epistemologies of education: Counter-hegemonic analyses and responses", *International Education*, 36 (1), 2006, pp. 15 – 31.

② Rajani Kannepalli Kanth, *Against Eurocentrism: A Transcendent Critique of Modernist Science, Society, and Morals* (New York: Palgrave Macmillan, 2005), p. 5.

是问题。对萨义德而言，①报复西方不是"东方主义"所需要的答案。前述分析也显示，西方如何看待东方与东方如何看待西方是一组共生——而非对立——的概念。所以今天真正的问题，是我们对"他者"的肯定与对"自我"的否定是共生的。时至今日，即使大环境因素改善，要走出"否定自我"的限制，并有效连结"西方"与"本土"，华人以及亚非学者所面对的显然是一条漫长崎岖的道路。然而如果不做尝试，非西方学界不会有任何的基础来发展源自本土的学术论述，或是由不同角度来进行学术论辩与思想的融合；在学术上对西方的依赖也将永远持续下去。即使在不排斥"依赖学习"的中国文化，这情况也是不容鼓励的。

对于欧洲中心主义的批判是重要的一步，回归本土社会文化脉络去挑战理论的普世性与创新的方向也是必须要的；然而这些不过是一个漫长过程当中的开始而非结束。心态的改变需要伴随着体制改革所提供的激励，因此我们需要的是一个"重新认识本土文化"的运动，以使我们和文化传统及生活世界经由课程的改革、教科书与参考书的本土化，以及新的评鉴标准重新连结起来。一旦非西方思维在建构社会科学理论的相关性与正当性被确立，才可能建立适当的研究架构以反映人们与社会的文化气质(ethos)。② 正如坎德所指出的，如果非西方世界的学者要在国际学术界占有一席之地，而非仅仅模仿他人，则没有更容易的方

---

① Edward W. Said，*Orientalism*（New York：Vintage，1979）；Immanuel Wallerstein：*European Universalism*：*The Rhetoric of Power*（New York：The New Press，2006）.

② A. Goonasekera and E. Kuo，"Foreword"，Asian Journal of Communication，10(2)，2000.

法。[1] 要达到目的,华人及非西方学界必须有所准备。这准备功夫所迫切需要的,是由体制上及政策上引导年轻一代更深入了解"自我"的文史根源,以及这个根源的现代意义及学术价值。但现时的问题还不是我们需要继续等待多久才能达到目标,而是准备的功夫究竟开始了没有?

作者感谢 Gholam Khiabany, Mark Hobart, C. Y. Kuo 教授以及匿名评审对于本章所提供的宝贵意见。

---

[1] Rajani Kannepalli Kanth, Against Eurocentrism: *A Transcendent Critique of Modernist Science*, *Society*, *and Morals* (New York: Palgrave Macmillan, 2005).

"治学"与"思辩"(dialectic)① :道不同,可相为谋?

　　"西方主义"解释了部分华人社群的学术表现,然而在前述的特殊心态与体制之外,还有一个更容易为人所忽略的因素,就是自古以来中国人对"学问知识"的想象与"治学"传统,与西方其实有根本的差异。"学术依赖"之所以如此轻易形成趋势,客观因素之外潜藏的文化成分同样不容忽视。但是如果我们再深入历史去分析,又会发现在教育体制与朝廷晋用人才挂钩之前的春秋战国,思想上呈现的是训诂考证之外的一种模式,这种模式不但十分不同于五四以来饱受批评的"中国传统",与西方的思辩模式也大不相同。

　　事实上,要深入了解华人学者在社会科学研究上所出现的问题,也必须从建立儒家"治学"与希腊"思辩"两种传统"不可共量"(incommensurable)② 的差异开始。这"不可共量"表现在研究的各个面

---

① 字面上'dialectic'一般译为"辩证",但此处我选择"思辩"的译法,是因为"辩证"经常并被认为就是黑格尔所提出的演绎推论方法。但事实上思辩法早在希腊时代便已经是一种哲人在逻辑论证(logical argumentation)时所通用的思考与推论方法。参考萧小穗,《公共传播学》,陈国明等著,台北:五南图书,2011 年,第 197—272 页;Robert Burt,'Dialectic', *English Studies in Canada* , Vol. 30 - 4 , pp. 16 - 20.

② "不可共量性"指的是两种语文因历史文化脉络上的根本差异使得两者之间不可直接翻译或故意义的转换,但仍可解释的情况,讨论详见第五章。

向上(表一),但主要可分为文献性质与研究取径两方面。

文献性质:"学问"与"知识"

我们在前面几章提到过,数千年来欧洲和中国文明都有一群人致力研究教学的工作,然而在不同的时空环境与生存条件之下,他们所思考、关怀的主旨不同、目的不同,所累积的成果在性质上也有根本的差异。公元前 800 年,希腊告别了迈锡尼(Mycenaean)文明衰败之后的黑暗时期。日益兴盛的海上贸易以及农业技术的精进,培养了一群介于奴隶和上层阶级之间的"中产阶级"。这些人基本上是商人,海上的商业活动让他们勇于向外发展与创新,也让他们聚居在一起,以城邦的共同利益为社会基础。[①] 他们在经济上拥有自己的土地、生活自给自足,并形成独立小区。这种生活方式使得彻底摆脱了传统包袱的希腊人开始孕育自由、平等的价值观以及个人主义的倾向。[②] 在优裕的生活中,希腊形成了一个重"智"的传统,关注的对象是自然宇宙。他们追求真理,思索"世界是如何构成的",目的在掌握经验事物的规律,从而征服世界。[③] 因此所累积而成的"知识",无论是柏拉图定义的"言之有理的真实信念"(justified true belief),或是罗素(Bertrand Russell)所说的"与事实相符的信念",都是有关我们所生存的世界的解释,并不是中国古圣先贤为人处世的道理。

---

① 冯友兰:《中国哲学简史》,北京:北京大学出版社,第 26—27 页。
② Richard Carter, "The Origins of Greek Philosophy", 2000, http://www. infidels. org/
library/modern/richard_carrier/history/1. html
③ 劳思光:《中国哲学史》,香港:中文崇基院,1968 年,第 200 页。

　　相对于希腊以海洋贸易为基础所发展出来"重智"的文明，中国自古以农立国，由此发展出来的文明有两个特色：一、农人必须仰赖过去经验从事耕作，因此尊重过传统、顺应自然，不鼓励冒险创新；二、家族为经济生产单位，也是社会基础。① 公元前 800 年前，当希腊文明开始大放异彩时，中国已经到了周朝末年，距离周公盛世约 200 余年。周人一反殷商崇拜神权的传统，将重心放置在生活秩序的建立。然而孔子出生（公元前 551 年）的时候，周天子已然大权旁落，形成一个群雄并起战乱频仍，道德、伦理败坏的局面。在战乱中兴起的诸子百家对于经世治国各有各的主张，却大致不离"人间关怀"的基调；而人间秩序又套叠在宇宙秩序中，成为复杂的系统。② 其中儒家尤其看重人伦与道德秩序的重建，目的在"化成世界"。③ 汉武帝独尊儒术之后，儒家思想成为中国教育与治学的核心，影响所及，"圣贤之学"逐渐成为中国人"学问"的主要内涵。对于西方学者而言，这种"学问"并不具备"知识"的性质。韦伯（Max Weber）认为，亚洲人将"知识"或"文献知识"视为通向现世或来世最高福祉的唯一绝对道路，但是具备"那种'知识'并不意味着懂得现世的种种事物，自然、社会生活或支配自然与人的法则"。④ 例如，中国将人与天视为一体，因此有关自然界的灾害与异象往往并不由自然界，反而由

---

① 冯友兰，《中国哲学简史》（涂又光），北京：北京大学出版社，2013 年，第 38 页；余英时：《中国知识阶层史论〈古代篇〉》，台北：联经出版事业公司，1980 年，第 54 页。
② 许倬云，《万古江河：中国历史的转折与开展》，台北：英文汉声出版股份有限公司，2006 年，第 111 页。
③ 劳思光，《中国哲学史》，香港：中文崇基书院，1968 年，第 200 页。
④ 中村元，《东方民族的思维方法》（林太，马小鹤译），台北：淑馨出版社，1998 年，第 15 页；Marx Weber, Aufsätze zur Religionssoziologie Vol. 2 (Tübingen: J. C. B. Mohr, 1921) pp. 364 – 365.

人的身上去找寻答案①——例如天子"为德不卒"或"圣人将出"等等。换言之,即使我们认为"学问"也是一种"知识",在内涵上与性质上它与西方的"知识"都有明显差距。

研究取径:"治学"与"求知"

"学问"与"知识"的内涵与性质不同,学习的态度、方法与目标也不相同。在希腊,追求真理是求知的目标。哲人深信,尽管这个目标并非一蹴可几,经由不断的追问、钻研、省思与逻辑论辩,仍然可以建立一套"比较可靠"——或"比较接近真理"的知识系统。前面我们提到,公元前800年左右在希腊出现的"中产阶级"彻底摆脱了传统的包袱,开始讲求平等、自由与个人主义。贵族阶级为了与这些新兴的"中产阶级"抗衡,积极瓜分政权,最后使得迈锡尼传统的集权式统治逐渐转变为政权分立、轮流共治的形态。这时,一种透过思辩法进行论证(argumentation)的传统也开始成形。② 希腊人以这种方式说服他人、弭平歧见,也以它来形成政治决策与法律裁决。欧洲在"黑暗时代"(Dark Age)结束之后,进入一个与当年希腊类似的社会文化情境。传统形而上学虽然被推翻,科学研究却承袭了经由思辩以探索恒久"客观真理"的传统,以及能够使人摆脱主观限制以达到这目的的方式、程序与步骤。由此,知识论不但催生方法论,也隐含了研究者作为"观察者"的角度。事实上,思辩的影

---

① 托比·胡弗:《近代科学为什么诞生在西方》(周程,于霞译),北京:北京大学出版社,2010年,第239页。
② Richard Carter, "The Origins of Greek Philosophy", 2000,http.//www.infidels.org/library/modern/richard_carrier/history/1.html

响一直持续到现代。无论是科学或文史研究，今天我们所熟悉的西方学术研究法处处都可以看到它的身影，甚至民主过程的公共政策辩论与法庭上的言词辩论也都可以说是"万变不离其宗"。①

思辩的希腊字源"dialektike"，是指一种论述或交谈的艺术。② 持正反意见的双方在反复辩论的过程中，运用演绎或逻辑否证的方法来揭露对方论点的矛盾之处，破解对方的说法。简单说，这种希腊时代所孕育的论证方式，是一个经由挑战、修订，或否定预设、论点或"主张"（claim），③从而发展新主张的思考对话过程。④ 通常一项论点由三个部分组成：一组假设或命题；推理或演绎方法；结论所提出的主张或论点。其他参与论证的人，一般而言需要做几个准备工作，包括弄清楚对方提出的论点、其依循的命题及预设、检验证据的效力，并认清参与对话各方的目的。参与者必须借由指认对方论点在推理上的错误或忽视之处、针对其列举的原因或预设举出缺失，反证或证据的不实来主张对方的结论无法成立。这种进行方式很清楚的显现了欧洲传统思考模式的要件，就是论点、逻辑推理方法，以及证据，三者缺一不可。这种由命题出发的线性思考模式，所导向的是一种逻辑结构严密的论述体系。

对柏拉图而言，思辩不只是一种论证方式，它更是一种透过关于事

---

① Michel Paty, "Universlity of science: Historical validation of a philosophical idea"in Dhruv Raina and Irfan Habib eds., *Situating the History of Science: Dialogues with Joseph Needham* (New Delhi: Oxford University Press, 1999), pp. 303 – 324.

② Robert Burt, 'Dialectic', *English Studies in Canada*, Vol. 30 – 4, pp. 16 – 20.

③ 这里英文原文 claims 有"声明"、"索赔"等意思，但在理性沟通的脉络下比较接近"主张"。

④ Richard D. Rieke, Malcolm O. Sillars and Tarla Rai Peterson, eds., *Argumentation and Critical Decision Making* (Boston: Pearson, 2008), p. 11.

物本质的问答来寻找真理、铺陈事事物物的"道"（the way things are）的方法。在柏拉图、亚里士多德之后，包括康德、黑格尔、马克思、恩格斯与新正统神学（neo-orthodoxy）等不同时代的思想家与学派，对思辩法都有不同的诠释与用法。哈贝马斯（Jurgen Habermas）对于韦伯（Max Weber）与马尔库塞（Herbert Marcuse）现代性研究的批判和他所提出的解决方案"沟通理论"；①伽达默尔（Hans-George Gadamer）对于席莱尔玛赫与狄尔泰方法论与认识论的批判和他的"视域"（horizon）理论，以及海德格尔透过诠释手法对尼采与康德的批判，②甚至荣格（Carl Gustav Jung）与弗洛伊德（Sigmund Freud）在"无意识"概念上的公开决裂等等都是运用思辩法开展学术论述的例子。③

　　由于思辩通常是由质疑与挑战对方主张开始，因此"批判性思维"（critical thinking）也被许多华人学者认为是学术研究的关键，甚至误以为只要批评、反对就能带来学术成就。但这种想法未必掌握到了思辩的要点；批判的另一面其实是部分接受——如果每一个从事学术研究的人都只是批判、排拒前人的论述，那么每一个人也只能由零开始构筑自己的学术主张。这不单没有意义，也不能确切反映西方学术发展的轨迹。

---

① 哈贝马斯：《作为"意识形态"的技术与科学》（李黎、郭官义译），上海：学林出版社，1999年，第38—83页。
② Martin Heidegger, "Author's Foreword to All Volumes", *Nietzsche Vol. One and Two*, translated by David Farrell Krell,（San Francisco：Harper San Francisco, 1991）；Martin Heidegger, *What Is a Thing*, translated by W. B. Barton, Jr. and Vera Deutsch, with an analysis by Eugene T. Gendlin,（Chicago：H. Regnery, 1976），p. 56.
③ 容格：《东洋冥想的心理学：从易经到禅》（杨儒宾译），台北：商鼎文化出版社，1993年，第11—14页。

其实坊间对于任何学者最粗浅的介绍都会告诉我们,他们每一个人都受到前人的影响,但同时他们每一个人也都在这些人的论述中看到自己无法同意之处与另外的可能性,并由此发展出自己的看法。换言之,每一个人都"走了自己的路"。"走自己的路"可能包括批判,例如前述的多位学者,但也可能只是在某一点上作了明确不同的选择。以布迪厄(Pierre Bourdieu)为例,许多人认为他受当代法国最权威的人类学家施特劳斯(Claude Lévi-Strauss)影响甚深,然而他却选择了法国(Bearn),以及法国属地阿尔及利亚进行田野调查,这与施特劳斯将人类学家的工作定位为"高高在上地、由远处研究与判断人类"的看法完全背道而驰。布迪厄没有质疑施特劳斯这个在"客观性"上的立场,然而却由此发展出一个不同于以欧洲现代性历程为参照的典范。就如同杨弘任观察到的,他不仅反省了西方社会科学的主流典范,并且将异文化刺激下所发展出来的概念与典范带回法国作测试。①

我们由布迪厄以及无数其他西方学者所选择接受的、他们所选择不接受的,以及个人的创见看到逻辑推论与理性思维;一个人同意或不同意一种说法,都必须以这两者为前提。但是逻辑推论与理性思维也不是凭空存在的,至少同等重要的,是研究者的主体性格。不论研究者的出身、兴趣、遭遇或教育背景,他们与所研究对象之间的主客关系是非常清楚的。这样的主体性格让研究者有了观察的角度、独立思考以及理性推理的空间。这和春秋战国以后中国士人"治学"有本质上的差异,正如他

---

① 杨弘任:《地方知识与在地范畴:本土化的一种策略》,邹川雄、苏峰山编:《社会科学本土化之反思与前瞻》,嘉义:南华大学教社所,2009年,第367—380页,引句见第369—370页;Deborah Reed-Danahay, *Locating Bourdieu* (Indiana: Indiana University Press, 2005), pp. 69 - 70.

们所"治"的"学"同样和西方学术有本质上的差异。

西方的知识分子贵在建构理论知识，见前人之所未见。秦汉以降，中国的文人雅士得以服人的，却是渊博的"学"与"养"；也就是《中庸》所揭示的博学、审问、慎思、明辨与笃行。换言之，读书人就是要读书。书不但要读得广博，还要读得通透，使典籍中的道德充分内化，从而造就令人折服的修养，外显于个人的言行操守与文采。至于要达到"内圣外王"的境地，中国人也不像西方，讲究透过一定的作法与步骤。《礼记·学记》对于治学的几个阶段曾有以下的记载："一年视离经辨志，三年视敬业乐群，五年视博习亲师，七年视论学取友，谓之小成；九年知类通达，强立而不反，谓之大成。"(《礼记·学记》)。这段话提示了儒家传统下不同阶段考察学生的重点，然而在这类一般性原则的陈述之外，与方法能够勉强相提并论的，仿佛也就唯有训诂考据了。不过这样的结论一方面失之草率，另一方面也无法帮助我们了解中国思想史上的重要发展是怎么来的。

事实上以思想史来看，我们不能忘记的一个历史事实是：现代欧洲的学术发展其实是近三、四百年的事情；也就是说，希腊罗马的盛世之后，欧洲曾经经历长达千年的"黑暗时期"(Dark Age)，这段时间欧洲文明呈现近乎停滞的状况。确实，中国历史上从未出现过类似神权宰制思想的现象，但却出现过政治严重影响思想与教育的情况。习惯上谈中国"传统"，都将过去两千余年当成一个单一的、一脉相承的系统。毕竟，影响力穿透现代东亚社会的儒家思想确是春秋战国的产物。较这传统更古老的，唯有夏、商、周朝廷大事的记载(如尚书)、卦书(易经)与官府采集的诗歌神话(如诗经)等等，这些典籍揭露了中国古代的宇宙观与政治思想，但无法代表一种思想体系。然而要论思考方式而非内涵，则我们不能忽视中国历史上近乎停滞的两千年之前,情况其实是很不相同的。换言之,中国人是在儒家被奉为"正统"、"科考"成为士人晋身统治阶层之道之后,才失去了思想上的活力①。如今我们所谈的"华人思考模式",大多指的却是失去思考活力之后的情况。今天学界讨论欧洲思想,重点大多放置在希腊时期或文艺复兴以后,而非一千余年神权至上的"黑暗时期"。如果我们不以"黑暗时期"的欧洲代表西方思想,那么如果将中国思想的讨论重点也由过去两千年转移到史上最蓬勃发展的时期——秦汉以前的春秋战国,又可以看到什么?

循着这样的思考脉络,以下的分析将分为两个部分:汉武帝独尊儒学(公元前 134 年)之后,以及春秋战国时代的中国治学特色。② 在次序上,我们先谈过去两千年的治学之道,这也是五四以一般人印象中的中国学术。其影响一直穿透了今天华人学术研究的态度。其次,我们尝试回到春秋战国,由诸子百家的言论去探察在政治力统领教育与思想之前,中国是否曾经存在不同的治学典范。

1)独尊儒学之后

抛开"方法论"的框架来谈"治学方法",科举对于汉以降中国学术思想的影响是我们所不能忽视的。所谓"学而优则仕",早在战国时代,中国的君主和贵族已经开始透过各种途径选拔人才。汉代进一步设立察举与征辟制度,到了隋炀帝分科取士,科举制度逐渐完备。在政治上,科

---

① 许倬云:《中古早期的中国知识分子》,余英时等:《中国历史转型时期的知识分子》,台北:联经出版事业公司,1992 年,第 27—37 页。
② 固然,以汉初为分界点,将中国思想史一分为二有其武断之处;即便被"化石化"了的儒学与科考制约了思想,我们也很难说在此之前的种种在此之后便完全消失;然而反过来看,假定一切事物恒久未曾改变,也同样是武断的。

举制度对于行政官僚体系的质量有一定程度的保障作用。由于它提供了"布衣卿相"的可能性，也为中国带来其他古文明所没有的社会流动性。但科举制度既不是为教育所设，也不是为发展"学问"本身而设，结果是这"所有平民百姓跃登龙门的唯一途径"，制约了中国数千年来的教育与治学方向。对于中国的教育制度，陈青之的观察颇为中肯："中国有了学校就有科举，有了学校制度就有科举制度，两千年的教育制度使就是一部科举制度史。"①其实，如果我们把话反转过来说，——"有了科举制度就有了学校制度"、"有了科举就有了治学方法"，可能也不为过。汉武帝以后，科举制度制约了教育，也相当程度制约了研究与思想。

　　隋、唐、宋三个朝代的科考都有两个主要部分，一是测试考生对于经书熟悉与了解的程度，例如隋、唐的"明经"，以及宋朝的"经义"。没有将经书背得滚瓜烂熟，考生很难应付这类似填充题的考题。因此，无论私塾或公学，自古以来"治学"几乎没有不以背诵起家者。但是到了第二阶段，也就是更高一等的"进士科"考试，却不再挑战考生的记忆与理解，而要求考生以诗、赋或文就特定题目发挥，也就是考验考生在不同领域与主题"体会"、"实践"古训的心得与大原则的运用。到宋朝，王安石取消了"明经"，而以"经"、"论"、"策"并立，也就是"解释经书"、"对时局的评论"和"提出解决时弊的方案"同等重要。明清两朝大致维持了这样的方向。19 世纪"西风东渐"，社会已然面临变革的压力，乡试及会试的科考范围却仍然以四书五经为主，不但如此，考生被要求以极为讲究形式的八股文作答，只有到了殿试最后一关，才改考"时务策问"。清朝末年，朝廷在一片废除科举的声浪中，终于加入了"各国政治"与"艺学策"等科考

---

① 陈青之：《中国教育史》，台北：台湾商务印书馆，1963 年。

科目,但是直到 1904 年清廷举办的最后一次科考题目,仍然保有四书五经的考题。① 换言之,千余年来四书五经始终是科考的范围。在考试制度指引之下,学校教学的重点大致不脱"试经"、"书义"与"习字"——也就是要求学生广泛研读、背诵典籍、通晓大义与勤练文笔及书法的基本功夫。②

　　费正清(John King Fairbank)认为,科考试题测验考生的知识和道德政策的判断力,并非空洞无物科考,也未必导致思想的僵化。例如 1870 年在武昌会试的题目包括解释经书、二十四史结构纲要、各种军屯的形式,以及选拔官吏方法的变革。他认为,相较之下,即使英国剑桥大学的荣誉学位试题或牛津大学的名誉示范题,都似乎微不足道了。③ 费正清算是为科考说了几句好话,但是科考所带来的"僵化"阴影始终存在。近年来海峡两岸的重要考试,都尽力朝考题活化与生活化的方向去做,给予考生自由发挥的空间,例如 2013 年中国大陆普通高等学校招生全国统一考试福建考区的政治考题,就以四川地震为例测试考生对于世

---

① 例如"中立而不倚强哉矫义";"致天下之民,聚天下自货,交易而退,各得其所义"。另外有关乎教育的考题,例如"学堂之设,其旨有三,所以陶铸国民,造就人才,振兴实业。国民不能自立,必立学以教之,使皆有善良之德,忠爱之心,自养之技能,必需之知识,盖东西各国所同,日本则尤注重尚武之精神,此陶铸国民之教育也。讲求政治、法律、理财、外交诸专门,以备任使,此造就人才之教育也。分设农、工、商、矿诸学,以期富国利民,此振兴实业之教育也。三者孰为最急策",西方外交史考题,例如"泰西外交政策往往借保全土地之名而收利益之实。盍缕举近百年来历史以证明其事策",人才政策题目,例如"日本变法之初,聘用西人而国以日强,埃及用外国人至千余员,遂至失财政裁判之权而国以不振。试详言其得失利弊策",甚至公法考题,例如"美国禁止华工,久成苛例,今届十年期满,亟宜援引公法,驳正原约,以期保护侨民策"。
② 王道成:《科举史话》,台北:国文天地杂志社,1990 年。
③ 费正清:《中国:传统与变迁》(张沛译),北京:世界知识出版,2002 年。

界观、方法论与科学研究的关系性质，但也考学生对于马克思主义实践观点的认识。同年中国台湾地区大学入学指定科目考试公民与社会考题，则要求考生在民法中指认属于固有道德观念的规定，以及法律不干预私人交易的原则等等。乍看下，这些题目与当年科举考试题目相比，已经有了改变，然而基本上所测验的，仍然是考生知道什么(what)、了解多少。2012 年法国升大学理组的考试题目，曾经在网络上引起很多台湾网友的讨论，[①]因为类似"如果国家(l'État)不存在，我们是否会更自由?"或"语言会背叛思想吗?"这种问题的方式，指向的是完全不同的基础思考训练模式。

教育与考试密切扣连，仔细分析上述考题，其间思想训练上的根本差异是很大的。我们从西方的思想传承中看到一种对于思辩与批判的要求，从事学术工作的人必须一再反思、检视理论成立的基本设定，例如："理论"、"科学"或"人文科学"是什么的基本问题。春秋战国以后，中国教育传统偏重学生"知道多少"、"了解多少"，与"学问"的本质和科考体制都有密切关联。"圣贤之学"并非无可挑剔，但因为体制上这一套学问是汉以降朝廷所独尊，也是科考的主要范围。平民百姓的晋身之路与"教育"合而为一的结果，使得其间的讨论、省思空间几近消失。士人治学必须先预设儒家经典中所说是合理的，然后在养成过程中予以内化、运用；质疑、挑战、检证、修订或推翻不但没有必要、也不可能。即便期间出现一些争论，主要也只是环绕在真伪、重点与诠释的差异上。"治学"

---

① 其他理组的哲学考题还包括：我们是否寻求真相(La Vérité)？ 以及是评论鲁索作品《爱弥儿》片段。参见新头壳 newtalk-2012 年 06 月 19 日下午 14:20 http://history. n. yam. com/newtalk/life/20120619/20120619555911. html （20130704） 2013/7/28, http:// mhperng. blogspot. tw/2012/06/blog-post_2619. html

绝少跳出"圣贤之学"的框架，以及"经世致用"与"实事求是"的学术思路。①

"经世致用"靠个人体悟、修为与见识，至于"实事求是"所牵涉典籍的考据、证伪与训诂工作，则需要掌握语文学（《小学》）、音韵学、与文字学方能旁征博引。由于语文不断演变，典籍中的词义与语法不但改变，更有真假问题，因此胡适认为，要讲义理得先"订正本子，考订古意"，而要"订正本子，考订古意"又唯有校勘学与训诂学的方法。② 这表示分析古籍的语法、修辞现象、训示是有其必要的。只是到了清朝，对于训诂考据的讲究，更到了史无前例的地步，郭嵩焘就曾经形容道，训诂的功夫讲究"研审文字，辨析毫芒"，考证要求"循求典册，穷极流别"，而雠校则必"搜罗古籍，参差离合"。③ 在西方，诠释学与训诂考据在缘起、目的以及作法上都有些许类似之处，但诠释学不过是众多方法选择中的一页，然而在过去两千余年的中国，训诂考据却是独一无二的。

"圣贤之学"无可置疑，传授"圣贤之学"的教师，甚至学校也享有崇高地位。1394年，明朝洪武年间，国子监一位监生赵麟因为公开批评学校，竟以诽谤师长的罪名被斩首示众。④ 这可能是一个极端的例子，然而教师不但负责"言教"，也负责"身教"，"天、地、君、亲、师"，以及"一日为师，终身为父"等等观念，揭示了教师在传统社会难以撼动的地位。

---

① 陈平原：《中国现代学术之建立：以章太炎、胡适之为中心》，台北：麦田出版，2000年，第35页。
② 同上书，第242—243页。
③ 郭嵩焘：《王氏校定衢本〈郡斋读书志〉序》，《郭嵩焘诗文集》，湖南：岳麓书社，1984年，第28页。
④ 王道成：《科举史话》，台北：国文天地杂志社，1990年，第26页。

　　清末国力衰微,对于华人思维方式的批判也硝烟四起。"五四运动"时期,知识分子不但对于"礼教"有深刻反感,他们对于中国的学术也怀有一种颇为"东方主义"的自我认知。这种自我认知在罗家伦的一篇文章中表露无遗:"中国的学术和社会,……两千年来,一脉相传,一点变更没有,一点进步没有。"失望之余,罗家伦尝试找出"病因",他的结论是:中国没有"批判精神"。在儒家"思想专制"的毒害下,中国人失去理性怀疑、理性批判与沟通的能力,"只会争吵和口角"。[1]

　　中村元对于中国人思维方式的批评就更为广泛,[2]他认为,中国自古以来思想和生活受到古典典籍的强烈制约、思索无益。从词源学上看,"学习"意味着"模仿"。而功利主义及现实主义的倾向[3]更使得形而上学与逻辑学的研究无从发展,抽象思维也因此很难得心应手。影响所及,中国人在发现和奠定客观法则上鲜有建树,对普遍性也缺乏兴趣。[4]

　　过去对于华人思维方式与中国传统文化的反省与评论是否中肯、[5]有无定论,都非本章关注的重点,然而由上述分析,"治学"方法与"科学研究"法的"不可共量"已经有了一个大致的轮廓。然则今天华人学界的问题纯粹是因为中西在思想发展上的不可共量吗? 诸子百家不曾依赖

---

① 罗家伦:《批评的研究》,《新潮》2 卷 3 号,1920 年 4 月,第 601—603 页;舒衡哲:《中国启蒙运动:知识分子与五四遗产》(刘京建译),台北:桂冠出版社,2000 年,第 136 页。

② 中村元:《东方民族的思维方法》(林太、马小鹤译),台北:淑馨出版社,1998 年。

③ 近世颇多类似观察,例如李泽厚的《漫说"西体中用"》,参见 http://blog. sina. com. cn/s/blog_4bce17b70102e8cc. html

④ 朱云汉、王绍光、赵全胜等编:《华人社会政治学本土化研究的理论与实践》,台北:桂冠,2002 年,第 91 页。

⑤ 鲁迅:《狂人日记》,台北:亚洲出版,2006 年;柏杨:《丑陋的中国人》,台北:林白,1985 年;楚渔:《中国人的思维批判:导致中国落后的根本原因是传统的思维模式》,北京:人民出版社,2011 年。

西方模式,同样创造了世界思想史上光辉的一页,为什么?

2) 春秋战国时期

由历史上看,春秋战国确是中国哲学的"突破年代"。[①] 与同时期的希腊比较,两者在地理环境与政治社会形态等等的差异相当明显。但却也可以观察到一些类似之处,包括体制崩坏之后,不再有强权的有效统治,思想上有自由发挥的空间,以及社会上出现一群在学养上有条件资格,也有需要以发表言论或教学维生的人。这些人大多是原先附属于封建主、各有职司的官吏。他们流落民间之后,依赖技艺与专长谋生。冯友兰将其中教授经典与指导礼乐的归为"儒",专长军事策略的为"侠",说话艺术的为"辩者",巫医、占星、卜卦、术数的为"方士",熟悉刑律的为"法术之士",而退隐山林的则为"隐者"。[②] 诸子百家的言论虽然未必与个人的背景出身有必然关联,但是这些昔日王官确实使上层文化得以下达,在思想上带动了蓬勃的生机。

以治学方法而言,春秋战国时期所出现的一些特色,在秦汉之后有延续,但也有从此绝迹的。几近绝迹的特色,包括辩论的风气,以及诠释、创新的自由度。前面我们提到,西方研究方法所承袭的,是源自古希腊的思辩传统。相较之下,"中国人只会相骂,不会理性辩论"似乎是许多五四知识分子自省的结论。确实,在儒学被祭为显学之后,中国在思想上便不再有多少省思的空间。然而由诸子百家言论的发展来看,辩论其实占据了颇为重要的地位。以儒家为例,孔子首创儒学,在世时遭遇的挑战不多;然而到了孟子时代,情况已经全然不同。他要面对的不仅

---

① 余英时:《中国知识阶层史论〈古代篇〉》,台北:联经出版事业公司,1980年。
② 冯友兰:《中国哲学简史》(涂又光),北京:北京大学出版社,2013年,第38页。

仅是看重群体公义的墨家主张，强调个人主体的杨朱之学，甚至仪秦、慎宋等言论也都各有其追随者，因此孟子"言仲尼之教，必广为论辩，以折百家"。而他的"性善论"也是因为与告子辩论而得以开展，并因此补成了整个儒家的学术体系。[①] 除此之外，墨家在逻辑与知识议题的成绩，也因为"名家道家多施诡辩，墨者不得不与之争"，并不因为"墨家后学独优于思辩"。劳思光认为，墨辩理论与同时期的西方思想比较，并不落后；而名家在逻辑与思辩形而上学方面的成就，同样值得重视。因此中国后世思辩不发达，"非关民族之才能也"。[②]

论辩风气之外，另一个中国思想在汉以后少见的特色，是当时文人虽然常以"托古"的方式发展论述，[③]但是他们受"所托之'古'"的约束与影响，以及对"古"所作"因革损益"的幅度是很大的。而这藉由"因革损益"而转化出新论述的功夫又与中国知识分子讲究"实践"，以及"体悟"密切相连。

中国人读书讲究熟读典籍，也讲究身体力行。子曰："学而时习之，不亦乐乎"。所谓"学习"，"学"与"习"是密不可分的。无论是"修身"或"养性"，都要求个人将诗、书、礼、乐内化之后展现于外。"学习"不仅在于了解记诵，更在于掌握典籍中文字的意涵；而"身体力行"也不仅在于"练习"或"实行"。所隐含的是士人作为"实践者"的角度，更重要的，是一个伦理实践者透过日常实践表现他体悟天地之道的功夫。李泽厚就观察到中国人一种关注现实社会生活，强调"实用"、"实际"、"实行"、主张"以

---

① 劳思光：《中国哲学史》，香港：中文崇基书院，1968年，第96页。
② 劳思光：《中国哲学史》，香港：中文崇基书院，1968年，第253页。
③ 余英时：《中国知识阶层史论〈古代篇〉》，台北：联经出版事业公司，1980年，第54页。

理节情"的行为模式。① 在这个基础上，中国文化善于吸取一切对于自己有利的，舍弃无用和过时的，迅速接受、吸收外来文化以丰富、充实和改造自己。因此胡适提出"全盘西化"、要"死心塌地地去学人家、不要怕模仿"的主张，②正是传统文化中这种"实用理性"的体现。因此在治学上，不但强调"学习"与"实践"，"体悟"与"创新"同样是互为因果表里，浑然一体的重要元素。

我们需要注意的是，中国人讲"实践"与它在西方的意涵存有微妙但重要的差异。有论者认为，中国传统存有一种"实用主义"（pragmatism）的取向，这种取向阻碍了逻辑与抽象思维的发展。中国人没有发展逻辑学，正因为"逻辑学与实用无关"。③ 确实，"实践"所牵涉到的主要是实际生活与现实世界中的种种。这始终是中国思想的重点。相对的，欧洲传统追求的却是形而上学的"真理"与普遍性的规律。直到 20 世纪末期，后现代思潮兴起，这个传统才受到质疑。然而如果说中国人重"实践"、甚至"实用"，这"实践"或"实用"与 20 世纪初期美国所发展出来的"实用主义"又有多少雷同之处，却是需要进一步澄清的。中国人谈"实践"，并不出于一种对于理论效用的反动，也并不强调经验或者外在现实对于知识与真理的重要性。由中国观点来看，"圣贤之学"与"实践"不但不是对立的两方，而且必须透过实践"圣贤之学"方能"领会"事事物物的"道"，并且有所增长；而这"心得"又成为进一步自我发挥的依据。

汉以后中国思想受到制约，由体悟而创新的部分也被压抑。然而回

---

① 李泽厚：《中国现代思想史论（二版）》，台北：三民书局，2009 年，第 343—344 页。
② 同上书，第 340 页。
③ 中村元：《东方民族的思维方法》（林太、马小鹤译），台北：淑馨出版社，1998 年，第 206—207 页。

到诸子百家的言论，典籍中对于"体悟"与"创新"虽然没有大幅篇章的说明，在儒家与道家的学说里却处处有迹可循。《庄子·天道篇》记载，大工匠轮扁响应齐桓公说，"斫轮"这种技术的实践，完全没有"方法"或"程序"。要拿捏最终那个"不徐不疾"的关键，必须"得之于手而应于心，口不能言，有数存焉于其间。"所以这是他无法传于子的"道"，需要个人在实践中去"体悟"。① 先秦儒家经典，不乏类似的想法。孔子讲述"中道"时说，"不得中行而与之，必也狂狷乎。狂者进取，狷者有所不为也"(《论语·子路篇》)，这里他对狂者和狷者做了描述，但对于"中行者"却没有描述，只暗示"中行者"处在"进取"和"有所不为"间。和"斫轮"一样，"中道"是另一个"得之于手而应于心，口不能言，有数存焉于其间"的例子。"中道"或"斫轮"之术的"实践之道"之所以"妙不可言"，其中一个原因是在"付诸实现"的过程当中，必然牵涉个人心神在当时当地的独特体会；即使是同样的原则与规范，每个个人在每个时空情境的"领会"与"体悟"未必相同，所引发的想法、作法与所作的诠释自是不同。

反观孔子，虽然推崇周公"制礼作乐"，但身经大时代的转变，他对文化传统的延续与革新，却有颇为深刻的观察。礼法源自"周礼"，但是根据《论语为政篇》的记载，孔子并不认为可以"照搬"：

---

① 原文为"桓公读书于堂上，轮扁斫轮于堂下，释椎凿而上，问桓公曰：'敢问：公之所读者何言邪？'公曰：'圣人之言也。'曰：'圣人在乎？'公曰：'已死矣。'曰：'然则君之所读者，古人之糟魄已夫！'桓公曰：'寡人读书，轮人安得议乎！有说则可，无说则死！'轮扁曰：'臣也以臣之事观之。斫轮，徐则甘而不固，疾则苦而不入。不徐不疾，得之于手而应于心，口不能言，有数存焉于其间。臣不能以喻臣之子，臣之子亦不能受之于臣，是以行年七十而老斫轮。古之人与其不可传也死矣，然则君之所读者，古人之糟魄已夫！'"(《庄子·天道》)。

> 殷因于夏礼,所损益可知也;周因于殷礼,所损益可知也。
>
> 其或继周者,虽百世可知也。(《论语·为政》)

这也就是说,夏商周三代礼制皆有转变。周转化自殷商,殷商转化自夏朝。转变过程中难免产生损益,这样往下推论,虽百世亦可以知。对于这段文字,冯友兰认为,若我们以"损益"为"革","有所本的修法"对象为"因",那么以此解释孔子的政治(或历史)态度,就是"因"、"革"相互为用的温和改进路线。[①] 孔子承认历史是变化的,然变化中有"道",这个"道"是他在历史"因""革"损益中摸索出来的,其中有所变有所不变。倘若历史变化中无"道",他便无法从"已知"("殷因于夏礼,所损益可知也;周因于殷礼,所损益可知也")肯定"未知"("其或继周者,虽百世可知也")。

这"因、革、损、益"的道理也具体呈现在儒家和墨家的学说上。根据韩非子《显学篇》的说法"世之显学,儒墨也……孔子、墨子据道尧、舜,而取舍不同,皆自谓真尧、舜。"孔子重礼法,主张"君君、臣臣、父父、子子",人与人相处各有其分。对孔子而言,礼法是通往"礼乐之邦"的理想境界所不可或缺。然而在此之上,孔子又提出了"仁"的概念。《论语·八佾》写道:"人而不仁,如礼何?"孔子提出"仁",表示他并不主张一味复古,而是作了有所损益、有所因有所革的"创造性诠释"。孔子在传统的框架中进行"诠释",但经过"诠释"之后,"礼"有了本质性的基础。对于孔子来说"仁"才是他的"一贯之道"。

---

① 冯友兰:《中国哲学史新编》(第一册),台北:蓝灯文化出版社,1991年,第138页。

> 子曰："赐也，汝以予为多学而识之者与。"
>
> 对曰："然。非与？"
>
> 曰："非也，予一以贯之。"（《论语·卫灵公》）
>
> 子曰："参乎！吾道一以贯之。"
>
> 曾子曰："唯。"
>
> 子出。门人问曰："何谓也？"
>
> 曾子曰："夫子之道，忠恕而已矣。"（《论语·里仁》）

　　将"忠恕之道"依据的原则化为正反两面论述，是"己欲立而立仁，己欲达而达仁"（《论语·雍也》），和"己所不欲，勿施于人"（《论语·颜渊》）。从自身内在天然欲望反省（"仁"），进而推演出人伦秩序（"礼"）的"合理性"（"道"），如此"仁"是"礼"之"道"，"仁"的概念也丰富了"礼"的内涵。故此孔子学说不单肯定周人的人文精神，更是为这人文精神奠定了理论基础。[1]

　　相对于孔子对周礼所作的因革，墨子对于诗、书、礼、乐也作了重要因革，但在方向上与儒家却是全然不同的。原则上，墨子并不反对礼法的精神，例如《墨子·尚同》篇记载，如"无君臣上下长幼之节，父子兄弟之礼"，则"天下乱焉"。《墨子·兼爱》中又说："君臣相爱则惠忠，父子相爱则慈孝，兄弟相爱则和调"，也显示墨子并不否认君臣、父子、兄弟间的关系不可一概而论。关系中人必须彼此相爱，方能惠忠、慈孝、和调。然而墨子所接受的礼法却绝不同于儒家，"兼爱天下"之余，他倡行的是一种俭朴、简约，甚至艰苦的生活。他主张"节葬"与"非礼非乐"，无论是婚

---

[1]　劳思光：《中国哲学史》，香港：中文崇基书院，1968 年，第 34 页。

葬等人生大事或日常生活,都无须讲究繁文缛节。因此在"节"与"礼"的实践方面,墨家不仅与儒家分道扬镳,墨子甚至认为厚葬久丧、弦歌鼓舞等等都"足以丧天下"(《墨子·公孟篇》)。[①] 这使得亚圣孟子不得不跳出来批判墨子"无父、无君",甚至是"禽兽"。

与孔子生于同一时代,同样来自鲁国、出身贫贱的墨子,针对同一套"王官之学",[②]在实践中竟然作出如此不同的因革。冯友兰认为是与他的背景有关。[③] 由于古代礼乐活动限于贵族,因此从平民的观点来看,都是奢侈而"毫无实用价值"的。而孔子先人多为礼官,其本人自幼习礼,由实践而思探究礼制根源,起始点自然与墨子不同。事实上,墨子学说由"兴利"出发,[④]涵盖范围非常广泛,政治、经济、哲学、伦理、军事、工技几乎无所不包,甚至发展出近似知识论的"三表法"。如果说儒、墨"同源",则这两者不但在范畴上与内涵上与其"源头"有很大差异,彼此之间的差异更是可观。

另外一个值得讨论的例子是法家学说。根据司马迁在《史记》里对韩非子的记载,韩非子"喜刑名法术之学,而其归本于黄老"《史记·老子韩非列传》。"刑名之术"竟然由主张清静无为的道家思想发展而来,似是不可思议;但在魏晋玄学以前,春秋战国与西汉初年一些重要著作(例如"稷下黄老学派"重要著作《管子·心术上》、《管子·心术下》、《管子·白心》、《管子·内业》,以及淮南王刘安的《淮南子》),老子的哲学诠释取向是较具政治性的"黄老治术",也就是一种将养生与治国并论的道家传

---

① 胡适:《中国古代哲学史》,台北:远流出版社,1986 年,第 132 页。
② 余英时:《中国知识阶层史论〈古代篇〉》,台北:联经出版事业公司,1980 年。
③ 冯友兰:《中国哲学简史》(涂又光),北京:北京大学出版社,2013 年,第 51 页。
④ 劳思光:《中国哲学史》,香港:中文崇基书院,1968 年,第 213 页。

统，因此法家与道家的学说宗旨虽然不同，但是两者之间确实存在一些关联。政治上老子反对刻意人为的干预，韩非亦反对人为的过多干预，只是老子强调规律、反对人为干预是为免除政治控制的必要，但韩非强调规律、反对人为干预是要保障有效的政治控制；既然万物莫不有规矩，规矩明白了，操控的尺度就有了——"理定而物易割"、"理定而后可得道也"。同样的，老子强调无为，所以主张"治大若烹小鲜"(《老子》，第六十章)；韩非也强调无为，但是韩非的无为却是要人任"法"而行："烹小鲜而数挠之，则贼其泽；治大国而数变法，则民苦之，是以有道之君贵虚静重变法"(《韩非子，解老》)。这里韩非以"变法"喻烹鱼的"翻搅"，认为为政者不可朝令夕改，要能"不以智累心、不以私累己。寄至乱于法术，托是非于赏罚，属轻重于权衡"(《韩非子、大体》)。简单说，为政者不应以个人判断取代制度，一切交给"法"就可以了。因此道家的无为成为法家的御下之术，而道家的智慧在法家实为阴谋，两者基本精神并不兼容。

《韩非子》"发挥"《老子》哲学，可以说是一种"选择性的"，甚或"创造性"的诠释。诸多老子思想在韩非的诠释中避重就轻地被略过，而亦有许多老子思想中的菁华，被选择性地诠释，并加以扩大、改造，形成另一套前后一贯的政治主张。劳思光认为，法家"盗取"了道家的"静观之智慧"，以为统治之术。[1] 但不论其论述是否"盗取"道家学说、是否不尊重老子的"作者原意"，这些都不是韩非子考虑的重点。对他而言，重述古圣先贤的话，重点不在于"讲的是否为原意"，而是当外在现实环境改变时，"讲来作什么"。

老子生卒年不可考，通常学者认定他是春秋早期的思想家，而韩非

---

① 劳思光：《中国哲学史》，香港：中文崇基书院，1968 年，第 213 页。

却是战国末期的人物。《韩非子》一书是在秦灭韩后,韩非在牢狱中撰写的,他过世后没有多少年,秦王朝就统一天下了。在这样的时代再谈小国寡民的政治理想,已经是不切实际的空话。因此在《韩非子》里,作者点明了他的原则是"圣人不期修古,不法常可,论世之事,因为之备"(《韩非子·五蠹》)。同篇在著名的"守株待兔"寓言之后,韩非点明寓意:"今欲以先王之政,治当世之民,皆守株之类也"。换言之,世道在变,不能一味守旧,否则就像故事里的守株之徒。韩非子对老子的诠释,"创造性"与"破坏性"实为一体之两面。

上述例子显现了春秋战国时期这种藉"托古"自由发展论述的方式。孔子相当完整地保留了"王官之学"的外貌,但他并没有固守残缺,而是在此之上提出仁、义、礼之说,建立了完整的儒学理论,也改变了王官之学的体质与内涵。孟子承袭儒家传统,但以"性善"论点破了儒家的道德主体理论,[1]这都是对于所托之"古"的发扬光大。相对的,墨家与法家学说所牵涉的,却是整个方向上的改变。墨子基于"实用"、"简约"原则,大幅"修剪"礼法,而韩非子所采用的则更接近一种"转化"的手法。他几乎只是将前人学说作为一种"药引"或"触媒",借着"托古"来抒发自己的看法。就如同"冬虫夏草"的真菌孢子,转化到后来,已经脱离了原先"被托"的学说原意,发展成一套立基点完全不同的学说。

这种"托古"与"因革"并进的思考方式,在儒学成为唯一显学之后逐渐势微。汉以降,两千余年的中国历史,在因革损益的弹性与创新性上,唯一能够和春秋战国时代相比拟的,只有印度佛学传入中土之后的发展,以及不受科举及政治力影响的艺术与文化创作。佛学传入中土之

---

[1] 劳思光:《中国哲学史》,香港:中文崇基书院,1968年,第213页。

后,天台宗的发展虽然没有在逻辑上抵触法华经的说法,智颛却在诠释空间的关键处,嵌入了"中道"与"开权显实"等中国特色的诠释,成为佛学转化,也是本土化的推手。禅宗的发展历程,更是满布"转化"的痕迹。以"佛性"为例,在小乘佛教只是释迦牟尼一人的专利;在大乘佛教,"佛"更是神通广大、法力无边。然而到了惠能南宗,在融合"儒、释、道"三大系统的思想之后,"佛"却转化成为每人本来面目的自然显现。① 此外,禅宗的"转化"也表现在它对于经书的重视程度。禅宗自印度起源就一直存在着"不立文字,教外别传"的特殊传统,但传至中国后,不只是传统经论上的文字概念不成为禅宗修行的限制,即便是修行过程中例如读经、拜佛、坐禅等成规,也都被视为开悟过程中皆可打破的对象。在《六祖坛经》中有一则对如此记载六祖第子法达对惠能提出的僧侣读经问题:

> 达曰:"若然者,但得解义,不劳诵经耶?"
> 师曰:"经有何过,岂障汝念? 只为迷悟在人,损益由己。口诵心行,即是转经;口诵心不行,即是被经转。听吾偈曰:'心迷法华转,心悟转法华,诵经久不明,与义作雠家。"(《六祖坛经》)

从六祖的回答态度中很明白:读经也可,不读经也可,关键在于修行者是否开悟。

思想领域之内,佛学可以说是中国这种体悟、转化、创新典范最后一个成功的例子,但是如同第二章提到的,传统的诗词、绘画、书法,甚至功

---

① 洪修平:《中国禅学思想史》,台北:文津出版社,1994 年,第 197 页。

夫的发展，无一不遵循这个典范。一切皆由刻苦勤练"基本功夫"开始：诗词文章必由背诵开始，书法由"描红"起步，而少林寺的小沙弥无一逃得过"马步"的严酷考验。但是俗谓"师傅带入门，修行在自身"，"学习"的最终目的绝不止于"模仿"。近代的国画大师张大千不否认他曾经"仿古"。他不但仿遍唐、宋、元、明各大家，[①]"仿作"甚至瞒过行家、扰乱拍卖市场。但"熟能生巧"，掌握精髓之后，成功的关键仍在有所体会，并"转"出自己的独特风格——也就是创新。张大千如果没有由模仿中练就出独特的泼墨画风，终其一生不过是一个买家痛恨的伪作者，又如何能成为享誉国际的国画家？师父将徒弟"带入门"，但学习最终的目的是"出师"，是"青出于蓝"。因此在中国，独立创作的因子可以说一直存在于文化当中。模仿与依赖不过是独立创作的"前置作业"。

春秋战国论述典范与西方的"不可共量"与"可共量"特质

以春秋战国的论述典范来看，中西"不可共量"的明显差异显现在论述关怀的面向、论述性质，也显现在论述方式上，但是这差异不在"有"，或"没有"思、辩、创新，甚至逻辑和抽象思维。不同的是多数人达到创新所经历的过程。西方习惯以挑战、质疑开创新命题；中国文人则藉由托古、体悟，从而转化、创新，其中尤以体悟、转化为关键。以上述的几个例子来看，我们可以将孔子、墨子与韩非子的转化与创见归之于他们与所"托"之"古"（例如周公之于孔子、墨子，老子之于韩非子）间存在的巨大差异。但是个人背景与时代差异的因素古今中外皆然。真正重要的，是

---

① 可参见 http://www.360doc.com/content/12/0930/14/4223150_238895818.shtml。

孔子与韩非子都在论述中明白点出"与时"必须"俱进"。如果学习、体悟的终极目标只是个人学养,便没有"因革",也没有"俱进"。因此由这个角度看,希腊哲人透过思辩"破旧立新"。中国文人对于前人的论述并没有形式上的挑战或否证;然而透过实践与体悟,对"所托之古"作出因革损益,同样得以发展新的论述,至少是殊途而同归的。

春秋战国论述典范另外一个与西方典范相似之处,是研究者的主体性明确。缺乏主体性,人无法挑战、质疑,也同样无从体悟、转化。这一点也是春秋战国之前与秦汉之后中国思想上一个很大的转变。在科举制度下,中国文人藉由苦读圣贤之学培养自己的学养与文采,以达到"入朝为官"的终极目标。在这种社会文化脉络之下,读书人是"有待陶冶"的。在他们所研读的典籍之前,他们是谦卑的,对于内容没有、也不能有任何看法或意见;他们对典籍的接受是近乎百分之百的。唯有浸润其中,他们才能将研读的内容充分内化。读书所追求的最高境界,因此是主客体的浑然合一,甚至我们可以说是将主体"消融"于客体之中。但是主客体一旦"浑然为一",主体又如何体悟、转化,并走出自己的路? 典范的差异未必是学术发展关键,主体性的健在与否,却具有绝对的关键地位。

正如前面所提到的,许多学者认定本土学术上的"模仿"与"盲目接受",是思想习惯上的缺陷或民族性所致。但是与其诅咒民族性,不如说这现象是"学、政一体"的制度所造成的。汉武帝独尊儒学、朝廷开科取士活络了治理人才的晋用与社会的流动性,但也付出很大的代价。除了佛学所带来的刺激之外,春秋战国之后,诸子百家的盛世一去不复返。固然,这期间不能说毫无创新:司马迁就曾经提出的新的史学研究法。①

---

① 刘兆佑:《治学方法》,台北:三民书局,1999 年,第 7 页。

当中也不是没有流派之争与激烈论战。南宋朱熹与陈亮关于"天理"与"人欲"、"义"与"利"、"王"与"霸"之争，[①]近世康有为与章太炎对于音韵训诂看法的歧异都是例子。[②] 上述种种显示，中国思想并非一潭死水。然而整体来看，这种种和欧洲思想史上的冲撞转折相比较，仍然只是"茶壶里的风暴"。对照春秋战国时代，思想上更是单调而贫乏。很遗憾的是，这相对单调贫乏的思想形态从此成为中国的"标签"。其间所采用的"治学"方法也成为牢不可破的传统。

清末民初，"西学"正式成为高等教育的主要内容，一时间自古以来中国文人所奋力钻研的典籍与文史作品都被归为"国学"。[③] 在高等教育分科施教的体制之下，"国学"与治"国学"的方法被限缩为中国文学、历史与哲学的一部分，不再是所有知识分子的志业。"国学"虽然失去了"独大"的地位，现代华人社会的小、中学校的教育方式——尤其是多年来始终未曾消失的"考试文化"——却仍然承袭了大部分"治国学"的传统。学生进入大学以及研究所阶段之后，他们的学习内容有了很大改变，但是中小学阶段养成的思考习惯与心态却不自觉地被转移到社会科学教育上去。2012 学年度台湾的教师检定考试，"教育原理与制度"一科的试题中有这么一个关于诠释学的题目：

　　关于诠释学取向的教育社会学研究，下列何者为其基本观

---

① 林海霞：《醇儒与英雄之争——论朱熹陈亮论战》，《康定民族师范高等专科学校学报》，2008 年 17(4)，第 44—46 页。
② 陈平原：《中国现代学术之建立：以章太炎、胡适之为中心》，台北：麦田出版，2000 年，第 42 页。
③ 王泛森：《中国近代学术与思想的系谱》，河北：河北教育出版社，2001 年。

点?(A)社会真实是固定不变的(B)人类互动过程产生社会建
构的意义(C)实验研究能准确掌握行为的真实意义(D)人类行
为是依据客观条件或普遍的意义。①

虽然诠释学源自欧洲,但是这种问题所遵循的,仍然是百多年前科
考的"明经"典范,也就是考生对于文献内容的熟悉与解程度。这种考题
在性质上不但与前面我们所提到的法国大学入学试的题目根本不同;与
现今中国大陆与中国台湾的大学入学试题相比,更呈现了"一以贯之"的
"科考式"教育与思考训练方向。因此今天华人社会,以及许多其他非西
方世界的教育体制在表面上都已经"现代化",但是年轻人在成长过程中
所培养的学习与思考习惯,却是传统的、本土的。而且在华人社会,这种
"传统"还是"科考传统",而非春秋战国时代活力四射的"传统"。换言
之,除非从小接受西式教育,否则历经各种大小考试的粹炼进入最高学
府的华人学子,通常都要到研究所或甚至留学国外,才零零星星接触到
西方的学习方式与思考习惯。当外籍教授告诉一名留学生"这门课里你
真正收获的,不是记住了多少知识,而是思考了多少问题"的时候,这学
生可能感到深受启发;但是"深受启发"未必表示他就充分了解了这句话
所代表的思维方式。

另一方面,社会科学虽然讲究方法,但是在大学及研究所阶段,"研
究方法"的教学通常只介绍研究工具的种类,以及使用这些工具的方法,
并不交代方法背后的哲学基础以及历史文化脉络。教科书不提,是因为
教科书都来自西方,而在西方这些并没有说明的必要;西方世界的年轻

---

① 参见 http://yamol. tw/item. php? id=330924,2013,8,25。

人在成长过程早已养成思辩的习惯。由小学阶段的学习开始，教师和家长便引导他们往这个方向发展，到高中阶段，他们的思辩能力已经接近成熟，因此西方的初、中等教育与高等教育能"无缝衔接"，但在华人与非西方国家就不是如此。

因此就华人学者而言，循思辩模式来进行社会科学研究有文化上明显的障碍。这些障碍来自中国传统上"学问"的本质、汉初以后文人"治学"的取径，也来自于儒家所定位的师生关系。今天华人从事社会科学研究所出现的问题当中，固然有复杂的因素缠杂在内，但是许多学子对于自己师从对象的尊崇、相关学派论述的过分谦卑与几近宗教式的执着，以及对于一项理论所引发论辩过程的轻忽却是西方学界所少见的。华人知识分子在不自觉中，对于"知识"的想象与态度经常混杂着"学问"的成分，甚至我们可以说，经常是将西方的理论论述当成"圣贤之学"，而无视两者本质上的不同。同样被转移或混杂了社会科学研究法的，是秦汉以后的"治学"态度。我们斤斤计较自己对于文献是否读懂、读通，但是不注重体悟、无能转化，结果当然也就无法提出自己的学术主张。回顾历史，这些"特色"竟都可以在汉以后文人治学的态度，以及这个传统所带来的一种残缺的、被阉割的思考方式中找到蛛丝马迹。

即使面对社会科学潜存的欧洲中心主义，华人学术社群多数并不认为本土化需要"去西方"，而应该在西方的基础上发展新论述，这种立场与诸子百家的论述典范其实是相合的。只是参照古人"托古"，今人"托'西'"却更似科举时代。没有了主体性，"托"的本身往往成为学术论著的目的，不但思辩的要旨难以掌握，即便是中国"原生"的学术发展模式，也因为缺少了"体悟"、"转化"与"创新"的培养与根基而丧失了活力。今天离"独尊儒学"的年代已远，科举也已废除百年有余，然而教育仍然沿袭科考模式,偏重记诵与理解。回顾过去,华人从事学术研究,确曾彻底脱离了那两千余年中国思想上的"黑暗时期"吗?

表 3.1 中西学术传统差异

	中国文明	西方文明
历史背景	大陆、农业立国	海洋、贸易经济
世界观	阴阳二元	实质一元论
关怀主旨	建立秩序	了解世界
目标	化成世界	征服世界
文献性质	圣贤之学(儒家)	理论知识
方法取径	治学:学习、体悟	求知:思辩
着重焦点	(秦汉以后)What:两千年同一套经典,有如百公尺赛跑	How:不断推衍的论述过程,有如越野接力赛
为学态度	藉题发挥(春秋战国)/遵从权威(汉以降)	遵从(学术)规范
评价标准	学养文采	一家之言
主体性	主客体明确区分(春秋战国)/主客体合一(汉以降)	主客明确区分

第四章　找路

　　我在中国思想史研究中所偶然引用的西方观念都只有援助性的作用。

　　我的立足点永远是中国传统及其原始典籍内部中所呈现的脉络，而不是任何一种西方的"理论架构"。严格地说，没有任何一种西方的理论或方法可以现成地套用在中国史的具体研究上面。[①]

　　不可否认的，每一个研究领域都有它自己的发展重点、路径与形态，对于本土的相关议题，自然不可能有全然相同的答案。由余英时上述的一段文字可以看出来，"本土化"的问题对他而言几乎是不存在的，因为他自始至终都立定在"原始典籍的内部脉络"里从事中国历史的研究。即使引用西方观念，也只是"辅助性质"。

　　无论是学者个人或学术社群集体努力的成就，都值得借鉴。然而要参考余英时的例子，必须注意两点：首先，余英时成功的一个重要原因，是他能够有效地将研究成果以所有人——而非仅仅熟知中国传统与原始典籍的华人——了解的方式呈现。也就是说，他在"中国"的"立足点"之上建立了与国际学界的沟通与对话。要能做到这一点，他仍然必须处

---

① 余英时：《中国文化与现代变迁》，台北：三民书局，1995年，第221页；第223—224页。

理"异质文化"的问题。其次,不可否认的,整体而言在非西方学界,余英时的成功是个特例,而非常态。"回归本土"仍然有一段漫长的路要走,当中所面临的主要问题,除了心态上、学术环境上的障碍以及中西学术本质的不同,最关键的应该是"目标"和"取径"两个相互牵连的问题:这条漫漫长路该怎么走? 走到哪里去? 西方的思辩与科学研究本身提供了修订与推翻理论与论述的机制,却并没有提供一套原则或方法可以让我们细致、妥善地去处理不同思想与文化传统之间的学术对话。这个原本是所有学术社群在对话时所需要面对与处理的议题,却因为西方在学术上的优势地位,而成为非西方学界的任务。

本章先就文献中所提出的两种主要取径作一分析比较,接着再进一步探讨其中牵涉到的一个根本问题:"特殊"与"普世"间的相互关系,以作为寻找解决方案的参考。

回归本土的两种取径与目的

受到"后殖民"与"批判理论"的影响,非西方学界在讨论"本土化"时往往以西方为论述对象——或者更精确一点说,是以揭发、纠正"欧洲中心主义"的偏差与误谬,以便建立本身"学术自主性"为立论主轴。在激起非西方学界的"自觉"方面,"后殖民"理论的影响无需赘述,在这影响下非西方学者更深入了解本身的社会文化现象也值得鼓励;然而就如同陈光兴所指出的,"后殖民"的论述基调无形中制约了未来理论可能的发展空间,文献中对于"如何"脱离学术殖民的讨论着墨不深。[①] 至于华人

---

① 陈光兴:《去帝国:亚洲作为方法》,台北:行人出版,2006 年,第 3 页。

学界,近年来在讨论"本土化"议题的时候多有期许。一方面要求研究能
够彰显本土的语言、社会、与文化特质;①另一方面强调发展理论论述的
重要性。愿景虽然丰富,"如何落实"的讨论往往相对薄弱。综观"本土
化"文献中少数被提出来的方案,大致上不出"特定文化取径"(culture-
specific)(另称 emic 取径)或"一般文化取径"(也称为 eitc 取径或普世取
径)两个方向。主张"特定文化取径"的学者认为,学术研究必须首先要
反映研究的社会文化脉络以及人们的需求与关怀重点。理论应该是在
这样的基础上发展出来的,同时也只能适用于这个文化。因此所有认
为"本土化"应以建立"本土论述"为主的,特别是建立"本土的"概念、方
法与理论体系的主张都可以归为"特定文化取径"一类。② 而"一般文
化取径"则将重点放在文化之间的共通性(commonality)与一致性
(unity),这包括发展参与国际学术发展、超脱现存的、以西方社会为主的
狭窄范畴,建立更具前瞻性与普世性的论述或"另类感知模式"。③ 两

---

① 叶启政:《社会学和本土化》,台北:巨流出版社,2001 年,第 101 页;黄光国:《由建构实
在论谈心理学本土化》,苏峰山总编:《"社会科学理论与本土化"学术研讨会论文集》,嘉
义:南华大学教社所,1999 年,第 21 页;蔡勇美:《蔡序》,蔡勇美与萧新煌主编:《社会学
中国化》,台北:巨流出版社,1986 年,第 1—3 页;郭文雄:《从社会学中国化观点看中国
少数民族政策与研究》,蔡勇美与萧新煌主编:《社会学中国化》,台北:巨流出版社,1986
年,第 151—164 页。

② 郎友兴、王小章:《社会心理学中国化的方向与途径》,载《浙江社会科学》1994 年第 3
期;蔡勇美:《绪论》,蔡勇美与萧新煌主编:《社会学中国化》,台北:巨流出版社,1986
年,第 11 页;刘融:《精神健康社会学中国化之初探》,蔡勇美与萧新煌主编:《社会学中
国化》,台北:巨流出版社,1986 年,第 73—88 页;许纪霖:《本土化的理论误区》,《香港
社会科学学报》,1994 年秋季号。

③ 叶启政:《全球化趋势下学术研究"本土化"的戏目》,邹川雄,苏峰山编:《社会科学本土
化之反思与前瞻:庆祝叶启政教授荣退论文集》,嘉义:南华大学教社所出版,高雄:复文
图书,2009 年,第 23 页;瞿学伟:《论心理学中国化的方向》,社会心理学第三期,(转下页)

者之间的差异在重点：本土的独特性或共同性，也在终极目标："本土理论"或"普世理论"。以下我们就这两种主要取径作更详细的分析。

1. 特定文化取径(culture-specific approach)

这个取径与"历史相对论"、"解构主义"、"后现代"与"后殖民论述"的学术走向是相互呼应的。有本土心理学家认为，文化特殊性是意义编排的问题，如果使用西方文化意义所编制的理论及工具做跨文化验证时，文化载体不能支撑理论，则即使获得与西方相似的结果，也不能证明理论的普世性①。采取特定文化取径的学者因此重视歧异性与多元性，并质疑深植于启蒙时期(Enlightenment)一些基本的、科学研究的价值、原则与做法，例如：客观性、理性、标准测量工具的使用，以及典范与理论的普世性等。② 概念与命题的历史文化与脉络，被认为是我们了解、诠释与作判断的关键，甚至一贯居于欧洲思想核心地位的"绝对真理"与

(接上页)1993年；蔡勇美：《蔡序》，蔡勇美与萧新煌主编：《社会学中国化》，台北：巨流出版社，1986年，第1—3页；蔡勇美：《绪论》，蔡勇美与萧新煌主编：《社会学中国化》，台北：巨流出版社，1986年，第10页；林南：《社会学中国化下一步》，蔡勇美与萧新煌主编：《社会学中国化》，台北：巨流出版社，1986年，第29—44页；蔡文辉：《派深思理论与中国社会：兼论"社会学中国化"问题》，蔡勇美与萧新煌主编：《社会学中国化》，台北：巨流出版社，1986年，第45—71页；石之瑜：《政治学是一种政治主张：有没有中国人自己的主张》，朱云汉、王绍光、赵全胜编：《华人社会政治学本土化研究的理论与实践》，台北：桂冠出版社，2002年，第57—97页。

① 余德慧，《本土心理学的基础问题探问》，叶启政编，《从现代到本土：庆贺杨国枢教授七秩华诞论文集》，台北：远流出版社，2002年，第155—183页。

② Robert B. Lawson, Jean E. Graham, Kristin M. Baker, *A History of Psychology: Globalization, Ideas, and Applications* (Upper Saddle River: Pearson/Pretice Hall, 2007), p. 13.

"普世性"也都被认为是"多元"的。①

　　由后殖民主义的角度来看,特定文化取径更是对于欧洲中心主义问题一个有效的响应。它直接否定霍尔(Stuart Hall,1956-　)所形容的"以西方标准分类比较与排列社会"的正当性;②换言之,要摆脱寄生于"殖民主义"的命运、抗衡"欧洲偏见"所带来的影响,就必须"去帝国"以超越现有论述的局限。③　根据这样的准则,"人"绝对不能等同"欧洲人",因为他也是"亚洲人"、"非洲人"或是"华人"。④　一方面我们需要认清"欧洲"不过是另一个"本土"想象的目标;⑤另一方面必须将所有个人态度、行为与社会组织的结构与现象,移转到本土、在地的架构之下来了解与分析。既然不同文化与知识传统在知识论、本体论与方法论上都有区别,⑥亚非学者即使不可能"去西方",也必须以亚洲或非洲为认同对

① Walter D. Mignolo,"Prophets facing sidewise:The Geopolitics of knowledge and the colonial difference",*Social Epistemology* 19.1,2005,pp. 111-27.
② Stuart Hall & Bram Gieben,ed.,*Formations of Modernity*(Cambridge:Polity Press in Association with the Open University,1992),p. 277.
③ 陈光兴:《去帝国:亚洲作为方法》,台北:行人出版,2006 年。
④ Anouar Abdel-Malek,*Social Dialectics:Civilisations and Social Theory Vol. I*(New York:State University of New York Press,1981);Immanuel Wallerstein,*European Universalism:The Rhetoric of Power*(New York:The New Press,2006),p. 35.
⑤ Dipesh Chakrabarty,*Provincializing Europe:Postcolonial Thought and Historical Difference*(Princeton:Princeton University Press,2000).
⑥ Molefi Kete Assante,"De-Westenizing communication:strategies for neutralizing culture myth",in Georgette Wang,ed.,*De-Westenizing Research:Altering Questions and Changing Frameworks*(London,New York:Taylor & Francis,2010),pp. 21-27;Min-Sun Kim,*Non-western Perspectives on Human Communication:Implications for Theory and Practice*(Thousand Oaks:Sage Publications,2002);Yoshitaka Miike,"An Asiacentric reflection on Eurocentric bias in communication theory",*Communication Monography*,2007,74(2),272-8;Guo-Ming Chen & William J. Starosta.,"Asian approaches to human communication:A dialogue",*Intercultural* (转下页)

象,并建立以地区为中心(Asiacentricity, Afrocentricity)的论述脉络
与体系。翟学伟与郎友兴认为本土化是要建立一个关于中国人社会
心理及行为的知识体系与理论框架①,都是在同样思想脉络下提出的
主张。

　　根据三池贤孝的说法,②"非洲中心"与"亚洲中心"反映的是一个理
论上的命题,研究人员应该将文化价值与想法放置在学术研究的中心,
所以以亚洲或非洲为中心的方法,是由亚洲人或非洲人的角度来看现象。
亚洲或非洲人不再是"被研究对象",而是"研究者"。同样的,所有的概
念、比较类目、命题、原则与研究数据都必须植基于各自"文化传统"的理
论。③ 如此便没有任何一个研究与理论化的方法,在结构上或体制上必
然是更优秀的。④ "一般性"可以在同一地区文化的共通特性上建立起
来,⑤但绝不是"普世"的。⑥ 许纪霖对于"中层理论"的主张就代表了这

　　(接上页)*Communication Studies* XII - 4,2003, pp. 1 - 15.

①　杨宜音:《社会文化视野下的社会科学:近期中国大陆社会科学本土化及规范化论述析
　　评》,阮新邦、朱伟志编:《社会科学本土化:多元视角解读》,新泽西:八方文化,社会科学
　　文献出版,2001 年,第 325—326 页。

②　Yoshitaka Miike, "Non-Western theory in Western research? An Asiancentric agenda for
　　Asian communication studies," *The Review of Communication*,6(1 - 2),2006, pp. 4 - 31.

③　Yoshitaka Miike, "Theorizing culture and communication in the Asian context: An
　　Assumptive Foundation", *Intercultural Communication Studies*, XI - 1,2002.

④　Yoshitaka Miike, "Beyond Eurocentrism in the intercultural field: searching for an
　　Asiacentric paradigm", William J. Starosta and Guo-Ming Chen, eds. , *Ferment in the
　　Intercultural Field: Axiology/ Value/ Praxis*, (Thousand Oaks: Sage, 2003),
　　pp. 243 - 276.

⑤　Yoshitaka Miike "Theorizing culture and communication in the Asian context: An Assumptive
　　Foundation", *Intercultural Communication Studies*, XI - 1,2002; Yoshitaka Miike, "Beyond
　　Eurocentrism in the intercultural field: searching for an Asiacentric paradigm"; William
　　J. Starosta &. Guo-Ming Chen, eds. , *Ferment in the Intercultural Field*: (转下页)

一类看法：①

> ……如果我们的社会科学在本土化方面要有所突破的话，
> 其可能的突破口也许在"中层理论"层次，在具体的解释框架和
> 分析架构方面建立自己的操作性理论。……累积多了本土化
> 程度提高。相当数量的成功范例为国际学术所接受和认可时，
> 就有可能形成我们自己的社会科学理论体系和学术流派。

"特定文化取径"一个突出的例子是电影研究。在这个领域，"本土
化"争议早在二十年前，当西方学者开始重新检视"符号学"（semiotics）、
"精神分析理论"（psychoanalysis）、"女性主义"（feminism）与"批判理论"
（critical theories）论述的"普世性"时，已经开始。② 过去二十年间，华人学

（接上页）*Axiology/ Value/ Praxis* (Thousand Oaks, Calif. : Sage, 2003), pp. 243 - 276; Miike, Yoshitaka, "Rethinking humanity, culture, and communication: Asiacentric critiques and contributions", *Human Communication: Journal of the Pacific and Asian Communication Association*, 7 (1), 2004, pp. 61 - 82; J. Yum, "Korean philosophy and communication", in Lawrence Kincaid, ed., *Communication Theory: Eastern and Western Perspectives* (San Diego: Academic Press, 1987).

⑥ Guo-Ming Chen and William J. Starosta. , "Asian approaches to human communication: A dialogue", *Intercultural Communication Studies XII - 4*, 2003. Min-Sun Kim, *Non-western Perspectives on Human Communication: Implications for Theory and Practice* (Thousand Oaks: Sage Publications, 2002).

① 许纪霖对于"中层理论"的主张就代表了这一类看法:香港社会科学学报,1994 年秋季号,参见 http://www.douban.com/group/topic/13875711/

② Yueh-yu Yeh, "Pitfalls of cross-cultural analysis: Chinese Wenyi film and melodrama", in Georgette Wang, ed., *De-westernizing Communication Research: Altering Questions and Changing Frameworks* (London, New York: Routledge, 2011), pp. 99 - 115.

者成功地将"文艺片"这个华语影片类型建立为电影研究的一环,这样的转变显示"东方"已经不再是一个被研究的"他者"或"客体"(object),"西方"也不再是唯一可以提供解析理论框架的一方。随着西方学者重新自我定位、学习语言以及在文化上同化的努力,"东"、"西"的紧张对立也逐渐消解。

无论是以亚洲、以任何国家或文化为中心来建构知识体系,特定文化取径都突显了文化与文化之间的差异、源自欧洲知识的局限,以及更重要的,确立非西方学术研究"主体"的重要性。它对于"特殊性"的专注与"研究回归本土"的要求,更刺激亚非学者发掘各种另类论述。但是也有学者警告,特定文化取径的部份主张很容易让"本土化"重蹈"相对主义"与"文化中心主义"的覆辙。太执着于"本土",坚持所有理论论述必须"专属"于一种文化,所有一切必须"取之斯,用之斯",以及"只与本土社群之内的成员对话"、"只适用本土标准"等等主张,都会造成概念上的矛盾与发展的局限。以上几点我们可以分开两部分来讨论:

1) 绝对"特殊"的可能性

正如我们在第一章提到的,理论起自人类生活的文化社会领域,必然反映这文化社会的需求与价值观。然而"文化的'专属'理论"更进一步要求所有概念、比较类目、命题、原则与研究数据等等都必须"完全"来自本土的文化传统,由此形成的理论也只适用于这一文化传统的范畴。这些条件有两个问题:首先,理论、概念与命题等等本身是欧洲启蒙的产物,[1]跳脱西方学术框架,我们未必能够在非西方文化的范畴内找到现代意义的"概念"、

---

① P. Wong, M. Manvi & T. H. Wong, "Asiacentrism and Asian American Studies?", In M. Omi and D. Takagi, eds., *Thinking Theory in Asian American Studies* [*Special issue*]. *Amerasia Journal*, 21,1/2,1995, pp. 137-147.

"命题"与"理论",正如我们很难找到一种原生于美国的,但与中国白脸黑眼圈的大熊猫一模一样的动物。因此"'专属'于非西方文化传统的'理论'"本身,已经存在概念上的矛盾。其次,标榜某一理论"专属"于某一文化,目的是凸显文化的独特性以及文化之间的差异性。然而"专属"在这里又有陷阱:理论既然是一种具有"一般性质(generality)"的命题,则"'专属'某一文化的理论"所表达的意义,是该理论不适用于这一文化范围之外,却适用于范围之内的所有人及现象。但文化体系之间有"异",也必然有"同";同样地,文化体系之内有"同",但也必然有"异"。"欧洲中心主义"受到批评,是因为它漠视文化间"有异";但如果我们因此而只专注于文化间的"异",则不但忽略了异文化之间可能"有同",同样也忽略了文化之内必然"有异"。如果要确保文化之内有百分之一百的"同",那么本土知识的文化特殊性最后是否要缩小到以每个个人为单位?[1]

这个说法似是清楚明白,但仔细看却有两个问题。首先是"文化"如何划定范围?以"中国文化"为例,以中国的国界之内为范围似乎是最简便的办法。然而数千年来,中国版图不但一变再变,文化内涵也不相同。何况文化不是国家,今时今日人口迁移与网络科技等因素都使得"文化界限"日益模糊。再者,是"固定不变"与"不证自明"的[2]甚至证了也未必"明"。

---

[1] 余德慧:《本土心理学的基础问题探问》,叶启政编:《从现代到本土:庆贺杨国枢教授七秩华诞论文集》,台北:远流出版社,2002年,第155—186页,第160页;石之瑜:《社会科学本土研究的知识论札记》,国家发展研究第2卷第1期,2002年2月,第179—202页。

[2] 黄旦:《问题的"中国"与中国的"问题"》,黄旦、沈国麟编:《理论与经验——中国传播研究的问题与路径》,上海:复旦大学出版社,2013年,第41页。

在现实世界里,绝对"特殊性"与绝对"普世性"一样,都是难以达成的;这也是"相对主义"所面对的问题。

2) 多重学术标准的可行性

在今天西方知识体系独步全球的情况下,要做到上述"无中生有"——舍弃所有包括理论、方法、典范或知识论这些思考框架,在一个清楚定义的本土基础之上发展出一套完整的、纯然自给自足的"另类"知识体系不是不可能,但是困难度无疑是很高的。但如果我们抛开西方社会科学典范假定一套完全"专属"于华人的"知识体系"(而非仅只理论)是可能存在的,则这个体系不单要反映华人"专属"的文化社会脉络,并且背后还包含与其他文化族裔都不相同的认识论、本体论与方法论典范。作为"本土化"努力的目标,这样一个纯然本土的知识体系与"知识论"上的"多元论"(pluralism)与"方法论"上的"相对主义"(relativism)的立场是一致的。"多元论"主张世界上真理不只一种,而"相对主义"则认为任何观点都不可能绝对为"真"或绝对"有效"。一切都受观察角度与主观考虑影响,都是"相对"的。既然任何一个知识体系都是独一无二的,都"专属"于某一文化,则"真理"仅仅存在于一个在地社群,也只能够由那一个特定社群的标准来评判,任何人都不会有能力来了解自己之外的、任何声称为"真"的说法。① 因为所发展出来的主张(truth claims)彼此间都是本质上根本不同、"不可共量",也"不可比较"的。

---

① Kristensen, Kristoffer, Slife, Brent D. & Yanchar, Stephen C. , "On what basis are evaluations possible in a fragmented psychology? An alternative to objectivism and relativism", *The Journal of Mind and Behavior* , 21(3),2000, p. 281.

正如翟学伟所说的，"……任何研究还是要有一个框子"，框子可以扩张、变化，但"走出了这框子，我们就不知道对方在说什么。"[1]因此前述这种"绝对相对主义"的思考逻辑无疑有其矛盾之处。假使每个文化都有其专属的知识体系，而这体系又都有其"专属"的学术评鉴与比较标准，那么如何在更高层次上审视每一个独立学术社群所产出的知识质量？[2] 只关注"本土差异"之所以不可行，不单在于它忽略了系统中"开放成素"[3]的存在，也忽略了整体学术社群的存在。"相对主义"本身无法提供一个可行的方案来取代整体社群，提供各"次社群"存在、认同与对话的基础，也因此无法了解学术领域之内的分歧与不兼容性。

今天"本土心理学"（indigenous psychology）与"文化心理学"（cultural psychology）[4]如日中天，越来越多的学者主张不同社会文化应该强调不同的关怀重点、议题与取径。然而，也有学者开始担心过度强调文化独特性与文化差异的趋势，各社群没有共同接受的标准，会导致知识的不断分化，进而影响心理学界的未来发展。[5] 余德慧说，心理学

---

① 阮新邦、朱志伟：〈序〉，阮新邦、朱伟志主编：《社会科学本土化：多元视角解读》，新泽西：八方文化，社会科学文献出版，2001 年，第 xi 页。

② Kristensen, Kristoffer, Slife, Brent D. & Yanchar, Stephen C., "On what basis are evaluations possible in a fragmented psychology? An alternative to objectivism and relativism", *The Journal of Mind and Behavior*, 21(3), 2000, p. 278.

③ 劳思光：《当代西方思想的困局》，台北：台湾商务印书馆，2014 年。

④ "民族心理学"（ethnopsychology）研究种族的心理。文化心理学则是由人类学发展而来，主要研究文化与意识（conciousness）相互型塑的过程；Richard A. Shweder & Maria A. Sullivan, "Semiotic subject of cultural psychology", in Lawrence A. Pervin, ed., *Handbook of personality: theory and research* (New York: Guilford Press, 1990.)

⑤ Kristensen, Kristoffer, Slife, Brent D. and Yanchar, Stephen C., "On what basis are evaluations possible in a fragmented psychology? An alternative to objectivism and relativism", *The Journal of Mind and Behavior*, 21(3), 2000, pp. 273 - 288.

的知识生产不能被殖民,但也不能过度反殖民而使心理学分崩离析,就是反映了这样的顾虑。① 要避免"相对主义"与"本土主义"造成学门崩解,克里斯天森等人认为,统整心理学研究必须要由在地的道德角度来孕育一套"一般"的、"普世"的、非独惠任何"本地"的学术规则,但这套规则必须同时又要对于不同学术社群之间的"不可共量"差异维持很高的灵敏度。② 要做到这一点,其难度显然是很高的,但是现在的趋势确实令许多人忧虑。

简单说,"特定文化取径"有其贡献,但如果过度强调"特殊性",就很容易使得"本土化"的努力流于浪漫与放纵,陷入"原生主义"(essentialism)与"文化中心主义"(culturecentrism)的泥沼。③ 布罗克(Adrian C. Brock)警告说,植根于本土的知识种类变化多端,如果我们只看差异,最终可能沦于偏狭。④ 不单如此,对于独有的、不同的,以及传统的过度重视会让历史过程在时间中冻结,从而使我们忽视文化的动力与流动本质,以及因为现代化等因素而产生的改变。⑤ 它不但把某一种"特殊"

① 余德慧:《本土心理学的基础问题探问》,叶启政主编:《从现代到本土:庆贺杨国枢教授七秩华诞论文集》。台北:远流出版社,2002 年,第 159—160 页。

② Kristoffer Kristensen, Brent D. Slife & Stephen C. Yanchar, "On what basis are evaluations possible in a fragmented psychology? An alternative to objectivism and relativism", *Journal of Mind and Behavior* 21(3),2000, p. 282.

③ Wimal Dissanayake, "Asian approaches to human communication: Retrospect and prospect", *Intercultural Communication Studies*, 12 (4), 2003, 17 – 37; Gholam Khiabany, Iranian media: The paradox of modernity (New York: Routledge,2010).

④ Adrian C. Brock, ed., *Internationalizing the History of Psychology* (New York: New York University Press, 2006).

⑤ Wimal Dissanayake, "Asian approaches to human communication: Retrospect and prospect", *Intercultural Communication Studies*, 12(4),2003, pp. 17 – 37.

(particular)与其他的"特殊"分隔开来,也消蚀了比较研究、建立对话,以及发展一般性的可能性。"特定文化取径"将"西方"与"本土"放置在一个二元对立的框架下,所采取的是与"欧洲中心主义"雷同的手法。这也是"后殖民"与"后现代"学者经常犯的错误。① 这么做常常使我们过早放弃进一步思考与深入探讨议题,从而失去了在不同世界观之下,发展新研究观点的机会。

另外一个"特殊文化取径"也无法避免的挑战是前面提到的:除非我们成功地发展出一套彻头彻尾的"中华"或"亚洲"知识体系,否则理论建构——无论是否专属某一文化——就仍然必须在"西方的"学术框架下完成。如此"去西方"就是一种不切实际的想法,而当中必然也仍会出现"异质文化",以及异质文化背后的世界观、文化价值等等与主流典范不全然兼容的情况。实际上,从事学术研究所碰触到的,并不仅仅是主流西方,也常常包括其他文化传统的思想或研究成果。即使研究者采取例如余英时般纯然"本土"的研究策略,除非他将自己放逐到学术的孤岛上去、与世隔绝,否则要在学术社群中生存,仍然必须以他人得以理解的语汇及方式将这"纯然本土"的成果呈现出来。也就是说,"异质文化"的问题依旧是回避不了。这些问题都是我们在考虑"本土化"的终极目标时所无法回避的。

2. 一般文化取径(Culture-general approach)

经常被认为在概念上与"特定文化取径"站在对立面的,是"一般文化取径"。顾名思义,"一般文化取径"的最终目的,是建立普世的理论与典范。采取这个立场的学者认为,我们固然需要将社会科学研究放回历

---

① Jack Goody, *The Theft of History* (Cambridge: Cambridge University Press, 2006).

史文化与社会脉络之中,但追求专属于某一个文化的理论并不是最终的目标;[1]研究的重点在发掘文化与文化之间的"共同性",由使用在地特色、语言与概念分析在地行为开始,一步步提升普遍性的层次,最终建构一个能够"解释全人类型为的超大型结构性知识"。这与李伯重、周晓虹与劳思光"将中国放置在世界(知识体系)之内"而非"中国相对于世界"(China against the world)的主张,[2]是殊途同归的。

相对于"特定文化取径"将西方视为一个学术霸权,从而将焦点放在"本土"的"特殊性"上,"一般文化取径"所需要处理的西方,毋宁是众多"本土"中的一个,所重视的是这些"本土"所共有的部份。在这个角度之下,欧洲学者所建构的社会科学理论也不离其"特殊"本质。今天的问题在于多数人将欧洲的知识典范当成普世的知识典范而忽略了它的局限性。对于这个现象,查卡拉巴提的建议不是排除"西方",而是将之"地方化"——通俗一些的说法,是"打回原型"[3];放在社会科学本土化的脉络里来解释,就是掀掉它"普世"的假面具,回归"特殊"本貌。

---

① 石之瑜:《政治学是一种政治主张,中国人有没有自己的主张》,《华人社会政治学本土化研究的理论与实践》,台北:桂冠出版社,2002 年,第 57—81 页;A. Goonasekera & E. Kuo, "Foreword", *Asian Journal of Communication*, 10(2), 2000, pp. vii - xii; G. Wang & V. Shen, "Searching for the meaning of Searching for the Asian Communication Theories", *Asian Journal of Communication*, 10(2):14 - 32.

② 周晓虹、杨宜音:《社会文化视野下的社会科学:近期中国大陆社会科学本土化及规范画论述析评》,阮新邦,朱伟志主编:《社会科学本土化:多元视角解读》,新泽西:八方文化,社会科学文献出版,2001 年,第 327 页;王曦影:《访清大教授李伯重》,《光明日报》,2002 年 7 月 10 日;劳思光:《当代西方思想的困局》,台北:台湾商务印书馆,2014 年。

③ Dipesh Chakrabarty, *Provincializing Europe: Postcolonial Thought and Historical Difference* (Princeton: Princeton University Press, 2000).

　　与"'还原'欧洲的本土面貌"同等重要的,是"一般文化取径"不单肯定非西方社会的思想与文化传统对本土研究的贡献,也在积极开发其在"普世理论"方面的巨大潜能。例如恩里克兹(V. G. Enriquez)就相信本土心理学是通往更包容、更不种族中心普世心理学的一个阶段。[1] 近年来不少管理学者也持同样的看法,[2]李平(Ping Li)更以"道"为本体论,"阴阳"为认识论,以及"悟"为方法论,尝试建立一套源自中国思想的学术典范来分析信任、游戏与创意(trust, play and creaty)间的关联性,并以此与西方对话。[3] 和"欧洲中心"论述不同的,是此处所追求的"普世

---

[1] V. G. Enriquez, "Developing a Filipino psychology", in Uichol Kim and John W. Berry, eds., *Indigenous Psychologies: Research and Experience in Cultural Context* (Newbury Park: Sage Publications, 1993); Y. H. Poortinga, "Do differences in behavior imply a need for different psychology?", *Applied Psychology: An International Review*, 48,1999, pp. 419 - 432.

[2] M. W Morris, K. Leung, D. Ames & B. Lickel, "Views from inside and outside: Integrating emic and etic insights about culture and justice judgment", *Academy of Management Review*, 24(4),1999, pp. 781 - 796; S. B. Rodrigues, R. D. Duarte & A. P. Carrieri, "Indigenous or imported knowledge in Brazilian management studies: A quest for legitimacy?", *Management and Organization Review*, 8(1),2012, pp. 211 - 232; T. Fang, "Asian management research needs more self-confidence: Reflection on Hofstede (2007) and beyond", Asia Pacific Journal of Management, 27(1),2010, pp. 155 - 170; K. E. Meyer, "Asian management research needs more self-confidence", *Asia Pacific Journal of Manage-ment*, 23(2),2006, pp. 119 - 137; A. S. Tsui, "Contributing to global management knowledge: A case for high quality indigenous research", *Asia Pacific Journal of Management*, 21(4),2004, pp. 491 - 513; S. White, "Rigor and relevance in Asian management research: Where are we and where can we go?", *Asia Pacific Journal of Management*, 19(2 - 3),2002, pp. 287 - 352.

[3] Li. Peter Ping, "The wisdom of ambiguity as open-ended foolishnesss for creative potentiality: The Salience of metaphor to open-minded exploration for creditive insight", *Management and Organization Review*; Peter Ping Li, "Toward an Integrative Framework of Indigenous Research: The Geocentric Implications of Yin-Yang Balance", *Asia Pacific Journal of Management*, Vol. 29, N0. 4,2012, pp. 849 - 872.

性"不再是"欧洲版本"的"普世性",而是更"普世的""普世性"(universal universality)。

与"特定文化取径"比较,"一般文化取径"避开了许多定义上,以及实际操作上的陷阱。两者最主要的差异,是"一般文化取径"既不抗拒西方,也不独惠本土;也就是说,它既不排斥普世,也不专注特殊。这样的取径似乎面面俱到,却也和"特定文化取径"一样,需要面对两个难题上,遭遇更严厉的挑战:

1) 学术论述中"异质文化"的问题

"本土化"强调的既然是"特殊性",那么在追求"普世性"时,要如何处理我们先前一再强调的"知识传统"与"社会文化脉络"的独特性? 杨中芳问:"如何安置历史文化脉络",[①]其实这不仅仅是一个"如何执行"的"研究方法"问题,更是一个概念上与思想上的"方法论"问题。无论"特殊文化取径"或"一般文化取径",只要研究过程中一牵涉到不同文化所孕育的思维,就必然遭遇这"如何对待根本差异"的"异质文化"问题。

2) 概念上"特殊"与"普世"两相对立的问题

"沃勒斯坦(Immanuel Wallerstein)提出"普世的普世性"作为"本土化"的最终目标。[②] 他强调这"真正普世"的普世性绝不是"加之"于我们,而是超越强者意识形态,达到对于"善"的真正共同体会,[③]是由所有人共

---

① 杨中芳:《试论如何深化本土心理学研究:兼评现阶段之研究成果》,阮新邦,朱伟志主编:《社会科学本土化:多元视角解读》,新泽西:八方文化,社会科学文献出版,2001 年,第 123—125 页。

② Immanuel Wallerstein, *European Universalism: The Rhetoric of Power* (New York: The New Press, 2006).

③ *Ibid.*

同创造的。概念上,"普世的普世性"与本土心理学的"世界心理学"或"全球心理学"概念有异曲同工之妙,只是后者并不要求将殊异性化约成公分母,而是经由连结全球殊异文化的心理学而发展出一种机制。其目的不在寻找普世性,而在产生另一层面的全球知识论。如此不再只有一种,而是"一群"心理学①。"普世的普世性"与"全球心理学"模式为我们提供了传统"普世性"概念以外的可能性,然而这两个选项也都存在"怎么做"的问题。沃勒斯坦承认,了解普世价值并不容易,甚至也看不出有什么方法可能做到。对于这个问题,沃勒斯坦虽然没有答案,但是至少点出了问题所在。至于"全球心理学"模式虽然只要求链接,但彼此相异的本土心理学要在什么基础上连结又如何产生全球知识论,同样没有清晰的答案。

　　上述这种困境,可以说是"特殊"与"普世"在传统西方思考方式下的对立关系所造成的。如果概念上"本土"所代表的是"特殊性"(particularity),则它也必然代表了对于科学理论"普世性"的质疑、挑战与否定。"普世性"与"特殊性"是一组对立的、彼此互不相属的极端概念(dualistic concepts)。就如同黑与白、善与恶、或对与错,两者必然是"非此即彼",不可能同时成立的;彼此之间也不可能融合或发展出类似阴阳的相生关系。正如同一只白天鹅不可能同时也是一只黑天鹅,我们无法由"黑"去推出"白",也不能由"错"去发展出"对",或由'特殊化'的结果产生'普世性'。这种"特殊"与"普世"的"绝对化"、以及彼此之间的矛盾与对立关系彼此环环相扣,也是"本土化"议题上最棘手的一个关键。

　　近年来在"本土化"论述里面,"一般文化"与"特定文化"取径间的鸿

---

① 余德慧:《本土心理学的基础问题探问》,叶启政主编:《从现在到本土:庆贺杨国枢教授七秩华诞论文集》,台北:远流出版社,2002 年,第 155—183 页。

沟仍在酝酿当中。两个取径不但指向本土化不同的最终目标,同时反映
了德里克(Arif Dirlik)所描述的,[①]知识论的"普世主义"(epistemological
universalism)与知识论的"多元文化主义"(epistemological multiculturalism)
之间的冲突,也彰显了建构全球现代性的不同力量。表面上,上述僵局
是由"一般文化"与"特定文化"取径,和知识论的"普世主义"与"多元文
化主义"所造成的;但背后牵涉的是西方"一元论(monism)"思维框架下
"特殊"与"普世"之间的矛盾与对立,以及更为深远的哲学议题。如果不
尝试脱离这样的困境,我们会陷入"特殊性"与"普世性"之间二选一的难
题,以及随着这两个选项而来的下一波难题,最终可能将整个社会科学
本土化的努力带入一个意识形态的僵局。但是要由僵局中走出来,我们
就必须先了解它形成的原因,而这个原因又牵涉到两千多年来西方思想
论辩当中对于普世性看法的转变,以及其"一元论"的根源。

关键与吊诡:普世性与"一""多"的论争

在欧洲思想,"普世性"是一个历史悠久的概念。早在苏格拉底之
前,便已经有泰勒斯(Thales of Miletus, 624 B. C. – 546 B. C.)等哲学
家,设法以"一般性的通则"—而非神话——来解释最终的实有(the
ultimate reality),世界的存在与种种变化。由于宇宙根源只有一个"唯
一实体",也即"真理"或"普遍形式"的理念或性质,因此究竟什么是这
"真理",便成为思考与论辩的重点。以希腊时代柏拉图以及中世纪唯实

---

① Arif Dirlik, "Our ways of knowing-and what to do about them?", in Arif Dirlik, ed.,
Pedagogies of the Global: Knowledge in the Human Interest (Boulder CO: Paradigm, 2006).

论与唯名论①的争论来分析,我们可以发现这两种思想典型都会碰触到一个问题,就是"普遍"与"特殊"关系的"两端",究竟哪一边是更基本或更真实的,而哪一边是衍生的或较不真实的。对唯名论和亚里士多德而言,首要实在的是作为"特殊"(particular)的个别实体;概念上的普遍性,仅是语词概念上的一个归类上的表纪(符号)。举例而言,牧场里许许多多的马,对唯名论而言,每一匹个别的马(特殊的,也即"殊相")是真实的,而概念"马"(普世的,也即"共相")只是一个符号、是这一类存在的统称。但对柏拉图(Plato,427 B. C. - 347 B. C.)而言,真实知识的对象必须稳定而持久,感官只能知觉个别(particular)的事物,因此只有理性才能洞观普遍(universal)的存在,而也唯有普遍性是理性知识的目标。柏拉图的观点开启了欧洲思想唯实论(realism)的传统。在唯实论的传统中,"概念"(idea)与"普遍"(universal)深度连结,是比一般知觉能感知的现实存在更为"实在"的存在层次。回到马的例子,"唯实论"认为每匹马都是独特的,但它们都是"马";眼前的马只是一个限定在特殊时空下的存有,有局限性。真实的是"马"这个观念,它具有普遍性、不局限于一时一地。因此,个别的马是"特殊"(particular)的,而"马"这个"(类)概念"是"普世"(universal)的。"共相"的认知有别于感官知觉的认识,因为感官知觉的经验(experience)仅涉及个别事物,而"共相"的认知是"超验"的(transcendental),才是人类认知的最高状态。② 因此柏拉图和唯实论

---

① 称"唯名"论,因为它主张语词概念只是一个名词。

② 在这一个论点上,亚里士多德与唯名论的看法与柏拉图及唯实论是相对立的;也就是唯名论认为个别的"殊相"才是真实的;普世的概念"马"只是一个符号。但由欧洲思想史的发展来看,柏拉图和唯实派才是传统形上学的主流,而唯名论通常被视为是主流传统的对立面或互补。

倾向主张"普世"（universal）在本体上和价值上凌驾于"特殊"（particular）之上。

由上述讨论来看，我们可以了解这"唯一实体"的对立面是个别与特殊的"表象"，但是这对立"二元"最终的目的，仍是要在本体论、知识论或价值论上主张"一元论"；所谓"表象"只是"本体"的派生现象或辅助因素。在追求真理的某些关键时刻，"感性（感官）"甚至会被视为"理性"的干扰因素。中世纪有关"唯实论"（realism）与"唯名论"（nominalism）的争论，在基本思维模式上仍然延续了柏拉图"理型论（idealism）"的论述架构。这架构在启蒙时代英国"经验主义"和欧陆"理性主义"（rationalism）出现转型，20 世纪再蜕变成"现代性"与"后现代"理论关于"一"与"多"的论争；当中转折令人目不暇接。千余年延续下来的思辩重点虽然不同，但发问与思考的方式基本上却仍然是"对立的两方哪一方在本体论上更真实、在价值上更该被看重"。因此一元典范以及其中"一"与"多"彼此截然不同、对立并且互不兼容的思考模式始终没有根本的改变。不但如此，希腊以降几乎所有有关"真理"或"知识"的论述，也都强调这两者具有"一般"（general）或"普世"（universal）的特质。启蒙以后，"科学知识"更与"普世性"划上了等号，而科学知识的价值，也与它的"放诸四海皆准"特质密不可分。许多学者认为，科学理论不但使欧洲彻底摆脱了形上学、神权，以及一千年以来无所不在的教会势力①，也同时淘汰了世界上其他的知识体系，达到前所未有的"普世"程度。

然而"社会科学"毕竟不是"自然科学"；这两者之间的差异也连带影

---

① 这可以说是近代西方思想的主流信念，但当代 20 世纪西方学界，包括阿多诺与霍克海默、海德格尔、伽达默尔、与后现代论者几乎都一致反对这样的信念。

响"普世性"在自然科学不可动摇的地位。回到历史,我们会发现一个颇为有趣的情况:欧洲的自然科学革命,包括电、地球重力与望远镜、计算器等最重要的发现与发明,都是 17 世纪的产物。在斯宾诺莎(Baruch Spinoza,1632 - 1677)、洛克(John Locke,1632 - 1704)、牛顿(Isaac Newton,1643 - 1727)与伏尔泰(Francois M. A. de Voltaire,1694 - 1778)等人的带领下,欧洲的知识分子开始步入启蒙时期。然而即使在这"理性思维"与科学精神挂帅的时期,"社会科学"的名词仍迟至 20 世纪 30 年代才随着实验法在心理学研究的应用,以及"逻辑实证论"(logical positivism)的诞生而出现,时间上比自然科学足足落后约三百年。

社会科学与自然科学在出现时间点上的落差,原因显然不只一种;然而在人文学者急于"科学化"的情况下社会科学仍然姗姗来迟,这其中牵涉到哲学上一个久已存在的问题——"人"与"物"究竟有什么差别?狄尔泰(Wilhelm Dilthey,1833 - 1911)认为,自然科学的对象是自然世界、是"物";"人"与"物"本质不同,对于进行研究的人而言,物是"外"而非"内"——也即是说,自然科学研究的是属于外在而非内在世界的事物,因此可以用归纳法从外部去说明研究对象。然而人文科学则不然;它认识的对象是"人"——人认识人,而不是在本质上全然不同的对象。由这层意义上看,狄尔泰认为实证法过于突兀:与其"说明自然",人文科学所做的是"理解心灵",这也是狄尔泰对人文与自然科学的界分。①

狄尔泰点出研究对象不同所带来的挑战,却无法阻止当时人文学者

---

① 帕玛:《诠释学》(严平译),台北:桂冠出版社,1992 年,第 117—119 页;洪汉鼎主编:《理解与解释:诠释学经典文选》,北京:东方出版社,2001 年,第 415—416 页。

向自然科学靠拢的趋势。但是另一方面,即使人文学者努力向自然科学
靠拢,却仍然无法消除人们对于以"人为研究对象"的"科学"疑虑。为清
楚切割形上学与人文科学,[①]"逻辑实证论"者主张科学真理只有两种可
能:纯粹经由逻辑推论所得的命题,或是通过经验检证的论述。这两个
必要条件帮助人文科学摆脱了形上学的纠缠,然而正如威廉斯
(Raymond Williams,1921-1988)所指出的,经验检证只能产生实用知
识(practical knowledge),却不能产生理论知识(theoretical knowledge)。
中国的黄历(农民历)即是一例。[②] 数千年来,华人依靠黄历判定四季变
化的关键时刻,以作为农事操作的重要依据。黄历或能告诉我们通常什
么时节会有什么自然现象出现,却不告诉我们四时为何如此变化,或确
认其间的因果关系。海德格尔(Martin Heidegger,1889-1976)[③]因此
认为在"经验检证"的要件之外,"科学"还必须在一特定的"筹划"
(project)当中,从特殊的前提出发,以特殊的对象为研究目标,并以某种
"程序"(procedure)和"方法论"(methodology)来保障其科学性。

----

① 德文的"Geistewissenschaften"直接翻译英文是"humanities",现在在中文指文、史、哲等
　"人文学科",并没有包括社会科学。不过"Geistewissenschaften"是复合字。分拆来看
　"Geiste"相当于英文的"mind"与"see (ing)",而"Wissenschaften"则通常译为"Science"
　或"Natural Science"。因此 Geistewissenschaften 有时也译为"人文科学"。
② Raymond Williams, *Keywords: A Vocabulary of Culture and Society* (New York:
　Oxford University Press, 1976), p. 276.
③ Martin Heidegger, *Being and time*, trans. John Macquarrie &. Edward Robinson (New
　York: HarperPerennial/ Modern Thought, 2008), pp. 188-195; Martin Heidegger,
　The Question Concerning Technology and Other Essays, trans. William Lovitt (New
　York: Harper and Row, 1977), p. 126; "The age of the world picture", adopted in *The
　Question Concerning Technology and Other Essays*, translated by William Lovitt (New
　York: Harper and Row, 1977), p. 126.

　　科学研究因此讲究"方法",因为唯有标榜不受任何主观意识或价值观所影响的"标准作业程序"才能确保研究本身的"客观性"。既然"客观性"预设了一个独立于个人心智以外的单一真实世界,则"客观"也就确保了研究结果的"普世性",而"普世性"正是科学研究得以开展现代文明的最重要因素之一。话虽如此,针对这一点的质疑与讨论在科学哲学的文献中始终没有中断过。事实上"'人'与'物'有什么差别"的问题,在欧洲思想上所形成的难题还不止于狄尔泰所讨论的范围,这其中包括科学研究的局限性:自然科学是否能够涵盖人与自然物的不同之处? 其次,是研究者本身的问题,而这里又分两个面向的问题:首先是"主客体"的问题——也就是人在研究人的时候,如果不将人视为与天文地理及动植物等"自然物",则被研究的对象也是一个"主体",那要如何处理研究者的"主体"与被研究者的"主体"? 其次则是研究者本身背景所带来的限制与偏差。这些问题牵涉到晚近阿佩尔(Karl-Otto Apel,1922 -　　)与哈贝马斯提出的"相互主观"概念、也牵涉到及诠释学有关"理解"的讨论。从本土化议题来看,有关研究时空脉络的讨论特别值得我们注意。

　　海德格尔①主张科学研究必须经过一定程序以保证其严谨度;然而他也认为,科学是不能由"实证"或"实验"来得到客观性或严格性的。事实上,当科学以特定的"筹划"方式操作时,它的前提以及相关的程序和方法早已"设定"并"规约"了对象的呈现。其次,他认为科学研究的客观性也并非没有前提;相反的,科学作为专业技术,必须谨守其设定的前提。

---

① 洪汉鼎主编:《理解与解释:诠释学经典文选》,北京:东方出版社,2001 年,第 110 - 123 页,第 424 页;Martin Heidegger, *Being and Time*, trans. John Macquarrie & Edward Robinson (New York: Harper Perennial/ Modern Thought, 2008), pp. 188 - 195.

而科学前提的设定,是一种源于日常生活实践的"裁定"(decision);是人们"视之以为真"的许许多多"背景知识"(background understanding)中的一种择取与提炼。①

对于学术研究,海德格尔在此点出了一个关键,就是研究不可能脱离情境。这个观点与匈牙利物理学家与哲学家勃兰尼(Michael Polanyi,1891-1976)的概念不谋而合。勃兰尼认为,创新与发现都牵涉强烈的个人感觉与信念,这种"热情"又牵动一些他称为"默会知识"(tacit knowledge)的直觉、揣测与想象。在科学研究的过程中,这种"前逻辑"(pre-logical)的知识往往扮演关键性角色。② 既然如此,科学就不是"价值中立"的;"绝对客观"也是一个不精准的用语。理论的"客观性"与"普遍性"并非是无条件的,它们所代表的,是"在相同条件下可以看到相同的情况"。涂尔干(David Emile Durkheim,1858-1917)及莫斯(Marcel Mauss,1872-1950)在19世纪末与20世纪初期所发展的"知识社会学"(sociology of knowledge)更主张观念、语言与逻辑都与孕育它们的社会有密切关系。③

---

① 在此脉络下海德格尔所谓的"知识背景"(background understanding)与伽达默尔的"前见"(prejudication)都是类似的概念。
② "默会知识"指一些概念上与感官上的讯息与影像,凑在一起可以让人想通一些事物的道理,参考 Michael Polanyi, *The Tacit Dimension* (New York: Anchor Books, 1967), Michael Polanyi, *Personal Knowledge. Towards a Post Critical Philosophy* (London: Routledge, 1958,1998)。
③ 19世纪末知识社会学的想法已经在涂尔干等人的思想中见其端倪,但是在博格的著作出版之后才广受重视,见: Emile Durkheim & Marcel Mauss, *Primitive classification* (Chicago: University of Chicago Press, 1963); Peter Berger and Thomas Luckmann. *The Social Construction of Reality: A Treatise in the Sociology of Knowledge.* Doubleday (New York, 1966).

事实上，不仅是研究无法脱离生活与生活环境，"我们"——作研究的"人"——同样也不能脱离这两者而存在。1940 年代曾经提出"文化学"概念的社会学者黄文山（黄文山，1981）[①]就认为，一个做研究的人可以由客观上评量主观的事物，但是"不论如何客观，他自己依然是社会的人，而人也是构成文化体系的一个动因"。正因为文化本身有其独特性，因此在某一或多个文化中成长的个人在研究他的同类时，也无法排除自身特殊的观察角度与视野。正如伽达默尔（Hans G. Gadamer，1900 – 2002）所说的，即使我们不想受原先文化的影响，但为时已经太晚（we arrive too late）；我们已经是有文化的个人。[②] 既然所有假设与方法均来自人的设想，也都有其背后的预设，这些预设也都无法脱离某一特定的时空环境、文化价值与知识蓝图，因此我们可以说，社会科学的理论与方法在"普世性"的程度、涵盖面向与意义在本质上都是与自然科学不相同的。

20 世纪 60 年代以后，社会科学领域内支撑"普世"概念的"逻辑实证论"以及"科学主义"弊端一一浮现。在来自内部以及批判学派的炮火夹击之下，实证学派逐渐失去优势典范地位；相对的，"后现代"论述、"解构主义"（deconstructionnism）与"历史相对论"（historicism）逐渐受到重视，"歧异"与"多元"成为新的学术典范。一时之间"大叙述"（grand narrative）[③]、"理性主义"、"绝对主义"，甚至知识本身都成为被怀疑、反

---

① 黄文山：《文化学及其在科学体系中的位置》，台北：新文丰出版社，1981 年，第 69 页。

② Hans-Georg Gadamer，*Truth and Method*，Trans. Joel Weinsheimer & Donald G. Marshall（London，New York：Continuum，2004），p. 484.

③ 这是李欧塔（Jean-François Lyotard）所提出的概念，指一种解释知识与经验的全方位文化叙事模式，参见 Jean-François Lyotard，*The Postmodern Condition：A Report on Knowledge*，Trans. Geoff Bennington & Brian Massumi（Minneapolis：University of Minnesota Press，1984）.

对和否定的对象。属于启蒙时代世界观的价值,包括"理性"(reason)、合理性(rationality)、"客观性"(objectivity),以及它们在社会科学中的重要性也受到质疑。后现代浪潮中,许多的追随者的论述主张所呈现出来的立场是:由于人所做的和想的都是社会所建构的,也就没有任何一种理性、道德或理论的架构可以解释"普世",要强调世界的差异与多元,必须先放弃"普世主义"[1],因为"差异"与"共同"或"分歧"与"统一"之间并没有妥协的空间。库恩(Thomas S. Kuhn, 1922–1996)、费耶阿本德(Paul K. Feyerabend, 1924–1994),图尔明(Stephen E. Toulmin, 1922–2009)等所谓"历史相对论者"(historical relativisits),[2]则更进一步否定了过去有关"科学真理独立于人类思维"的主张。[3] 他们认为历史与社会制约科学知识的产生,以及"科学知识并非绝对为'真'"。在这个基础上,他们主张理论与方法的多元论以及理论的开放性与不确定性。由不同的思考脉络出发,同一时期所出现的诸多论述当中,还有部分完全排除了"普世性"的可能性,例如"怀疑论"走到极端,认为所有观点、文明彼此都"不可共量",也不可沟通,那么就如同亨廷顿(Samuel P. Huntington, 1927–2008)所说的,其政治后果可能是文明间的冲突。[4]

---

[1] Robert B. Lawson, Jean E. Graham, Kristin M. Baker, *A History of Psychology: Globalization, Ideas, and Applications* (Upper Saddle River: Pearson/Prentice Hall, 2007), pp. 13–14.

[2] Frederick Suppe ed. , *The Structure of Scientific Theories* (Urbana: University of Illinois Press, 1977).

[3] Mats Alvesson & Kaj Skoldberg, *Reflexive Methodology: New vistas for Qualitative Research* (London: Sage Publications, 2009), p. 18.

[4] Samuel P. Huntington, *The Clash of Civilizations and the Remaking of World Order* (New York: Simon & Schuster, 1996).

　　上述难题充分展现了二元对立思考模式的缺点。唐君毅认为，这种"爱于'一'之一名，而斤斤于以一非多"的结果，不但难以解释世间万物的"多"的存在，如何处理"一"与"多"的关系也成为一个极度复杂、困难的问题。① 近年主流论述从"理性"到"反理性"、"大叙述"到"小叙述"、"绝对"到"相对"，改变不可谓小。虽概念灵活多变，不变的却是前述西方思想上二元对立的框架与绝对化倾向。20 世纪"小叙述"、"相对主义"与"多元论"的论述发展至今，已经出现不少检讨的声音。即便在历史研究，"意义是透过诠释与多重建构而成的"这类说法，也引发不少质疑。正如历史学者卡尔(E. H. Carr)所说的，一座山的形状尽管会随着视角而显得不同，但不能因此推论这座山没有形状，或是有说之不尽的形状。② 绝对的普世性与绝对的客观性不可取，但唯一的解决方案是走到另一极端吗？

　　观察近年各领域所发展出来的论述，可以看到学者在缓和"普世"、"特殊"、"绝对化"倾向所作的努力。以"后实证主义"(postpositivism 或"后经验主义"，post-empiricism)与"批判实在主义"学者为例，他们并没有采取极端怀疑论的看法，完全放弃"客观性"与"普世性"；他们仍旧相信真实(reality)的存在，却也不得不重视人类经验的差异，承认研究人员的背景、知识与价值可能影响观察，产生偏见。"客观性"因此不会因为特定的研究程序而得到保障，人对于真实的了解、与人对于真理的了解

① 唐君毅：《哲学概论》，台北：学生书局，1974 年，第 813—853 页。
② 张佩瑶：《传统与现代之间：中国译学研究新途径》，湖南：湖南人民出版社，2012 年，第 6 页；Edward Hallettt Carr, *What Is History*? (Hamondsworth: Penguin Books, 1964), pp. 26 - 27.

也不可能完美、确定(probabilistic);观察可能错误与偏差,"普世性"也是有局限的。但是经过反复推敲、评比(triangulation)多种观点的努力之后,这些仍然是可能达到的。

此外,也有不少学者尝试打破"普世"与"特殊"两者"非此即彼"、全然对立的僵局,连结与统合殊异,找出一个可以同时兼顾两端的方案。[①] 这些对"一般性"重新投以关怀目光的学者认为,即使人类世界不是所有的事事物物都相同,它们毕竟也并非是完完全全截然不同的。文化心理学者史威德(Richard A Shweder)等人便提出了"心"(mind)与"心态"(mentality)的说法:[②]"心"只有一种,是"普世"的,但是"心态"却可以有无数种,是"特殊"的。金特(Antje Girndt)将文化体系视为"泛文化"的,而文化传统与规则为"独特"的;[③]而贝理(J. W. Berry)等人则将心理

① 余德慧:《本土心理学的基础问题探问》,叶启政主编:《从现代到本土:庆贺杨国枢教授七秩华诞论文集》,台北:远流出版社,2002 年,第 160 页;Robert B. Lawson, Jean E. Graham, Kristin M. Baker, *A History of Psychology: Globalization, Ideas, and Applications* (Upper Saddle River: Pearson/ Prentice Hall, 2007), p. 25.

② Richard A. Shweder, "Cultural psychology-what is it?", in W. Stigler James, Richard A. Shweder & Gilbert Herdt, eds., *Cultural Psychology Essays on Comparative Human Development* (Cambridge: Cambridge University Press, 1990) pp. 1 – 14; Richard Shewder, Jacqueline J. Goodnow, Giyoo Hatano, Robert A. LeVine, Hazel R. Markus, Peggy J. Miller., 2000, "The cultural psychology of development: One mind, many mentalities", in W. Damon and R. M. Lerner, eds., *Handbook of Child Psychology* (New York: John Wiley and Sons, 1998); Donald E. Brown, Human universals (Philadelphia: Temple University Press, 1991).

③ Ype H. Poortinga & Karel Soudijn "Behavior-culture relationships and ontogenetic development", in Heidi Keller, Ype H. Poortinga and Axel Schölmerich, eds., *Between Culture and Biology: Perspectives on Ontogenetic Development* (Cambridge, New York: Cambridge University Press, 2002), p. 325.

过程视为"普世",将文化实践为"独特"。① 在社会学研究,有学者认为,我们需要突显不同社会里所发展出来的机构(institution)形态,但同时也需要承认"现代性"与"现代化"过程当中显现了某一程度的"普世性"。② 由于人类学(anthropology)通常被认为是一种只顾"特殊"(文化)的知识,一位人类学家甚至出书证明人类也有许多共同特质是值得人类学关怀的。③ 与其将这些概念视为是对立的极端,这些学者认为"普同"与"独特"是同时存在的,两者之间并有着一定的互动关系。④ 换句话说,在这些论述当中,"普世"与"特殊"已经不再被框限在"非此即彼"的模式,成为互不兼容的对立面。正如史威德所指出的,两百多年来文化心理学都维持了一个主张,就是"心"的"普同性"与"心态"与生活形态的"独特性",是相互依赖、互动(interactive),并且相互赋予生

---

① J. W. Berry, Y. H. Poortinga, M. H. Segall & P. R. Dasen, *Cross-cultural Psychology: Research and Application* (Cambridge: Cambridge University Press, 1992); Ype H. Poortinga & Karel Soudijn "Behavior-culture relationships and ontogenetic development", in Heidi Keller, Ype H. Poortinga and Axel Schölmerich, eds., *Between Culture and Biology: Perspectives on Ontogenetic Development* (Cambridge, New York: Cambridge University Press, 2002), p. 321.

② Shmuel Noah Eisenstadt, *Comparative Perspectives on Social Change* (Boston: Little, Brown, 1968); Gurminder K. Bhambra, *Rethinking Modernity: Postcolonialism and the Sociological Imagination* (Basingstoke, Hampshire; New York: Palgrave, 2007).

③ Donald E. Brown, *Human Universals* (Philadelphia: Temple University Press, 1991).

④ Richard A. Shweder, Jacqueline J. Goodnow, Giyoo Hatano, R. A. Markus & P. G. Miller, "The culture psychology of development: One mind, many mentalities", in William Damon and Richard M. Lerner, eds., *Handbook of Child Psychology* (New York: John Wiley & Sons, 1998); Guo-Ming Chen & W. J. Starosta, "Asian approaches to human communication: A Dialogue", *Intercultural Communication Studies*, 12(4), 2003, p. 4.

机的。① 特别值得注意的,是现象学者伊德(Don Ihde)所提出的"二元"之外的第三方案。他在讨论虚拟现实(virtuall reality)对真实生活的影响时,认为由现象学观点来看,身体(body)是"具有生物能力的"(普世的)。从后现代观点来看,身体却是"被文化建构的"(特殊的)。但是这两种选择都无法贴切地描绘虚拟现实为人所带来的体验,因此他提出第三条路,也就是"身体与科技是互动相互建构(constitute)的"。② 与前述学者的主张相比较,伊德的论点已经超越了"兼顾普世与特殊两端"的想法。他不但认为两端之间有互动,并且认为这"互动"的观点比较由现象学或后现代两个极端的二元来了解、分析议题都更为有效。

从回归本土的角度来看,上述 20 世纪以来所发展的论述当中,有几项论点特别值得我们注意:

1) 承认人、学术社群、历史与社会都与(科学)知识的生产有关

在"真实"与"客观"的议题上,历史相对论与诠释学者,以及海德格尔、勃兰尼、涂尔干与黄文山等人未必与"后实证主义"立场一致,但是他们同样观察到各种影响理论知识生产的巨观与微观因素,其中也包括社会与文化的因素。而知识社会学更以思想与社会的相互关系,以及其对社会的影响作为研究关注的重点。

2) 理论的客观性与普世性都是有条件与预设的

正如高达美所说的,所有论述与方法都来自人,人既然无法脱离自

---

① Richard A. Shweder, Jacqueline J. Goodnow, Giyoo Hatano, R. A. Markus & P. G. Miller, "The culture psychology of development: One mind, many mentalities", in William Damon & Richard M. Lerner, eds. , *Handbook of Child Psychology* (New York: John Wiley & Sons, 1998), p. 871.

② Don Ihde, *Bodies in Technology*, (Minneapolis: University of Minnesota, 2001).

已存在的时空脉络,则这些假设也是有预设的。同样的,海德格尔认为客观性不但有前提,而且这前提往往是由源自日常生活的背景知识淬取而来的。勃兰尼更进一步指明,理论的普世性与客观性的成立前提是"相同情况";换言之,唯有在相同情况之下,理论才是普世与客观的。由这些论点来看,理论不但是"有条件成立"的,而且这些条件也无法脱离其社会文化背景。

3) 理论知识本身都是"暂时成立"的

知识的产生既然必须透过人的认知、语言与经验,而人类又都是在一定的历史与社会脉络下活动,那么知识本身就不是完全确定的。奎因(Willard V. O. Quine,1908 - 2000)就认为,科学知识虽然"指向""完全确定性",但在一定的时空点上,我们所能够掌握的都是有限的。也就是说,知识活动具有"可修改性"(revisability);必要时,知识都是可以修订的。① 波普(Karl R. Popper,1902 - 1994)更主张所有的陈述、假设与理论都只是"暂时为真"。我们可以声称世界上所有的天鹅都是白的,也找到无数只白天鹅来证实这一点,然而只要出现一只黑天鹅,这说法就会被推翻。② 事实上,根据科学哲学家邦格(Mario Bunge,1919 -)的定义,"理论"只是"一组容许我们建构有效论辩的假设系统"③。理论的成立虽然必须要经过严谨的科学程序,然而这并不改其为"假设系统"的

---

① 劳思光:《当代西方思想的困局》,台北:台湾商务印书馆,2014 年。
② Karl. Popper, *The Logic of Scientific Discovery*, *Basic Books* (New York,1959), p. 4.
③ 汪琪、沈清松、罗文辉:《华人传播理论:从头打造或逐步融合?》,《新闻学研究》,七十,第 1—15 页;Mario Bunge, *Finding Philosophy in Social Science*, (New Haven: Yale University Press,1966),p. 114.

本质。

　　将上述的三项论点对照"本土化"的两种取径,我们看到其实诠释学、历史相对主义、后实证主义与知识社会学等等都直接或间接点出了社会文化与知识生产的关系。由这个角度来看,"欧洲中心"的问题并不属于欧洲所独有:源自任何社会文化的理论知识都自然带有这个社会文化的印记;由查卡拉巴提的观点看,都是"本土理论"。不但如此,这些理论的普世性与客观性也都有其成立的(社会文化)前提,只是西方的对话对象主要来自同一文化传统——或是并非同一传统,但也已经经过现代化洗礼。这种"在自己的场子和别人比赛"的优势,很难使他们重视这些前提的影响,甚至醒觉它们的存在。别人不质疑,当然他们也就不会去讨论理论"预设"的问题。那么我们是不是也可以说:绝大部分的理论本来就是一种被前提所设限的"中程、层理论"(middle range theory)?[1] 最后,所有的理论既然都是暂时成立的,也都可以经过一定的程序检证、修订与推翻;那么站在自己的立场挑战一项理论论述,本来就是西方学术的一部分,只不过西方并不关注"外来"或"本土"在这过程中所牵涉的异文化与主体性等等问题。

　　由这些分析我们似乎得到一个令人鼓舞的结论,也就是晚近的"新主流"论述已经替"本土"收拾了"科学主义"与"普世性"这些本土化障碍;"欧洲中心主义"的论述也不过是一组同样有前提的"中程理论",这些理论和本土理论一样,都是"真理的不完整呈现",其客观性与一般性也都需要检证。有学者便认为,既然由"特殊"往"普世"是科学理论的必

---

[1] Robert K. Merton, *Social Theory and Social Structure*,(New York:Free Press,1968).

然发展途径,则何苦我们费尽心思在"特定文化取径"与"一般文化取径"间去作选择?

　　然而这里我们要谨慎以对的,是前面这些二十世纪西方所出现的论述,是有其发展路径、渊源与模式的。我们将这些主张由它们出现的脉络中抽离出来,必须小心防范断章取义的错误:虽然学界似乎已经在社会文化与理论知识生产的关系上有了共识,但这并不表示所有人已经同意"由'特殊'往'普世'是科学理论的必然发展途径"。事实上,提出上述主张的学者或学派其实在"普世"与"特殊"的议题上,大多是站在对立的极端。诠释学派与相对主义者未必承认"实证意义下"的普世性——包括有限度的普世性。因此他们对于"在某一文化之内可以成立的理论"这种说法,也是不能接受的。至于后实证主义虽然认为人的观察可能有偏差,却主张知识是"客观的真实",并且独立于"知的主体"(knowing subject)之外,如此理论论述中仍然没有"特殊"的存在空间。

　　近数十年来,"普世性"概念不断被挑战、修订,所有必须面对科学知识特质的论述,对于"普世性"的问题也都采取了颇为谨慎的态度。在一本已经再版十次以上的教科书[1]里,作者们写道:科学很难用单一的规则或活动来描述,因为这样很容易会使得读者忽视了科学的"复杂特性"。然而即使如此,科学还是可以被视为一种取得"可靠"及"有效"知识的途径。[2] 作者们虽然很谨慎的避开了可能引发争议的概念,但藏身在"有效性"与"可靠性"背后的,仍然是未言明的"一般性"(generality),

---

[1] Larry B. Christensen, R. Burke Johnson, Lisa A. Turner, *Research Methods, Design, and Analysis* (Boston: Allyn & Bacon/ Pearson, 2011).

[2] *Ibid.*, p. 12.

甚至普世性。① 因此近年学界看似普遍重视文化社会与理论生产的关系，但他们在"特殊性"与"普世性"的立场上却是依旧旗帜鲜明。正如派地(Michael Paty)②所指出的，科学普世性的争议，已经成为现代学术上立场最分歧的辩论。或许是由于"一元论"的限制，即便已经有学者看到"'普世'的'共相'必然由'特殊'的'殊相'而来，这"一体两面"的主张仍然是一件"国王的新衣"；在个别领域的讨论之外，愿意去直接冲撞、正面挑战的或许不是没有，但似乎不多。也因此即使"普世"、"特殊"在概念上对立的程度即便有所缓和，但仍旧不能任由我们各取所需、随意拼凑。这也意味着，如果我们要完全依赖这些论述来解决非西方学术发展的问题，则我们不但仍然必须"选边站"，而且也一体承受了该论述所面对的种种问题——比如相对主义的例子。但是传统意义下的普世性，或传统意义的特殊性能带来两全其美的解决方案吗？ 这些问题不仅是"本土化"论述所必须处理的，也是所有学术上主张"多元文化主义"(multiculturalism)或"文化相对主义"(cultural relativism)典范的学者所必须面对的。

根据西方论述过去的发展轨迹来看，超越"多元论"应该是西方学界努力的方向，然而截至目前为止，上述个别学者的努力是否已经成功撼动希腊以降的西方思考模式，则仍然是有待观察的。值得我们注意的，是类似史威德所指出的，"心"与"心态"相互依赖、相互互动(interactive)、相

① 有关科学的字典定义，例如新版《韦氏大字典》，则明白揭示科学是一种通过科学方法所获得的系统性知识，这种知识涵盖"一般"(general truths)真理或是"通则"(general laws)的运作。

② Michael Paty, "Universality of science: Historical validation of a philosophical idea", in Joseph Needham, S. Irfan Habib, Dhruv Raina, eds., *Situating the History of Science: Dialogues with Joseph Needham* (Oxford: Oxford University Press, Incorporated, 1999), pp. 303-324.

互赋予生机的论点,以及伊德的"第三方案"都已经颇为接近中国传统阴阳"相生相成"所反映的思考方式。事实上,相对于西方"形上学"传统中"一"与"多"概念之间"非此即彼"的思考框架,在中国传统,"一多相融"①的思维却是十分自然合理的。正如唐君毅指出,中国哲学并没有如西方的"纯粹一元论"。老子谓"道生一、一生二、二生三、三生万物";即使儒家也从未"持一以与二与多相抗论"。② 因此之故,由中国传统思维来看,并没有什么纯粹的"两边"(特殊或普世)。天地万物就是一个"交融"的状态,而"阴、阳""一、多"的"两边"其实是抽离具体运动情境后的结果。因此中国人不会像西方人那样,去追问"普遍"与"特殊"或"全球"与"在地(本土)"两边,哪一边才是更基本的真实;"太极图上那一黑一白哪一边才是真实?"不是问题,问题的重点是那一黑一白如何相融相渗;也就是一个"我中有你,你中有我"的问题。《老子》《道德经》(第二章)说,"有无相生,难易相成,长短相形,高下相倾,音声相和,前后相随",因为就中国的思想传统而言,运动的能量本来就是"相依"而非独立的存在。因此东西文明都认知到"一与多"("普遍"与"特殊")之间存在"关系",但对于如何看待这个"关系",摆放的重点却很不一样。

　　或许正因为中国思想将世界的流变与浑沌视为常态,"同"中因此可

---

① "一多相融论"的概念来源应该是唐朝翻译《华严经》后思想界流行起来的文化产物,《华严经》里的论证简略整理如下:我们说"屋柱","屋柱"是庙的"屋柱",这根"屋柱"是庙的栋梁,而这根"屋柱"如果不是和寺庙建筑的其他部分一同构成整体的话,那么"屋柱"不叫作"屋柱",它只是根木条。《华严经》用这样的例子说明"一即多,多即一"的"一多相融"哲学,"即"这个字在中国佛学的用法中,是"不离"的意思。所以离开了"个殊(多)","普遍(一)"无从说起;而离开了"普遍(一)","个殊(多)"亦无从说起。"一多相融","个别"与"整体"一时俱立。

② 唐君毅:《哲学概论》,台北:学生书局,1974 年,第 813—853 页。

以求"异"，而"异"中可以求"同"。这种不清晰、不明确，看似模棱两可的思维模式，常常被西方指为是中国无法发展逻辑与科学的原因。但顺着中国"一多相融"的传统思维，无论是"认识论"、"本体论"或"方法论"上的差异都不难解决。面对异文化，数千年来中国人的原则不离"兼容并蓄"、"去芜存菁"、"异中求同"、"同中求异"几个原则。无论是印度佛教、蒙、满的异族统治，都在这些原则之下丰富了中国文化。由这个角度来看"本土化"，华人学界确实是采取了一个务实的途径。与其对"欧洲中心主义"发动猛烈炮火，大多数学者选择在接受"欧洲中心"论述为"既成事实"的基础上去谈"本土化"的目的。林南、叶启政、郭文雄、蔡文辉、周晓虹、杨中芳、杨国枢与李伯重等华人学者所主张的，都是经由"特殊"到"一般"、由"本土化"到"全球化"的发展方向。① 这么做不但避开了"去西方"（de-Westernization）的难题，甚至有人认为这种"普世的普世性"唯有在本土论述的基础上才可能达成。也就是："特殊"是通往"普同"的唯一途径。即便积极主张"亚洲中心"论的日籍学者 Yoshitaka Miike 也认为，"文化特殊性"与"人类普世性"不是对立的。发展专属于某一文化的理论可以丰富目前带有欧洲偏见的这个知识体系，进一步探索建构普世

---

① 叶启政：《社会学和本土化》，台北：巨流出版社，2001 年，第 186 页；杨宜音：《社会文化视野下的社会科学：近期中国大陆社会科学本土化及规范化论述析评》，阮新邦，朱伟志主编：《社会科学本土化：多元视角解读》，新泽西：八方文化，社会科学文献出版，2001年，第 327 页；蔡勇美：《绪论》，蔡勇美与萧新煌主编：《社会学中国化》，台北：巨流出版社，1986 年，第 10 页；汤志杰：《本土观念史研究刍议：从历史语意与社会结构摸索、建构本土理论的提议》，邹川雄，苏峰山编：《社会科学本土化之反思与前瞻：庆祝叶启政教授荣退论文集》，嘉义：南华大学教社所出版，2009 年，第 317 页；杨中芳：《试论如何深论本土心理学研究：兼评现阶段之研究成果》，阮新邦，朱伟志主编：《社会科学本土化：多元视角解读》，新泽西：八方文化，社会科学文献出版，2001 年，第 172 页。

理论的可能性。[1]

　　上述看法可以说颇有亚洲文化的特色，但正如我们在前面所提到的，也是目前还没有完全打破的二元思考模式所不支持的看法。后实证主义与知识社会学的主张虽然颇接近本土化"泛文化取径"的观点，却没有深入讨论，甚至提到具有一般性的理论陈述既然来自特定的知识生产情境，自然具有一定的"特殊性"，这明确表示两者并非对立的极端。即使由科学史上，我们也可以清楚看到，不同的时空与文明不但型塑不同的科学传统，这些科学传统也反映着特定类型的问题，以及当时人们惯于采用解决问题的方法。[2] 在人类知识的不同面向上，这些不同的传统都以某一形式的普世性为努力的目标。因此说科学是绝对普世的，或是主张科学乃由社会形塑的（social production of science），两种观点都各有缺失。前者忽略了使得知识内容产生"相对性"的因素，而后者完全否定了客观性存在的可能。

　　"普世"、"特殊"的问题仍然有待处理，而思辩传统与科学研究法同样也没有一套现成的原则或方法，可以让我们在一个研究架构中妥善的去安置来自不同文化脉络与思想传统的观点、价值与现象。源自希腊的思辩传统提供了省思的空间，千余年来西方确实也在不断省思中调整，并发展新的论述方向，但亚非学界不能期待"相对主义"圆满解决本身学

[1] Yoshitaka Miike，"Non-Western theory in Western research? An Asiancentric agenda for Asian communication studies"，*The Review of Communication*，6(1-2)，2006，p. 4.

[2] Michael Paty，"Universality of science：Historical validation of a philosophical idea"，in Joseph Needham，S. Irfan Habib，Dhruv Raina，eds.，*Situating the History of Science：Dialogues with Joseph Needham*（Oxford：Oxford University Press，Incorporated，1999），pp. 303-324.

术发展所有的问题,同样也不能依赖"多元论"维持"回归本土"的正当性。否则就如同我们在第一章所提到的,等主流的关爱眼神移转到别的议题上去时,非主流不但得继续跟随,还坐实了"拿不出东西"的指控。但是要以"本土"为立足点来建构普世理论,甚至有条件、限制的本土理论,都必须先解决"一"与"多","特殊"与"普同"与异文化这些方法论上的难题。这些难题不解决,杨中芳的第三个问题——"要采取什么样的方法才能达到这个(本土化)目的"——仍然不会有答案。

　　但现代学术论述毕竟是西方思想传统之下的产物,有其一贯的运作脉络与逻辑架构,因此就如同游戏,必然有一定的游戏规则。一旦参加到游戏里面,我们即使看到问题,也必须由该游戏运作的角度去指出问题的所在。这"出发点"可以是"体制内"的,也可以是"体制外"的,却不能任意把乙游戏的规则拿来玩甲游戏。如果我们不能拿乙游戏的规则来玩甲游戏,那么是否可以参考乙游戏规则,来看看有没有可供参考之处,可以帮助我们指出甲游戏规则的盲点,并找到一条出路？要这么做,我们仍然必须找到一个在"西方的"社会科学研究上可以处理异质文化的途径。这就是第五章要讨论的主题。

第五章 在学术巴贝尔高塔的废墟中寻找生机

> 主说：让我们到人世间混淆他们的语言，让他们无法了解别人所使用的语言。(Gen. 11.7-8；King James Version)

圣经上巴贝尔高塔(Tower of Babel)的故事，描述的是"大洪水"之后巴比伦的情景；[①]但即使在数千年后的21世纪，它所呈现的场景以及引发的问题在我们这个后现代的世界，依旧鲜活。我们指责西方学界以"不科学"为理由，将"非西方"的文化思想隔绝在"科学研究"之外，则今天我们要谈本土学术，也很难将"本土"隔绝在"世界"之外。如此跨越典范与文化传统的"沟通"与"对话"就仍然是必须面对的议题。这不单只是亚非学界，也是西方学界的课题。也就是说，看似建立本土学术有两个途径：采取"特定文化取径"去作"小叙述"；或是采取"泛文化取径"将"普世性"作为目标，然而这两条路同样都无法回避"异质文化"的课题。要寻找本土学术发展的生机，必须由这个课题开始。

---

① Genesis 并没有提到高塔的毁坏，但是人们的语言被混淆之后就停止建造他们的城市，并且分散到世界各地。然而在其它的经典，包括：the Book of Jubilees，上帝以一阵强风吹倒了高塔。

就常理来说，人类向其他族群或文化"取经"的做法，可能从文化诞生的那天便已存在。印度佛学在中国的本土化、近数百年间非西方世界的现代化，以及儒家思想在东亚的扩散都是例子。本土学术研究发展需要顾及"本土需求"，但也不仅仅限于"本土需求"；还有不同的"知识论"、"本体论"与"方法论"的预设、世界观及文化价值等考虑。今天西方知识体系既然是世界上现存的唯一知识体系，则"本土化"不可能以"去西方"为前提，也不能像当年翻译佛经的儒者，以自己的方式及角度自由解读、使用西方论述。本土的现象、观点、思想与文化价值必须链接"源自欧洲的"知识体系，而作这样的连结必须同时处理双方在"知识论"等各方面的差异，也就是"异质文化"的问题。谈到异质文化，劳思光将近代中国社会上流行的看法大致分成三类：清中叶以降的"掘宝"、甲午战争之后的"换体"与现代的"拼盘"。① 现在解决问题不靠老祖宗的宝贝，也不指望换个身体，然而学界以为"好用就拿来用"的想法仍然普遍存在：这也反映在我们在第一章所谈到的，华人、甚至亚非学界的"学术复制"现象。

劳思光认为过去数百年来中国人对于西方文化，常常不去注意不同的文化成果"为何可以摆在一起"的问题②。"异质文化"不能随便拼凑使用，是因为它（们）的排斥性与理论效力都不相同。换言之，理论与方法不是不能借用，但是如果跳过文化差异去寻求"兼容并蓄"、奢谈"融合"，结果很容易得出没有逻辑结构的"论述杂烩"。脉络理路各不相同的观点被挑选出来放在一起，表面上是"集大成"，实际上是上不了路的拼装

---

① 劳思光：《当代西方思想的困局》，台北：台湾商务印书馆，2014 年。
② 同上。

车,也就是劳思光所谓的"拼盘"。① 这种"拼装"的作法在本质上与"拿来主义"及"复制型研究"是一样的。我们需要问的是,在什么脉络之下"兼容并蓄"、"异中求同",又根据什么标准来决定"去芜存菁"?

　　西方思想的"一元论"常借助"非此即彼"的"二元对立"模式来思考概念问题,这使得"多元"、"特殊"与"普世"的对立少有转圜的余地;不过华人学者在西方论述体系里面,却也看到一些足以在概念上发展"异质文化"互通与转化可能性的论述,对"本土学术"的讨论有颇为重要的参考价值。针对当代"解构"与"后现代"思潮中否定知识与真理的"反绝对主义"倾向,劳思光借用康德(Immanuel Kant,1724-1804)说法,提出了"成素分析"的概念。② 所谓"成素分析",就是任何一个系统当中都有"开放"也有"封闭"的成分,而不是像哲学上——包括系统论者——所认为的,系统有两种:不是封闭的就是开放的。也就是说,所有的知识系统都会面临共同的问题,也都诉诸共同的知识、孕育符合共同需求的文化成果,这是一个系统"开放"的部分,也是它"共同"、"普世"和最具发展潜力的部分;但是每个系统也都有它被历史文化社会背景决定的部分,这是它"封闭"的部分,是"特殊"的。既然如此,我们就不能说某些命题——例如"真理"或"普遍有效的命题"——是永远不可能达到的,因为它是一个认知活动的"方向"是有意义的,因此也有普遍成分存在。

　　同样针对"异质文化"的互通与转化,黄光国与沈清松由"建构实在论"(constructive realism)中"外推"(strangification)的概念得到启

①　劳思光:《当代西方思想的困局》,台北:台湾商务印书馆,2014年。
②　劳思光:《西方思想的困局》,台北:台湾商务印书馆,2014年。

发。[①] 沃尔纳（Friedrich Wallner 或 Fritz Wallner）所提出的"建构实在论"是一种"认识论"策略，原意在保存科学知识传统（包括科学的普世性与有效性）的同时，也顾全"相对主义"（relativism）对于科学理性的否定。沃尔纳主张，如果一个科学命题系统由它的原始脉络中被抽离出来，放置在另一个脉络中，我们就可以由其间出现的问题发现这命题系统所隐含的默认。不但如此，每一个科学所建构的世界都是一个"微世界"（microworld），并且有其独立的语言规则。但是如果一个命题经由翻译"外推"到另一个微世界而仍然能够运作、发展，就表示这命题具有真理；反之则表示难以"普遍化"。黄光国因此认为，这样的理论模式可以帮助我们检视在本土脉络中建构理论的普遍性。[②] 沈清松则将"外推"的概念进一步扩展到文化哲学的领域，以描述一种文化交流与跨文化哲学的研究策略。[③] 在这层意义上，无论是语言的、实践的、或本体的"外推"，它都是一种"走出自我和走向多元他者的行动"。[④]如果哲学话语或命题经过翻译或终极实在体验而能被另一哲学传统了

① 黄光国：《由建构实在论谈心理学本土化》，苏峰山总编：《"社会科学理论与本土化"学术研讨会论文集》，嘉义：南华大学教社研所，1999 年，第 1—39 页；Viencent Shen, "Truth and strangification: Religious dialogue between Buddhism and Christianity"，参见 http://www. midline. net/nfp/PDFs/Shen. pdf；陆敬忠、曾庆豹主编：《从对比到外推：沈清松教授祝寿论文集》，台北：中原大学宗教研究所，2009 年。
② 黄光国：《多元典范的研究取向：论社会心理学的本土化》，阮新邦，朱伟志主编：《社会科学本土化：多元视角解读》，纽泽西：八方文化，社会科学文献出版，2001 年；黄光国：《"由建构实在论谈心理学本土化"》，苏峰山总编：《"社会科学理论与本土化"学术研讨会论文集》，嘉义：南华大学教社研所，1999 年，第 1—39 页。
③ 沈清松：《哲学会通与当代中国哲学道路的探索》（2008 年），参见 http://isbrt. ruc. edu. cn/pol04/Article/principle/universal/200811/3600. html。
④ 沈清松：《哲学会通与当代中国哲学道路的探索》（2008 年），参见 http://isbrt. ruc. edu. cn/pol04/Article/principle/universal/200811/3600. html。

解,则这样的行动提高了命题的普及性,否则就表示它有局限性,需要批判检讨。

余德慧在讨论本土心理学时,同样曾经借用跨文化理解来关照学术研究中的异质文化问题,也就是她称之为"文化解码"与"文化交互性"的两个概念。[①] 余德慧认为,本土化真正的转化不是在本土复制主流心理学研究,而是在充分了解、掌握心理学知识后,将深植于传统及人们意识的基本思维与行事理路背后"基本存有预设轴线的历史性原型"揭露出来。[②] 不同于一般个体在社会互动中所作的文化理解,由时间和空间所产生的距离,使得研究人员的文化理解具有一个独特的诠释空间,这空间使他能够在经验之外透过视角的选择,来达到"再认识"的目的。例如我们对一位汉代文人观点的诠释,是将这观点转置到现代科学研究的脉络里去理解的,重点也不在忠实呈现原来的内容,而是将这想法的思维原型当作材料,以另一视角进行研究者、被理解对象与科学理论的三方对谈。这种"文化间际的交互理解"所带来的视野的交融,使得现代科学理论与传统观点双方都被赋予新的意义,研究者得到新的文化理解。

对于发展本土论述而言,上述几位华人学者所提出的观点对于突破"普世"与"特殊",甚至"特殊"与"特殊"之间的僵局,无疑有重要意义。根据"封闭"与"开放"成素的概念,"普世"与"特殊"性质是共存在同一个系统或秩序之内的;端视我们观察的角度与面向而定。由人类共同面对的问题着手,我们就会看到体系中开放与普世的一面,否则就会看到封

---

① 余德慧:《本土心理学的基础问题探问》,叶启政主编:《从现代到本土:庆贺杨国枢教授七秩华诞论文集》。台北:远流出版社,2002 年,第 168—169 页。
② 叶启政:《"本土契合性"的另类思考》,《本土心理学研究》,第 8 期,1997 年,第 121—139 页。

闭与特殊的一面。换言之，"多元"与"普世"之间可以是一体的两面。另方面，"外推"策略所勾勒的，是"多元"系统间交流的可能性，以及哲学或科学命题在交流过程中"普世性"的增长；换言之，"普世"必须通过无数"特殊"的检验逐渐形成。

"封闭、开放成素"以及"外推"策略激发我们重新建构"特殊与普同"概念间关系的想象，然而就回答前述"如何本土化"的问题而言，却无法一步到位。首先就"开放与封闭成素"而言，如果系统中存有开放成素，则这系统之内的成素之间不但彼此互动，甚至系统与系统之间也必然存有一种相互定义、彼此渗透的关系。[1] 例如，人脑的构造是全人类共同的，文化是特殊的；但是近年来已经有科学家发现，青少年时期人脑是在感官刺激影响之下成长的。刺激的性质型塑脑细胞之间的连结方式，进而形成思考与行为所需要的网络。[2] 因此，所有的人在饥饿的时候都会有进食的欲望，但是这种进食的欲望可以因为宗教或健康原因而调整。这和我们在第四章提到的，伊德有关"身体与科技经由互动相互建构"的主张是相似的道理。[3] 同样的，我们可以说凡人类社会都会有冲突的时候，这是所有社会的共同问题，也是开放成素；然而我们很难说所有社会对于"冲突"都有一个固定的、共同的理解方式。究竟什么情况会被视为"冲突"，以及"冲突"本身是否纯然是负面、抑或也有正面意义，是受到每个社会的历史文化成素的影响的。以西方论辩的传统来说，"评论他人

---

① Ludwig von Bertalanffy. *General System Theory*：*Foundations*，*Development*，*Applications* (New York：George Braziller，1976).
② Bruce E. Wexler. *Brain and Culture*：*Neurobiology*，*Ideology*，*and Social Change* (Massachusetts：MIT Press，2008).
③ Don Ihde. *Bodies in Technology*. (Minneapolis：University of Minnesota. 2001).

所提出的命题"是一种思考方式的呈现,谈不上"冲突";然而对于讲究和谐尊卑的文化,这里却可能包含冲突的因子。东方文化在经过现代化的洗礼之后,"冲突"的意义已经与现代化之前大不相同,但与西方却又仍然存有微妙的差异。在华人所举办的许多学术论坛当中,担任评论的一方在说出一篇论文的缺失时,经常会先有一番自谦之词,或是称赞该论文的可取之处,以降低"挑战"与"冲突"的意味。这显示系统与系统之间的互动可以导致封闭成素的转变。

如果"开放"与"封闭"互为因果,则两者非但不是一成不变,彼此之间也存在一个相生相成的共生关系。换言之,我们不能只由共同问题去发展普世性,也不能只看封闭成素以坚守特殊性;那么此一意义之下的"普世"还是传统意义中的"普世"吗?事实上,假使我们只谈系统中的两类成素,而不考虑两者在一个变动系统内的互动关系,则论述仍旧没有脱离西方机械式(mechanical)的思维方式,也就难以看出"普世性"概念本身的局限。这部分我们在后面有更深入讨论。

至于"外推"的概念,重点主要在提出一个检验,并推展命题有效性及普世性的方法,但是对于如何处理根本文化差异的问题,没有太多着墨。事实上,"建构实在论"所遵循的,仍然是由科学想象而来的思维框架。林端及余德慧在评论黄光国的多元典范论述时,都看到"断裂"以及"不可共量"(incommensurability)[1]的问题。林端认为,"建构实在论"偏重行动者本身及行动与外在"微世界"的互动,并没有考虑不同微世界之间的"不可共量性"。然而在本土论述中处理"异质文化"最大的挑战之一,正是"不可共量性"。诸多"假本土"以及"复制型研究"的出现,皆因为

---

[1] 阮新邦,朱伟志主编:《社会科学本土化:多元视角解读》,纽泽西:八方文化,社会科学文献出版,2001年,第287页,第293页。

忽视了"外来"与"本土"之间无法轻易经由翻译甚至诠释显现出来的深层差异以及概念的、理论上、方法上或典范上的"不可共量"。事实上，除了微世界之间的"不可共量"，微世界与生活世界之间的断裂，也使得本土心理学无法合情合理地呈现区域文化历史的意涵。既然微世界是唯一可以被了解的，则一切仍然必须回归到科学及理性所能处理的范畴。①

　　对于藉建构实在论来构筑本土论述，林端看到的另一个问题，是"用本土文字写作、翻译到国际通用语言"，本土社会心理学是否就会逐步建构成功？② 同样地，余德慧所提出的跨文化理解可以赋予概念新的意义，然而将叶启政所谓的"思维与行为理路背后的历史性原型"放在一边，容许研究者采取一个"完全不同于作者原始意识"的脉络来作理解，是否能避免时下许多本土研究所犯的错误？ 这其中似乎仍有一些论述的跳跃，需要更细致地去处理。

　　对于本土论述的产出，叶启政有一套自成一体的理论。叶启政认为，"本土化"问题的核心，在于有效提供具特定历史文化意涵的意义，以启发人们理解自己的处境。③ 由这层意义来看，不仅只是"建构实在论"，包括"开放与封闭成素"与"外推"，都可以说只是一种"导引研究的基调"。这种基调有其价值，但并非"具体可行的实际研究操作策略或适当概念语言的选择"。至于"具体可行的操作策略"，虽然许多学者均有原则性的提

---

① 余德慧：《本土心理学的基础问题探问》，叶启政主编：《从现代到本土：庆贺杨国枢教授七秩华诞论文集》。台北：远流出版社，2002 年。

② 阮新邦、朱伟志主编：《社会科学本土化：多元视角解读》，美国纽泽西：八方文化，社会科学文献出版，2001 年，第 293 页。

③ 邹川雄、苏峰山编：《社会科学本土化之反思与前瞻：庆祝叶启政教授荣退论文集》，嘉义：南华大学教育社会学研究所，2009 年，第 9 页。

示,然而文献中仍以叶启政所提出的构想最为完整。简单说,叶启政对于"本土化"取径的中心主张有两项重点:

1. 由西方知识体系的感知理路及预设等发展脉络中,勾勒它的文化特质与历史局限性,并找出可能的"分离点"。[①] 也就是说,即便现代文化早已是"传统与外来"的融合体,"本土化"的"首要功课"仍然是"参照传统所留存的'文化磁滞效应',反思西方概念与基本命题的历史文化特质,并据此分辨它在本土的适用性"。[②]

2. 对照"本土"与"全球"轴线,进行具"搓揉"性质的"回转"功夫,使得两者的互动成为"你中有我、我中有你"的交融混和状态。[③] 在这搓揉"回转"的过程当中,"本土化"企图影响的仍是"一般性",终至"整体性"。因此之故,这"一般"必然是要始于"特殊"的。[④]

上述主张为"如何发展本土学术"作了一个重要的揭示,也就是先找出本土与西方的差异(分离点),将"全球"还原为"特殊"的揭露、批判功夫之后,再由"回转"、交融走到"一般"的理论建构。换言之,这是一个批判与吸纳、对抗与融合、破坏与建立的过程。其中有解构,也有重构。以

---

① 叶启政:《社会学和本土化》,台北:巨流出版社,2001 年,第 187 页。此处寻找分离点的意图是否如郑祖邦、谢升佑所解读到的,"告别西方理论的出口"似有讨论空间;如果确是要对西方进行一次"革命性的'扬弃'",则又如何由"搓揉"进行"回转"——尤其是从"交融混和"达到"一般性"?

② 邹川雄、苏峰山编:《社会科学本土化之反思与前瞻:庆祝叶启政教授荣退论文集》,嘉义:南华大学教育社会学研究所,2009 年,第 19 页。值得特别注意的,是许多其他学者也都十分强调"历史文化脉络"的重要性,然而叶启政的重点十分明确是放置在"概念"与"命题"的历史文化脉络。杨中芳主张将"历史文化脉络与个体行动扣连",便与叶启政的主张明显不同。

③ 叶启政:《社会学和本土化》,台北:巨流出版社,2001 年,第 185 页。

④ 同上书,第 186 页。

一种阶段性策略的宣示来看，则它对于"如何本土化"问题中的第二个关键问题：如何处理"本土"与"全球"之间的深层差异——换言之，也就是"异质文化"的问题所提出的解决方案，已经有深刻的参考价值。叶启政认为，进入概念与命题的历史脉络，我们不但得以建立"本土"与"全球"的文化轴线、揭发原有论述的"留白"、拆解其背后的预设，并且同时彰显创造"另类""历史文化质性"的回转面向。

如果我们以空拍图来做比拟，则上面的论述已经足够让用路人对于他到达目的地所需要经过的路径有一个认识。然而如果"破解"西方理论的目的是要有所"建立"，[①]则"本土化"的最终目标也不仅仅在于再进入或批判传统，[②]而是在"破"之后的"立"可以怎么完成，以最终达到叶启政所期许的"一般性"或"整体性"。但空拍图并非地图，更非卫星导航系统。在最后的"立论"阶段，我们似乎在"搓揉游戏"看到与黄光国谈建构实在论时所留下的类似的问题，也就是：如何在创造了回转面向之后"走出去"，以达到一般性？这一步看似水到渠成，实则相当艰巨。"融

---

① 谢立中：《走出"结构—行动"困境：现代人的难圆之梦——对〈进出"结构—行动"困境〉一书的若干评论》，《社会理论学报》，5(1)，第1—19页；郑祖邦、谢升佑：《叶启政主义与台湾社会理论的本土化》，邹川雄、苏峰山编：《社会科学本土化之反思与前瞻：庆祝叶启政教授荣退论文集》，嘉义：南华大学教育社会学研究所，2009年，第295页；叶启政：《对社会学预设的一些反省》，《中国社会学刊》，11，1987年，第1—21页；叶启政：《学术研究本土化的"本土化"》，《本土心理学研究》，1，1993年，第184—192页；叶启政：《等待黎明——对近代中国文化出路之主张的社会学初析》，陈其南、周英雄编：《文化中国：理念与实践》，台北：允晨出版社，1994年，第73—108页；叶启政：《进出"结构—行动"的困境：与当代西方社会学理论论述对话》(修订二版)，台北：三民书局，2004年。
② 汤志杰：《本土观念史研究刍议：从历史与一与社会结构摸索、建构本土理论的提议》，邹川雄、苏峰山编：《社会科学本土化之反思与前瞻：庆祝叶启政教授荣退论文集》，嘉义：南华大学教育社会学研究所，2009年，第315页。

合"、"搓揉"都是颇有儒道色彩的概念,但在社会科学所承袭的西方传统之中,"特殊"与"特殊"、"特殊"与"普世"都是互不相属、甚至对立的两元,要由一端融合、搓揉出另一端,这当中牵涉的不单单是异质文化,还有千余年来西方思想上屹立不摇的"一元论"问题。

回到我们先前所提到的两个"本土化"困局:"普世"与"特殊"的二元对立,以及研究方法对于处理"异质文化"的不足之处,则上述劳思光、沈清松、黄光国与叶启政的论述观点已经提供了走出困局的重要线索。如果"回归本土"是一场接力赛,则接下来的挑战,是我们是否有足够的智慧"站在巨人的肩膀上看到未来"。[①]

本章的主要目的并不是要下结论或提供所有问题最终的解决方案,而是尝试由方法论的角度出发,来看看社会科学本土化下一步可以"怎么做"。由"外推"概念,我们了解到"诠释"(interpretation)与"翻译"(translation)可以化解"多元典范"下的各个知识体系与思想传统之间交流、互通的问题,因此以下的论述将由"诠释学"的观点作为出发点。但"本土化"需要处理的不只是历史所造成的隔阂,还包括空间、与异文化间的鸿沟,因此"诠释学"之外,本章也将藉由科学哲学(philosophy of science)以及成素分析的论述来重新建构"普世"与"特殊"间的关系,寻找由"普世"到"特殊",再由"特殊"到"可共量性"的途径。同时需要澄清的是例如"共同性"、"普世性"、"相通性"与"可共量性"(commensurability)这些关键概念间的差别。"不可共量"(incommensurabililty)的概念——尤其是

① 郑祖邦、谢升佑:《叶启政主义与台湾社会理论的本土化》,邹川雄、苏峰山编:《社会科学本土化之反思与前瞻:庆祝叶启政教授荣退论文集》,嘉义:南华大学教育社会学研究所,2009 年,第 297 页。

库恩(Thomas Samuel Kuhn，1922－1996)在解释"不可共量性"如何关联到"可沟通性"(communicability)，以及"可比较性"(comparability)上所做的澄清，[①]在科学论述的范畴之内提供了一个由异质文化的"特殊性"走向普世"普世性"的蹊径，也是我们讨论"本土化"一个重要的核心概念。

　　本章的主要论点是，由于文化、语言与意义具有"开放性"，是不断变化的，因此与其预设具有"封闭"特质的"相同性"(commonality)与"统一性"(uniformity)，不如强调具有开放性质的"相通性"或"不可共量性"(commensurability)，如此我们一旦建立"本土"与"西方"的"可共量性"，不但可以透过诠释，铺陈"本土"的观察角度与思想由"不可共量"发掘"可共量"之可能，还可以在"共通"的基础上带入"特殊"多元丰富的视角与体验，建构解释力更强的论述；也就是由"特殊"迈向"共通"，将"本土化"带向一个更宽广的讨论空间。确实，这么做并不会解决"欧洲中心主义"带来的所有问题，但或可在"如何发展根植本土学术主张"的议题上，刺激更进一步的讨论，并找出未来更为可行的方针。

理解、诠释、翻译

　　传统上"诠释学"的论述非常强调人类在理解事物时的历史、语文及人性(humanist mode)。"诠释学"源自于"神学"与"文献学"，最初关

---

① Thomas S. Kuhn, James Conant & John Haugeland, eds., *The Road Since Structure：Philosophical Essays，1970－1993，with an Autobiographical Interview* (Chicago：University of Chicago Press，2000).

心的是如何将古老的宗教与经典文学文本翻译成现代文字。"诠释学"主张，理解是经由"视域融合"（fusion of horizons）达成的。每个人都有他据以理解事物的语文与历史背景，当翻译者进入主题与情境的视域时，他便是根据这两者之间共享的视域来理解的。[1] 正如高达美所主张的，要克服译者与作者的历史距离，我们必须要将自己的历史意念放置在历史的视域当中，只有在这样的情况之下，两者才能够进入同一个大视域中，由内在转进、超越"现在"，拥抱我们意识的历史深度。[2] 正因为"解释"脱离不了"脉络"与"视域"，因此在作任何有意义的解释之前，翻译者必须对数据与情境取得一个"前理解"（pre-understanding），这样他的理解视域才会和他在文本中所遭遇的理解视域融合。[3]

由于诠释学者主要的任务是古典文本的翻译，因此他们对于时间，而非空间所造成的鸿沟更为重视。但是当我们翻译的是不同的文化以及典范语言时，我们的关怀重点其实是在文本所自成的世界与读者所存在的世界两者间的鸿沟。在"诠释学"的传统，吕格尔（Paul Ricœur，1913－2005）在这方面的探索，特别值得我们关注。

文本所自成的世界与翻译者的世界之间，究竟有没有跨越鸿沟的可能性，西方学界对此有截然对立的两种看法。"相对主义者"（relativists）

---

[1] Richard E. Palmer, *Hermeneutics: Interpretation Theory in Schleiermacher, Dilthey, Heidegger, and Gadamer* (Evanston: Northwestern University Press, 1969), p. 26.

[2] Hans-Georg Gadamer, *Truth and Method*, trans. Garrett Barden & John Cumming (London: Sheed & Ward, 1975), p. 271.

[3] Richard E. Palmer, *Hermeneutics: Interpretation Theory in Schleiermacher, Dilthey, Heidegger, and Gadamer* (Evanston: Northwestern University Press, 1969), p. 26.

认为两者之间存在无可跨越的障碍。[①] 对于这一点，吕格尔认为是无法成立的。同样地，他也不认为人世间所有语言都发源于一套纯粹的（pure）、原始的（original）语文。这种论点认为，由先验的符码以及具有统一性（unity）理念所组成的这种纯粹与原始的语文，是以先验、普世的架构存在的。[②] 对于上述"语文究竟是否'可翻译'"的辩论，吕格尔形容是"一连串的'虽然与但是'"；[③]也就是说，"虽然"每种语文都有独特的表达方式与语汇（idioms），"但是"还是有很多人可以娴熟多种语文，并充分掌握翻译和口译的要诀。对于上述这些相互矛盾对立的主张，我们所能够做出的最好结论是：翻译是"可能"的，但永不"完美"。正因为没有两组文字的意义是可能完全一样的，翻译所能作的充其量就是找到"相等"的（equivalent）词汇。[④] 换句话说，一个翻译的最大成就是为文本找到"意义最接近"的"对应"文字。但是当翻译牵涉到不只是语文，还有

---

① 因为形成语言学基础的语音（phonetic）刻画事物的方式不同，因此语音系统（phonological system）"不可重叠"——也就是说，使用一种语言的人，他们对于世界的认知无法重迭在使用另一种语言的人对于世界的认知之上。其他人的认知彼此之间的关系和使用另一种语言的人用以了解他们自己，以及他们和世界的关系是无法重迭的。然而，吕格尔指出，翻译仍然存在，而世界上也不乏能够使用两种生活以上语言的人。参见 Paul Ricœur, *The Conflict of Interpretations*, Don Ihde, ed., （Evanston：Northwestern University Press，2007），p. 109.

② 班杰明（Banjiman）、培根（Francis Bacon）与莱比尼兹（Wilhem Leibniz）的主张植基在一个假设上，也就是符号以及它所代表的事物、语言与世界，以及普世（universal）语言与实证语言（tougue）之间必须有完全的一致性（homology），但吕格尔认为以上都不存在于现实世界。参见 Paul Ricœur, *The Conflict of Interpretations*, Don Ihde, ed.，（Evanston：Northwestern University Press，2007），p. 111.

③ Paul Ricœur, Don Ihde, ed., *The Conflict of Interpretations* （Evanston：Northwestern University Press，2007），p. 111.

④ 同上书，p. 114.

概念、语文和学术群体时,原始文字与和对等文字之间仍然存有相当差异,那么可以怎样做才能达成"最佳解决方案"?

"不可共量性"这个名词是由一个完全不相同的、"科学哲学"的脉络中发展出来的,并且在"翻译"的议题上也激发了不少类似的讨论。根据韦氏大辞典的定义,"不可共量性"即"欠缺比较的基础"。库恩利用它来描述旧典范与新典范之间"不可调和"的差异。[①] 很简单地说,"可共量"的语文是"可翻译"的,而"不可共量"的则否。[②]

根据库恩的说法,[③]新旧典范"不可共量",是因为典范间的差异不只在内涵。[④] 一个新典范重新定义了所有相关的科学领域;同时当研究问题改变的时候,用以区分一个科学的解决方案与其他命题之间差异的标准也改变了。因此由"科学革命"而来的"常态科学"传统不但和它之前的传统不可比较,常常也不可共量。

"不可共量性"的想法对于库恩有关"科学革命"的架构是非常重要的。然而,他无法解释为何"在不同典范之下从事研究的科学家仍然能够跨越科学革命的鸿沟、互相沟通",也因此广受批评。为响应上述批评,库恩在晚期的作品当中,[⑤]尝试区分"翻译"与"诠释"的不同。"翻

---

① Thomas S. Kuhn, *The Structure of Scientific Revolutions* (Chicago: University of Chicago Press, 1962).

② Thomas S. Kuhn, James Conant & John Haugeland, eds., *The Road Since Structure: Philosophical Essays, 1970 - 1993, with an Autobiographical Interview* (Chicago: University of Chicago Press, 2000), p. 4.

③ Thomas S. Kuhn, *The Structure of Scientific Revolutions* (Chicago: University of Chicago Press, 1962), p. 92.

④ Ibid., p. 103.

⑤ Thomas S. Kuhn, James Conant & John Haugeland, eds., *The Road Since Structure: Philosophical Essays, 1970 - 1993, with an Autobiographical Interview* (Chicago: University of Chicago Press, 2000), p. 38.

译"需要一个了解两种语文的人来"有系统地将一个语文文本中的字符串以另一个语文的字或字符串来代替"。而且，"替换的方式需要在另外一种语文里面产生一个相等的文本"。在这里"相等"是指"或多或少一样的"。① 相对地，"诠释"需要了解一种语文，但它牵涉的还不只是以一组字或字符串来取代另一组字或字符串。正如文本可能包含不可了解的内容或铭文，并呈现不同的想法或文字组织方式。诠释者必须发展一些假设，学习原有文本当初的时空环境背景，以理解他所诠释的文字。

"不可共量"的文本不可"翻译"但可"诠释"，是因为任何两种语文、理论或概念当中所不能翻译的词汇，都是由一组次级（subgroup）词汇所构成的。要学习与诠释这些"不可共量"的语文，我们就必须要发掘"概念词汇"（conceptual vocabulary）里面不同类别的用法，并且在另一种语文中找到这些类别，再进行诠释学的解说。因此，即使诠释者自己的语文无法提供相等的词汇，他仍然可以学会这个文本，并且将这文本的意思表达出来。这也就是说，只要下足功夫，"不可共量"、"不可翻译"的语文、理论或概念都可以被"学懂"、并且被诠释。"不可翻译但可共量"的词汇因此并不见得是"不可诠释的"。不但如此，比较不同典范之间的"深层（不可共量）差异"也成为可能。② "不可共量"并不是"不可比较"，

---

① Thomas S. Kuhn, James Conant and John Haugeland, eds., *The Road Since Structure：Philosophical Essays, 1970 - 1993, with an Autobiographical Interview* (Chicago：University of Chicago Press, 2000), p. 36.

② Richard J. Bernstein, *Beyond Objectivism and Relativism：Science, Hermeneutics, and Praxis* (Oxford：B. Blackwell, 1983); B. D. Slife, "Are discourse communities incommensurable in a fragmented psychology? The possibility of disciplinary coherence", *The Journal of Mind and Behavior*, 21(3),2000, pp. 261 - 272.

更非"不可沟通/传达"。① 库恩对于"不可共量"意义的澄清,对我们由
"不可共量性"发展"可共量性"指出了一条非常重要的途径。

"不可共量性"的存在与"不可能性"(impossibility)也引起其他哲学
家的论辩。② 麦金泰尔(Alasdair MacIntyre)在讨论非常不同的族群间
的语文时,提出一个看法,就是"学习语言"与"了解文化"彼此之间不是
相互独立的。③ 当一个语文拥有另一语文所没有的一些概念与俗谚时,
就会有"不可翻译"与"不可共量"的情况发生。此时唯一的解决方案,是
犹如学习母语一般地去学另外这个语文。这么做需要经过两个阶段:首
先我们要像学习母语一样去学习第二种语文,然后才能知道我们是无法
将第二种语文精确地翻译成第一种语文的。④ 唯有经由这个方法,我们才
有可能"比较"与"分析"看起来"不可共量"的概念与思想。例如将亚里士多

① Thomas S. Kuhn, *The Structure of Scientific Revolutions* (Chicago: University of Chicago Press, 1962); L. H. Eckensberger, "Paradigm revisited: from incommemsurability to respected complementarity", in Heidi Keller, Ype H. Poortinga and Axel Schölmerich, eds. , *Between Culture and Biology: Perspectives on Ontogenetic Development* (Cambridge, New York: Cambridge University Press, 2002); Thomas S. Kuhn, James Conant and John Haugeland, eds. , *The Road Since Structure: Philosophical Essays, 1970 – 1993, with an Autobiographical Interview* (Chicago: University of Chicago Press, 2000).
② Paul Feyerabend, *Against Method: Outline of an Anarchistic Theory of Knowledge* (London: Verso, 1978); Dudley Shapere, "Meaning and scientific change?", In R. Colodny ed. , *Mind and Cosmos: Essays in Contemporary Science and Philosophy* (Pittsburgh: University of Pittsburgh Press, 1966); Alasdair MacIntyre, *Who's Justice? Which Rationality?* (Notre Dame: University of Notre Dame, 1988).
③ Alasdair MacIntyre, *Who's Justice? Which Rationality?* (Notre Dame: University of Notre Dame, 1988).
④ Alasdair MacIntyre, *Who's Justice? Which Rationality?* (Notre Dame: University of Notre Dame, 1988), p. 387.

德与孔子的"道德观",以及"现象学"与印度哲学家的思想去作比较。①

对于诠释的挑战

上述文献的回顾并没有涵盖有关于"理解"、"诠释"以及"翻译"的所有文献;但是由我们所看到的,在诠释者的世界与文本世界当中存在的距离,即使这些议题被讨论的脉络有很大的不同,下列的这些重点仍有值得我们注意之处。

1. 虽然源头不一,但语言与意义两者都具有某一种程度的开放性与不确定性(infiniteness)。巴特(Roland Barthes, 1919 - 1980)将意义的多重性归咎到符号的本质:②"符号不是影像,而是意义的多元本身"。③其他的人却认为语言与意义的开放性和使用语言的人,有非常重要的关系。举例来说,施莱尔马赫(又译为士来马赫(Friedrich Daniel Ernst Schleiermacher, 1768 - 1834)就认为"诠释"是一种艺术,正因为"有限的"(finite)以及"确定的"(definite)都是由"无限"与"不确定"所建构出来的。④ 一个人的直觉以及他所受到的外在影响是无限的,语文也是如此,因为每一个元素都可能被其他的元素以一个特殊的方式来决定。罗

---

① Wimal Dissanayake, "Asian approaches to human communication: Retrospect and prospect", *Intercultural Communication Studies*, 12(4),2003, p. 17 - 37.

② Roland Barthes, *Criticism and Truth*, trans. and ed., Katrine Pilcher Keuneman (Minneapolis: University of Minnesota Press, 1987).

③ *Ibid.*, p. 67.

④ F. E. D. Schleiermacher, "Foundations: General theory and art of interpretation," in Kurt Mueller-Vollmer ed., *The Hermeneutics Reader: Texts of the German Tradition from the Enlightenment to the Present* (Oxford: Basil Blackwell, 1985), p. 76.

蒂（Richard Rorty）将人类的心智与信念、渴望以及态度（sentential attitude）间的网络做比拟。① 为了要容纳不断出现的新信念与态度，这些网络必须不断地自我重新组织。

对高达美与吕格尔来说，②"象征性文本"（symbolic text）、"无限"、"流动"与"多元意义"特质和"使用者"有非常密切的关连。"意义"的范围是由它被使用的脉络以及论述进行的情境所框限的。同样地，人们所说的（signified）、他们所论及的事物（referent），以及整个世界都不断在开启"模糊"的可能性。③ 意义的稳定性并不是建立在一个普世的以及实证的现实当中的，而是由一个身处在社会以及历史情境中的人们来解读的。"意义"的"开放性"使得我们在概念上讨论"共同性"（commonality）以及"普世"法则、理论变得很困难，因为无论是概念或理论都无法不使用语言，也因此无法将他们自己与"意义"分离。

2. 对大部分的诠释学者来说，"偏差"（bias）与"偏见"（prejudice）是无可避免的。"诠释学"是一个教学法的工具，目的是在应付解释文本的困难，从施莱尔马赫开始，他们就不只是将这个方法用在"促进理解"，而更是在"避免误解"。④ 比较更严格的一种做法，是先假定"误解"是自然

---

① Richard Rorty，*Philosophy and the Mirror of Nature*（Oxford：Basil Blackwell，1989），p. 93.
② Hans-Georg Gadamer，*Truth and Method*，Trans. Garrett Barden & John Cumming（London：Sheed & Ward，1975）；Paul Ricœur，Don Ihde，ed.，*The Conflict of Interpretations*（Evanston：Northwestern University Press，2007），pp. 117 – 118.
③ Paul Ricœur，Don Ihde，ed.，*The Conflict of Interpretations*（Evanston：Northwestern University Press，2007），p. 118.
④ Hans-Georg Gadamer，*Philosophical Hermeneuntics*，trans. and ed.，David E. Linge（Berkeley：University of California Press，1976），p. xiii.

产生的,因此我们在每一个论点都需要去寻求"理解"。① 在这一点上,海德格尔(Martin Heidegger,1889 - 1976)认为"诠释圈"(hermeneutic circle)内,所有最初始类的"知晓"(knowing)都有一个隐藏的"正面(positive)可能性"——这是他用来形容"理解"的"前结构"(fore-structure)的概念。② 然而这个可能性只有在诠释者能够防备他自己的想法、偏见,以及错误的概念时,才有可能实现。

高达美对于偏见的看法,显示诠释运作的过程很难以刻板的"客观"或"科学"概念来界定。与此同时,其他一些常用的对立概念,例如"相对"、"主观"也同样不适用。③ 要避免"偏见",诠释者必须超越当下他所身处的"情境",但问题是这个"情境"已经存在理解的过程当中了。高达美对于偏见的看法,同时也指出了"诠释既非客观也非科学"的本质,因为若说科学要求的是"精准"或"精确",这在人文领域里不但难以达成,而且刻意追求的话反而容易流于僵化与呆板。就当代诠释学的传统来说,"严格"(rigorous)的要求更重于"精准"或"精确","严格"(rigorous)意味着诠释者里里外外地检视自己从事的研究之前提与成果之间的复杂关系。④ 泰勒(Charles Margrave Taylor,1931 -　)对于"诠释学是科

---

① F. E. D. Schleiermacher, *Hermeneutik*, trans. H. Kimmerle (Heidelberg: Karl Winter, 1959), p. 86; Hans-Georg Gadamer, *Philosophical Hermeneuntics*, trans. and ed., David E. Linge (Berkeley: University of California Press, 1976).

② Martin Heidegger, *Being and Time*, trans. John Macquarrie & Edward Robinson (Oxford, Malden: Blackwell, 1962), p. 153.

③ 帕玛:《诠释学》(严平译),台北:桂冠出版社,1992 年,第 287—289 页;Hans-Georg Gadamer, *Philosophical Hermeneuntics*: trans. and ed., David E. Linge (Berkeley: University of California Press, 1976), p. xv.

④ Martin Heidegger, *Being and Time*, trans. John Macquarrie & Edward Robinson (Oxford, Malden: Blackwell, 1962), pp. 188 - 195.

学"的意见,也有类似的看法,①所以要能竟其事功,大部分还要靠诠释者
的良知,看他是否高度"自我知晓"那些深植并展现于个人生活方式的对
于错误和偏差的醒觉。"我们对于理解的无能,植基于自己对自我的定义
以及'我们是什么'(what we are)之上"。② 上述观察,解释了我们在进行
研究时,诠释学方法论的限制与重要性;尤其是在诠释者与他所研究的
文本或对象之间存在相当大的时空距离时。

　　3. 拉近文本和读者之间的时空距离是诠释者的责任。巴特主张
"作者已死",③因为后人是不可能将作者的经验重新经历一次的;他们
所能做的,只是重建作者的经验,而要这么做就必须要能够用读者与阅
听众的语言与媒介来讲述。施莱尔马赫的两个命题,也就是"将读者带
向作者",以及"将作者带向读者"提出了缩短文本与读者距离的另外一
个途径。④ 库恩⑤与高达美不认为"过去"与"现在"是被时间所切断、分
割的。⑥ 高达美认为没有过去,现在的视域是无法成形的,因此"理解"

---

① Charles Taylor, *Philosophy and the Human Science* (Cambridge: Cambridge University Press, 1985).

② *Ibid.*, p. 57.

③ Roland Barthes, *Criticism and Truth*, trans. and ed., Katrine Pilcher Keuneman (Minneapolis: University of Minnesota Press, 1987).

④ Paul Ricœur, *Reflections on the Just*, trans. D. Pallaeuer (Chicago: The University of Chicago Press, 2007).

⑤ Thomas S. Kuhn, James Conant & John Haugeland, eds., *The Road Since Structure: Philosophical Essays, 1970 - 1993, with an Autobiographical Interview* (Chicago: University of Chicago Press, 2000), p. 221.

⑥ Hans-Georg Gadamar, *Wahrheit und Methode: Grundzüge einer Philosophischen Hermeneutik* (Tubingen: Mohr, 1960); Hans-Georg Gadamer, *Philosophical Hermeneuntics*: trans. and ed., David E. Linge (Berkeley: University of California Press, 1976).

是一个"不断融合视域"的过程。[①] 库恩也认为,任何年代的自然科学都植基于他们前辈的概念以及做法当中。[②] 因此这样一个历史的产物,只有透过"诠释学"的技术,才能通到(access)概念本身。

"诠释学"分析所无法做到的,是由不同的知识与文化传统来诠释文本,在这种情况下,诠释者与文本间的距离就不只存在时间,也同时存在空间、文化与典范。高达美与库恩所注意到的时间上的连续性并不存在,因此"视域融合"也更加困难。对于不同思想传统的古籍来说,文化间的碰撞不但更经常出现且力道也更强。但即使存在这些障碍与挑战,翻译和具有多语文能力的人仍然不少。正如吕格尔所主张的,[③]我们必须注意到有关于"诠释质量"以及"翻译限制"的各种议题。一名研究人员虽然有可能对于两个语文世界都拥有相当程度的知识与经历,"诠释"的任务仍可能需面对好几种不同的"不可共量性",而这些"不可共量性"当中,有些可能是他并未觉察到,或是他的知识范围所无法了解和解释的。

"不可共量性"的种类

就如同早先所提到的,"不可共量"并不见得是"不可比较"或"不可沟

---

① Hans-Georg Gadamar, *Wahrheit und Methode*: *Grundzüge einer Philosophischen Hermeneutik* (Tubingen: Mohr, 1960), p. 289; Hans-Georg Gadamer, *Philosophical Hermeneuntic*, trans. and ed., David E. Linge (Berkeley: University of California Press, 1976), p. xix.

② Thomas S. Kuhn, James Conant and John Haugeland, eds., *The Road Since Structure*: *Philosophical Essays*, *1970 – 1993*, *with an Autobiographical Interview* (Chicago: University of Chicago Press, 2000), p. 221.

③ Paul Ricœur, Don Ihde, ed., *The Conflict of Interpretations* (Evanston: Northwestern University Press, 2007).

通"的,因为任何"不可共量"的词汇都不过是一整个理论或典范当中的许多词汇之一。[①] 如果诠释者可以由词汇学习到"原始(native)词汇"的意义,以我们希望翻译的语言来描述它,并且以这个名词作为这个意义的"代称",则"不可共量"也可被排除(ibid, p. 39)。然而假使一个词汇或概念无法被翻译成另外一种语言,则要了解它诠释者必须要学习这种语言。就如同高达美所描述的,"进入它的历史和文化脉络",但如果这脉络既非诠释者所熟悉的传统、也非他所使用的语言之一部分时,则"不可共量"的情况仍然可能发生。不幸的是,"局部不可共量"与"不可共量"在社会科学研究并不少见。大致来说,我们可以区分出三种最常在学术论述里所看到的"不可共量性"文化的、结构的,以及思想典范与学术传统的"不可共量"。

一、文化不可共量性(cultural incommensurability)

文化的"不可共量性"指在价值、历史与文化脉络或世界观的差异,无法经由翻译概念表达出来。譬如,"好辩性"(argumentativeness)来自"思辩"的概念。我们在第三章曾经提到,在欧洲传统里,"思辩"所指涉的是一种希腊时代以来的沟通、互动与反思途径,与哲学上的"理性对话",与"逻辑推论"、科学上的"命题论证",以至于民主殿堂与法律程序中所牵涉的言辞辩论都有密切关连;甚至可以说也是发现真理,以及人与人之间达成共识的重要方式。但是儒家文化着重以行为表现个人本性,"巧言令色"并不是什么好事;"口才"不但没有重要性,甚至也不被鼓

① Thomas S. Kuhn, James Conant & John Haugeland, eds., *The Road Since Structure: Philosophical Essays, 1970 - 1993, with an Autobiographical Interview* (Chicago: University of Chicago Press, 2000), p. 36.

励。就连孟子也要为自己的"好辩"说一句"予不得已也"(《孟子·滕文公下》)。即使在现代化之后儒家文化已经有相当改变,与西方观念的根本不同之处仍不可忽视;因此一项研究如果要比较东亚与北美受访者的"好辩性"并非不可能做到,但是如果没有同时将两个文化在这方面所暗藏的"不可共量性"纳入考虑,则这种比较是没有什么意义的。

我们在第一章举过"公共论域"的例子。这个由阿伦特(Hannah Arendt)与哈贝马斯(Jürgen Habermas,1929-　)所提出的概念,①来自18世纪欧洲,资产阶级聚集起来讨论有关共同利益事项的论域空间(discursive space),这前提是公民认知到这是对所有人都有利的运作方式。没有这前提,公共论域便不可能诞生。但中国社会未必有这样的背景条件。陈弱水认为,在中国传统社会里,人对于邻里关系以外的事务通常是持负面态度的;②具有公益意识的唯有士绅阶级。"好辩性"也罢、"公共论域"也罢,对于欧洲以外地区而言,都可以说是麦金泰尔(Alasdair MacIntyre,1929-　)所谓的一种"资源缺乏",也就是一个概念发展的脉络在另外一个社会并不存在。③

社会科学概念在传入中国初期,因为"文化不可共量"而来的概念上的"不可共量"是一个非常广泛的问题。1899年梁启超(1873—1929)翻译了尾崎行雄一篇文章,这篇文章一开头就说:"支那人未知有国家,安

---

① Hannah Adrendt,*The Human Conditions* (Chicago:University of Chicago Press,1958);Jürgen Habermas,*The Structural Transformation of the Public Sphere:An Inquiry into a Category of Bourgeois Society*,trans. by Thomas Burger (Cambridge:MIT Press,1989,1996).

② 陈弱水:《传统心灵中的社会观—以童蒙书、家训、善书为观察对象),李丁赞编,《公共领域在台湾:困境与契机》,台北:桂冠出版社,2004年,第72—120页。

③ Alasdair Chalmers MacIntyre. *Whose Justice? Which Rationality?* (Notre Dame:University of Notre Dame Press,1988).

得有国家思想?"。① 当时中国人之所以没有国家观念不是因为中国人没有国家,而是因为包括"国家"、"国民"、"社会"这些概念都是晚清才出现的;这也代表这些概念在中文原本并没有对等的名词。同一时期出现的,还有"哲学"、"宗教"、"主义"、"传统"等等,而例如"积极、消极"、"具体、抽象"、"权利、义务"、"继承"、"卫生"、"同化"、"干部"、"艺术"等,更俱皆是由日文而来的"和制汉语"。② 至于一时间无法翻译的名词,甚至有"音译"的例子。"民主"最早的翻译,是"德模克拉希";五四时期所称的"德先生"、"赛先生"便由此而来。

除了"资源缺乏"而产生的"文化不可共量",另外一个经常出现的问题,是概念在另一种语言可以找到相对应的词汇,但是两者间却潜存着"不可共量"的面向。与前者相比较,这种差距因为经常被忽略,因此误导研究方向或结论的可能性更大。举例来说,将"竞争"(competition)由英文翻成中文并不困难,然而中国人所习惯的竞争"方式"与西方人却未必完全一致。在千余年的科考制度影响之下,"竞争"对中国人并不陌生,不过那通常是指一种在"同一标准"之下的竞争,而非"物竞天择"式"你死我活"的竞争。即使现实生活中不乏"适者生存"的惨烈斗争,"竞争"却不能公然跨越道德底线、破坏人伦与和谐,这使得许多华人观众对于早期西方一些"实境节目"中参赛者互相攻击、彼此陷害的情节,感到难以接受。③

---

① 王泛森:《中国近代思想与学术的系谱》,河北:河北教育出版社,2001 年,第 173 页。
② 同上书,第 160 页;黄克武:《翻译与中国现代性》讲演,参见 http://www.ym.edu.tw/ymnews/237/a1_3.html。
③ 例如"生存者"(Survivor)、"适者生存"(The Weakest Link)、"大哥"(Big brother)、以致于后来同类型的种种厨艺、才艺竞赛等节目在二十一世纪初非常受到欢迎,见 Georgette Wang, "Glocalization backfired", *International Association for Media Communication research Conference 2008*,21 – 26 July。

　　与"竞争"观念有类似情况的是"阶级"。根据字典定义,阶级(class)、层级(hierarchy)、种姓制度(caste)都可能是意义相互等同的名词,也是可以相互翻译的。然而,我们不可能不注意到这每一个字的意义背后,存有历史、社会、以及文化背景的巨大差异。将"种性"与"种族"、"小区主义"(communalism)与"反闪美主义"(anti-Semitism)等同起来,甚至于在心理学研究将"贱民"(subaltern)与一国之内的少数族裔等同起来,都显示了概念上的"不可共量性"。

二、结构不可共量性(structural incommensurbility)

　　"结构不可共量性"是指不可经由翻译所表达的政治、社会、经济或教育体制在结构或型态上之差异。这种牵涉到社会政治或经济体制的概念,常常涵盖着十分复杂的内容,被"移植"到另一社会文化脉络时,其中的"不可共量性"尤其容易被忽略。近世最经常被严重误解的概念之一,是"封建社会"。五四时代,知识分子受到日本与西欧经验影响,将中国的落后归咎于"封建思想"。[①]一时之间,"封建遗毒"犹如过街老鼠、人人喊打。然则"封建社会"究竟是什么? 在西方历史上,封建社会(feudal society)一般指的是 9 到 15 中世纪欧洲实行"封建主义"制度的社会型态。在这种政治制度之下,王室(lord)将土地分封给诸侯、武士(vassal),以交换对方在军事上与政治上的效忠。本已掌握军事资源的这些人因此得以建立自己的庄园(fief),再以人身安全与土地的使用权交换佃农的劳力成果。由中国历史上来看,勉强可以称之为是封建社会的,其

---

① 冯天瑜:《对五四时期陈独秀"反封建"说的反思》,参见 http://cpc.people.com.cn/GB/68742/69158/69159/9666213.html。

实只有在西周一个短暂的时期。到了 18 世纪,封建体制在亚当史密斯 (Adam Smith, 1723 - 1790)笔下成为一种由世袭利益、而非市场机制所掌控的制度。马克思认为,封建社会造成地主与被地主剥削的佃农间的阶级对立;然而这种对立不鲜明、不强烈、也不固定,是到了资本主义时代,社会才分裂为直接对立的两个阶级。[①] 那么近代中国情形又如何?

1938 年,自命为农民代言的梁漱溟与无产阶级政党领袖毛泽东,在延安一场讨论会上所提出的看法,可以说是南辕北辙、全无交集。梁漱溟认为,中国农村分化与阶级对立不鲜明、不强烈、不固定,因此无所谓封建社会,也不需要革命。然而毛泽东却认为中国农村存在着尖锐而不可调和的阶级分化与阶级对立,无疑是封建社会,必须进行彻底革命。问题是,马克思主义者认为封建社会的阶级对立是不鲜明、不强烈、也不固定的;是到了资产阶级时代,社会才分裂为两大阶级。换言之,毛泽东认为中国是封建社会,然而他眼中的封建社会其实是马克思主义者眼中的资本主义社会;而梁漱溟用以证明中国并非封建社会的特点,倒正是马克思主义者所认定的封建社会特点。换言之,中国知识分子不但认为中国是具有几千年封建历史的国家,并且还搞了几十年反封建革命,但究竟搞清楚什么是封建社会了没有,却还有得讨论。这也难怪在彻底分析之后,秦晖与金雁写道:今天提出这个问题(什么是封建社会),可能会有人感到滑稽。[②]

与"封建社会"相似的例子俯拾皆是。以"民主政治"为例,许多人以

---

① 秦晖、金雁:《田园诗与狂想曲:关中模式与前近代社会的再认识》,北京:语文出版社,2010 年。
② 同上。

为有选举就有"民主",然而今天世界上许多所谓"民主国家",选举中候选人的产生方式、人数、或选民资格的规定、选区的划分等等,都严重影响"民主"的内涵。同样地,"民营"与"自由经济"运作也未必有必然关系;在一些国家"民营企业"的董事会可能完全是被政治势力所操纵的;这些企业因此也无法、甚或不必响应市场需求。

查卡拉巴提在谈到后殖民研究的时候指出,学术全球化之前,"资本主义现代性"的问题可以视作是一个翻译的问题。[①] 他认为对于大多数边陲社会科学家而言,将各地对于生活不同的实践与了解方式归入"普世"的政治与理论类别,似乎已经习以为常;但是这些类别的根源都在欧洲。[②] 常常我们要等到"欧洲中心主义"的问题受到重视之后,这一类的"不可共量性"才被发掘出来。

三、思想典范与学术传统的不可共量

"思想典范与学术传统的不可共量"是指不同文化——尤其是欧洲与"本土"间在学术议题与典范上的差异:例如中国传统的阴阳观虽然"貌似"西方的二元对立,然而背后所牵涉到的却是全然不同的世界观。又例如第三章所讨论的"学问"与"知识"、"治学"与"研究",虽然都是人类钻研思考所得的成果,然而两者的性质以及所默认的价值同样有根本差异,从而影响到"治学"与"研究"的方法与态度。这些差异也都无法透过翻译充分表达。

---

① Dipesh Chakrabarty, *Provincializing Europe*:*Postcolonial Thought and Historical Difference* (Princeton:Princeton University Press,2000),p. 17.

② *Ibid.*

世界上各个文明所发展出来的思想传统与欧洲的思想传统明显存在着"不可共量"的部份。每个文明起源的时空背景及其孕育的世界观既然不同,反映在其形成的学术体系上,这种"不可共量"是必然的。希腊传统追求真理,中国传统重视人伦秩序,佛学所讲求的,则是精神上的超越与主体自由。基本关注点不同,随之而衍生的论述体系在性质上自然也有根本的不同。中国士人数千年来所汲汲营营的,在欧洲人眼中不过是伦理规范,并非"知识"。这些差异本是各个文明丰富彼此内涵的基础,但在学术对话与交流上形成的"不可共量"却不能忽视。

由欧洲思想历史,我们可以了解社会科学研究的每一部分、步骤与面向都有其历史文化渊源。整体来看,又有其自成一体的逻辑结构。科学原则不但区分了"科学"与"不科学",同时也区分了"知识"与"非知识"。我们在第二章提到,这种学术体系全球化之后,所有不合乎该学术体系所设立的标准的,都被认为是"不科学"的。"不共量"的部分因此被排除在学术研究范围之外,如此技术性地避开了所有思想上与学术上的"不可共量"问题。但如果我们的目的是"立足本土、面向全球"、发掘所谓"不科学的世界观与论点"的学术价值,则这种思想及学术传统上的"不可共量性"就成为最大的挑战之一。

共同性、兼容性与可共量性
(Commonality, Compatibility and Commensurability)

无论是使用"特定文化取径"或"泛文化取径"来达到"社会科学本土

化"的目的,讨论"可共量性"都有非常重要的意涵。根据库恩的说法,[1]典范、理论与概念要能够"可共量",并不需要有"共同",但需要有"相类似"或"相等"的词汇。这些词汇容许我们用同样的测量工具来测量或比较,或是用同样的语汇来作分析。由这样的观点来看,过去在社会科学研究因"欧洲中心主义"而饱受批评的"共同性"(Commonality)其实是可以、甚或应该被取代的。

反对"欧洲中心主义"的学者认为,包括测量与比较的标准、工具以及语汇,都需要重新检讨,因为"凡事都可以用一套标准或模式(model)来做比较"的想法,正是"西方""科学主义"的功能,[2]这种"科学主义"又正是"欧洲中心主义"与"普世性"的根源。因此根据"科学理性"(scientific rationality)所定义以及概念化的"普世性"与"共同性"之所以被批评,并不是因为人类彼此之间没有任何可分享的知识或经验,而是因为在这样的一个模式之下,"特殊性"与"独特性"是"规律之外"的、"非常态的"、"有问题的",需要解释,甚至也是不被认可的。如果"普世"与"特殊"是一组二元概念,则"普世"显然是较优越与强势的一方,也是研究所希望达成的目标。然而要将"异质文化"放在同一个学术典范中讨论,则这学术典范必须提供"特殊性"一个存在的空间。

---

① Thomas S. Kuhn, James Conant & John Haugeland, eds., *The Road Since Structure*: *Philosophical Essays*, 1970 – 1993, *with an Autobiographical Interview* (Chicago: University of Chicago Press, 2000).

② Stuart Hall, "The West and the rest: Discourse and power", in Stuart Hall and Bram Gieben, ed., *Formations of Modernity* (Cambridge: Politiy Press in Association with the Open University, 1992), pp. 276 – 320.

　　事实上，在诠释学论述中的"共同"性这个词汇，通常并不排除某一程度的"开放性"，这是与字典解释最重要的不同之处。泰勒就指出，以"美式作风"（American way）这个词汇为例，不同的人必然有不同的理解，因为语言、意义与文化在本质上就是流动与开放的；①彼此之间所分享的也很少是百分之一百或是恒久的。精确一点说，"共量性"所要求的是"相似"或"相对等"，就如同我们在翻译文字里所看到的。翻译永远不"完美"——它永远无法也不需要达到百分之一百的"共同性"。因此在这个意义之下的"相同"或"相通之处"，本来是存在人类语文之中的。这种以不同形式出现的知识基础或共同性——无论是高达美所谓的"先行理解"（pre-understanding）或是"前理解"（fore-understanding）——都是理解、诠释、翻译资料、②知识、文本或意义③所必须的。④库恩同时指出，即使人们说同样的语言，他们在选择指涉对象（reference

---

① Charles Taylor, *Philosophy and the Human Science* (Cambridge: Cambridge University Press, 1985), p. 39.

② Martin Heidegger, "Phenomenology and fundamental ontology: The disclosure of meaning", in Kurt Mueller-Vollmer, ed., *The Hermeneutics Reader: Texts of the German Tradition from the Enlightenment to the Present* (New York: Continuum, 1985), p. 225; Hans-Georg Gadamer, *Truth and method*, Trans. Garrett Barden and John Cumming (London: Sheed & Ward, 1975); Richard E. Palmer, *Hermeneutics: Interpretation Theory in Schleiermacher, Dilthey, Heidegger, and Gadamer* (Evanston: Northwestern University Press, 1969), p. 26.

③ Charles Taylor, *Human Agency and Language* (Cambridge [England], New York: Cambridge University Press, 1985), p. 24.

④ 这里我们的重点是放在学者在他们的作品中所必须提出的诠释，而不是翻译文本的一般读者，因为这些读者可能并没有足够的知识与经验来形成对于文本脉络的前了解（preunderstanding）。

determination)时仍然可能使用不同的标准；①而这被选择的指涉对象是否适当，最终又还是要由他们共同的文化来决定。另方面，在区分"相互主观"的意义与共识时，泰勒也指出，一个小区的基础是"共同意义"，它缔造了一个共同的"指涉世界"(reference world)，也使得共同的行动与感觉成为可能。②

　　"可共量性"不但和"共同性"不同，也和"兼容性"(compatibility)不同。兼容性是两个理论的词汇或假设之间在逻辑上没有冲突。③ 相对地，"不兼容"则代表有冲突，例如：神经生理学(neurophysiological)的理论否定"自由意志"的存在，"行动理论"(action theories)却认为这是一个基本的假设。两者的论点虽然南辕北辙，但却有一个共通的逻辑基础，来容许这类知识的存在。两者因此是不兼容，但却是"可共量"的。"不可共量"与"不兼容"的差别，在于论述之间根本没有共同的逻辑基础、论述脉络或世界观。正如同国学意义之下的"作学问"与社会科学意义之下的"作研究"是分属两个学术体系的活动，在性质、意义、目的与功能上都不相同。我们可以以英文诠释"作学问"，然而要直接将"作学问"翻译

①　Thomas S. Kuhn, James Conant & John Haugeland, eds., *The Road Since Structure : Philosophical Essays, 1970 - 1993, with an Autobiographical Interview*, (Chicago: University of Chicago Press, 2000), p. 50.

②　Charles Taylor, *Philosophy and the Human Science* (Cambridge: Cambridge University Press, 1985), p. 39.

③　B. D. Slife, "Are discourse communities incommensurable in a fragmented psychology? The possibility of disciplinary coherence," *The Journal of Mind and Behavior*, 21(3), 2000, pp. 261 - 272; L. H. Eckensberger, (2002) 'Paradigms revisited: from incommensurability to respected complementarity', in Heidi Keller, Ype H. Poortinga and Axel Schölmerich, eds., *Between Culture and Biology: Perspectives on Ontogenetic Development* (Cambridge [England], New York: Cambridge University Press, 2002), p. 362.

成"作研究",就忽略了两者间根本上的巨大差异。

"可共量性"因此容许我们比对不相同,甚至也没有共同逻辑基础的观点与想法,这是"可共量性"的第一个特质。

"共量性"与"不可共量性"的相依相随

"可共量性"的第二个重要特质,是它与"不可共量性"之间呈现的不是"二元对立"而是"共生"(symbiotic)的、相依相随的关系。也就是"可共量性"与"不可共量性"不是也不能被当作是一个二元模式中相互排斥或是对立的极端,就如同"普世"与"特殊"也不应该被视为对立的极端。

我们在前面举了许多文化上、结构上,以及学术典范上不可共量的例子。这些例子说明,以文化及语言的开放性来看,任何一项理论或概念要在不同的社会文化脉络找到与"原生环境"完全相同的条件是不可能的,因此转换脉络来谈,原有意义必定无法百分之一百贴切地被解读。当理论论述跨越了社会文化脉络时,某一些层面上的可共量往往隐藏着其他层面的不可共量。然而人类社会虽然不可能全然相同,毕竟也不可能全然不相同;因此反过来看,某一些层面的不可共量往往也隐藏着其他层面的可共量。例如我们在第四章提到,"本土理论"的说法存在矛盾,因为"理论"是欧洲在启蒙运动之后的产物。跳脱西方学术框架,未必能够在另一文化传统里找纯粹"本土"的"理论"。张佩瑶认为,国语辞典中虽然记载着"'理论'一词,古已有之",但这是日语借用古代汉语对英文"theory"的翻译,词义与古代汉语的原意未必相同。但经过一番功夫,张佩瑶发现中文有"论",如"文论";虽无"理论",但"理"有道理、法则、模范的意思。另方面,英文的"理论"(theory)源自希腊文的

"theoria"，而"theoria"有察看、沉思、考虑的意思。如果再回到这个字的古义（archaic meaning，已经不再通用），则还有"用想象力思量现实问题"，甚至"洞察"与"顿悟"（direct intellectual apprehension）的意思。根据这些分析，张佩瑶观察到在翻译理论的范畴中，西方传统译论与中国译论其实有不少相似之处。换句话说，张佩瑶超越了中西"翻译理论"的不可共量，建立了两者的可共量性。

　　再以"公共领域"概念为例，其中存在的"文化不可共量"颇为明显。正如陈弱水所指出的，在中国传统社会，一般邻里对于所谓"公众议题"相对冷淡。要硬生生地套用这个概念来解释或分析现象，往往使研究人员在一开始提出问题的阶段便失去精准有效掌握方向的机会。但既然我们仍旧可以以另一种语文——中文——来解释这个概念，就显示这其中仍然存在一定程度的可共量性，而这共量性往往在诠释的过程中便已经展现出来。例如，我们了解公共论域概念，焦点多半放置在"中产阶级"的出现，尤其是他们对于关乎"社群共同利益"事务的讨论参与，以及对于"公共政策"的影响。在华人社会，未必所有堪称中产阶级的人都有这样的意识，然而文化上却有"士人"的传统。古时在朝廷命官之外，士人或入朝为官或在野议政，处于天、君与民之间，以"天下为己任"，[1]"耆老士绅"经常针对一些"攸关民生疾苦的问题"发表意见，并影响主事官员的决策。时至今日，台湾的研究虽然未必捉摸到如欧洲"公共领域"的存在，然而无论是环保议题或拆迁户抗争，却都可以看到社运团体成员、教授、学生，甚至作家、导演"以天下为己任"，南北奔波、奋战不懈的身影。这两个历史现象相通的地方，是都有一群背景或特质相近的人会对

---

① 魏宏晋：《民意与舆论：解构与反思》，台北：台湾商务印书馆，2008年，第113页。

于关系到大众或弱势群体利益的事务发表意见,并且影响决策。不同的是这些人的身分角色、所关心的对象与自己的关系、形成意见的动机与过程、以及影响决策的方式。上述中、西的共通之处,便成为"公共领域"概念"可共量性"、以及"共通性"的基础,但这"共量性"的基础与"不可共量性"是无法切割的。今天华人社会已然经过现代化的洗礼,并且以现代的政经体制运作。在台湾的一些抗争活动当中,也开始看到有相同要求的人开始结合力量,提出政策或修改有关规定的要求。这当中知识分子的参与、他们对于源自西方的公民意识与社会运动策略的认识,甚至网络的四通八达都可能转化了传统文化中人们对于"家门之外"事务的态度。但由思辩的传统来看,研究人员必须检视任何一套说法的有效性,包括其中所隐含的预设。预设不能成立的原因很多,在"公共领域"这个例子,文化差异显然是一个重要的因素。固然,我们不能假设文化传统决定一切,但也不能假定它在相关议题上没有任何影响。社会文化变化多端,要硬生生地套用一个概念来解释或分析现象,往往使研究人员在一开始提出问题的阶段,便失去精准与有效掌握方向的机会。

根据上述分析,我们可以说"特殊"与"共通"、"封闭成素"与"开放成素",以及"不可共量性"与"可共量性"在论述体系中都是"彼此揭露"的,两者去其一,则另外一项都无法单独成立。正如同"阴阳",面对来自不同历史文化脉络的论述,"不可共量性"与"可共量性"形成一个对比,但共生的、相依相随的关系。了解这其中的关系,研究者便不至于因为深入本土而掉入"相对主义"、"本土主义"与"文化本位主义"的陷阱,①也

---

① Wimal Dissanayake,"Asian approaches to human communication: Retrospect and prospect", *Intercultural Communication Studies*,12(4),2003,p. 17 - 37;Gholam Khiabany,*Iranian media:The Paradox of Modernity*(New York:Routledge,2010).

不会因为专注在普世性而重蹈复制型研究的错误，或落得是沃勒斯坦所形容的"东方主义的虚拟替身"。[①]

由"普世"到"不可共量性"

由上述分析，我们可以看到"引用源自西方的理论架构"并不必然导致"照搬"或"复制型"研究；但是要避免伪装的"普世性"掩盖了其本身的"特殊性"，我们首先必须要确立以欧洲为中心所发展的概念与理论，和本土思维与理念之间的文化与结构的"不可共量性"。

前面我们提过多次："欧洲中心"与"科学主义"的最大问题，并不是它们和其他知识体系存有"不可共量性"，甚或是高达美与泰勒所警告的"偏见"。[②] 这种"不可共量性"与偏见一直都存在人类历史当中。最主要的问题是科学论述无视于这些差异与偏见的存在，从而误导了人们。因此唯有透过建立"不可共量性"，一个所谓"普世"的概念或理论潜存的独特性与局限性才能被彻底揭发，还原其"特殊"本貌。也唯有经过这个程序，其论述的盲点与缺失方能被确切地"诊断"出来。以我们在第六章所举的"关系主义"一文为例，西方以及华人学界自己都惯常以东亚文化为"集体主义"代表。然而只要对欧洲历史稍有了解，便可看到西方区分"个人主义"与"集体主义"的方式，其实是先将启蒙时期在欧洲所观察到

---

① Immanuel Wallerstein, *European universalism. The Rhetoric of Power* (New York: The New Press, 2006).

② Hans-Georg Gadamer, *Truth and Method*, trans. Joel Weinsheimer & Donald G. Marshall (London, New York: Continuum, 2004, Charles Taylor, *Philosophy and the Human Science* (Cambridge: Cambridge University Press), 1985.

的人我关系特质归入"个人主义",再将所有不符合这些特质的——尤其是欧洲所背弃的黑暗时期的人我关系——归入"集体主义"。换言之,"个人主义"是先进的、现代的;内涵也十分清楚;但"集体主义"即使不是落后的、非理性的,概念上也是个大杂烩,其中不但包含了黑暗时期欧洲已经背弃的人我关系模式,也包括许多其他文化,甚至宗教所展现的类似的人我互动特质。这些特质不但与儒家文化,甚至与今天的东亚文化也有明显差异。但是当"个人主义"与"集体主义"这一组对立的概念一旦成立,不但其他文化都将被归到"集体主义",同时也排除了其他类别的可能性。

这里需要强调的一点,是文化与结构的"不可共量性",并不是"本位主义"意义之下被冻结的、恒久不变的文化与结构,而是历史长词中所显现的社会与文化"脉络",以及一项概念或理论在这脉络中意义的开展。正由于社会科学研究本身就是某一个特殊时空的产物,目的在满足当时当地的需求,[1]所以引导研究者进入历史文化脉络的"诠释学"方法,对于研究者深入了解一个概念或理论的背景与发展历程就有特殊的价值。这种作法与叶启政"寻找与西方理论'分离点'、留白",并从而发掘"本土""回转空间"的主张,基本上是一致的。

由"欧洲中心"的普世性到不可共量性,可以说是一个学术上由"看山是山"转变到"看山不是山"的过程。

---

[1] 何秀煌:《从方法论的观点看社会科学研究的中国化问题》,杨国枢、文崇一主编:《社会及行为科学研究的中国化》,台北:中研院民族所,1982年,第26—27页。叶启政:《社会学和本土化》,台北:巨流出版社,2001年,第121页。

"不可共量性"到"可共量性"

如果由"普世"到"不可共量"是一个"破"的过程,则由"不可共量"到"可共量"就是一个"立"的过程;也是由"本土"走向"全球"、"特殊"走向"一般"或"相通性"的关键。换言之,建立"不可共量性"的功夫揭示了"外来论述"中的"特殊性";然而正如库恩①与麦金泰尔②所指出的,"不可共量性"与"不可沟通性"(incommunicability)及"不可比较性"(incomparability)的意义并不相同。即便直接翻译并不可能,但经由对于历史、哲学、语文与文化的学习,我们仍然有可能了解并诠释"不可共量"的论述。

库恩认为,了解陌生概念的唯一途径是学会它的语言。③一旦了解不是障碍,要将原先"不可共量"的转化成大家可以分享的想法、知识与经验,这工作就和教师、导游、或是报道科学或财经新闻的记者所做的事是一样的,也就是将不可了解的变成可了解的,以冀扩大读者、学生、以及观光客的知识基础。康特也认为,社会事务(social matters)中的真理不但是可知的,也是可实现的(realizable),因为人类所面临的情境,并非

① Thomas S. Kuhn, James Conant & John Haugeland, eds. , *The Road Since Structure*: *Philosophical Essays*, *1970 – 1993*, *with an Autobiographical Interview* (Chicago: University of Chicago Press, 2000), p. 16.

② Alasdair MacIntyre, *Who's Justice? Which Rationality?* (Notre Dame IN: University of Notre Dame, 1988), p. 387.

③ Thomas S. Kuhn, James Conant & John Haugeland, eds. , *The Road Since Structure*: *Philosophical Essays*, *1970 – 1993*, *with an Autobiographical Interview* (Chicago: University of Chicago Press, 2000).

完全不同。① 语文可以被学习，而文化也可以被解码。如同前面所提到的，就发展本土学术的目的而言，最重要的启发是：当我们在解码、诠释与翻译的同时，必然看到"外来论述"在本土脉络表述的可能性，以及本土脉络中可以与之"相通"的观点；而这种"对应"的观看角度正是"已还原的特殊"（欧洲普世）与"特殊"（本土）之间的"可共量性"基础。这"可共量性"的基础引导我们进入本土的思想学术脉络，进一步拓展"可共量"的论述空间。而"可共量"的论述又可以成为下一回合发掘"不可共量性"与"可共量性"的源头。也就是我们以"相通"取代了与"特殊"不兼容的"普世性"作为发展本土论述，但也是超越所有"本土"的学术的最终目标。

落实到研究层面，上述由"欧洲中心"的"普世性"到"不可共量"，再由"不可共量"到"可共量"的"工程"，至少需要两个重要步骤。首先，要扩大文献探讨（literature review）所参考的范围。不但包括相关理论过去的讨论，也包括这些理论的思想根源与历史文化背景，同时找出所有本土文献中足以连结"本土"与"外来"观点与关怀重点的论述。其次，由于这些本土观点、思想与关怀重点未必是以现代所谓"科学语言"所书写，甚且也不合乎社会科学的论述原则，因此在分析、比较"外来"与"本土"的"异"、"同"及其理论上的意义之前，必须经过"诠释"与"翻译"，将其转化成为得以与"外来"论述对话的语言。近年来，中国的"阴、阳"观成为一些学者——包括华人及其他族裔——所喜爱的另类分析架构。然而历史上，

---

① Rajani Kannepalli Kanth，*Against Eurocentrism：A Transcendent Critique of Modernist Science，Society，and Morals*（New York：Palgrave MacMillan，2005），p. 28.

"阴、阳"作为一组概念,曾经有过一段漫长而晦暗的发展历程,有过各种不同的诠释与用途。[①] 不仅如此,它所反映的与西方纯然不同的观点固然可以帮助研究者提出不同的观察角度与主张,然而也正因为这里牵涉到典范的"不可共量",如何将"阴、阳"以所谓"学术语言"确切地表达出来,不但挑战研究者对于"阴、阳"本身的了解,也挑战他诠释这个传统观点的能力。

过去讨论"本土化"策略,常见的一项建议是借用"文化同质化"(acculturation, assimilation)的方法,使外来论述融入本土思维,所谈的是如何使"外来论述进入本土"。然而如果我们"本土化"的目的并不仅仅是要顺利接受外来论述,而是如许多学者所主张的,要由"特殊"走向"一般",则诠释与翻译"本土"观点与思想成为社会科学语言,便是使"本土论述走向全球"的另一项"文化同质化"工程。而诠释与翻译的过程,也是揭露概念或理论的"可共量性"关键。它与余德慧等人所谓的"攻错"[②]——在确立"外来"与"本土"个别的独特性之余,找出其间一个相对应、相通的"相互观看斜角"——是相通的。

上述这两个阶段,包括在"本土"思想学述脉络中寻找足以与"外来论述"对话的观点,以及将这些观点转化成为社会科学语言,以建立一个比较与对话的基础,所牵涉的其实是"文化"、"结构"与"学术典范"的三重"不可共量";其间"学术典范"的"不可共量"较"文化"与"结构"的"不可共量"挑战尤为巨大。

---

① 纪金庆:《二元对立与阴阳:世界观的冲突与调和》,台湾:台湾商务印书馆,2008 年。
② 余德慧、林耀盛、李维伦:《文化的生成性与个人的生成性:一个非实体化的文化心理学论述》,《应用心理学研究》,2007 年,第 145—194 页。

由不可共量性到可共量性,因此可以说是由学术上"看山不是山"的阶段进展到了"看山又是山"的阶段。

超越"欧洲中心主义"与"普世性":可共量性与共通性

随着对于科学主义中,欧洲中心偏见批评而来的是对普世性的质疑,我们所目睹的究竟是"欧洲普世性"的终结,还是"普世性"本身的终结?

根据"后现代主义",知识本身都是虚幻的;"普世的普世性"或任何形式的"普世性"自然也都成为不可能。这种看法虽然受到批评,[①]对于现代社会科学研究却仍有一定影响。然而即使前景不明,沃勒斯坦仍然坚信在"欧洲普世性"的长期垄断之后,我们可能看到相互连结的"普世主义网络"(a network of universalism)[②]——"虽然不保证这个目标可以达成"。与沃勒斯坦这种"多元普世性"观点相似的,还有"多重普世性"(pluri-universalism)——一个被设想成全球对话的连结机制、一个"相会及解放与去殖民作法交流的场域"。[③] 然而如果我们要重新检视"普世主义"作为普世基础的价值观,则这种看似矛盾的"多元普世性"与"多重普世性"问题是否就比较少? 而这些有限的普世性的基础又是什么呢?

---

① 有论者认为后现代主义只是一种道德相对主义,或空泛、负面,缺乏积极建树。

② Immanuel Wallerstein, *European Universalism*: *The Rhetoric of Power* (New York: The New Press, 2006), p. 84.

③ Walter D. Mignolo, "The splendors and miseries of 'science'", in Boaventura de Sousa Santos, ed. , *Cognitive Justice in a Global World*: *Prudent Knowledges for a Decent Life* (Lanham: Lexington Books, 2007), p. 125.

如果我们把上述问题暂时放在一边，则"多元普世性"观点其实响应的是"后现代主义"对于"多重真理"的要求。它却没有响应另一个很重要的议题，也就是不同的论述社群（discourse communities）不但需要一套可分享的标准来评定他们的学术主张以确保学门继续存在,[①]以及在"知识论"与"本体论"上相当程度的一致性,如此方可保留一个比较与沟通对话的基础。克里斯天森等人解释了为什么在这"后现代"旗帜飞扬的时代,人们对于普世性还是难以忘怀。[②]然而无论是"多元普世性"或"多重真理",只要我们不放弃对于"普世"的追求,以及对于"普世"、"特殊"间的二元对立关系的执着,则这些具有后现代风味的新名词也不过是新瓶中的旧酒;不但没有解决问题,还制造了新的矛盾。

事实上,除了"共通性"与"可共量性"的意义,所有前述诠释学,以及科学典范的讨论还指向另外一个重要的议题,就是特殊性在社会科学研究的存在意义与价值。一般讨论科学研究目的,多半止于普世性。然而理论与思想的开展不能仅仅以找到共通之处为满足,证明同样的规律或型态在不同的社会文化脉络存在只能再次证实论述的效能,却未必能刺激理论的发展或丰富人类的知识。

高达美提出"视域融合"的概念来解释"理解"。在《真理与方法》中,他点出了在对话与诠释理解经验中"理解的基础不在于使某个理解者置

---

① Kristoffer Kristensen, Brent D. Slife & Stephen C. Yanchar, "On what basis are evaluations possible in a fragmented psychology? An alternative to objectivism and relativism", *Journal of Mind and Behavior* 21(3), 2000, pp. 247 - 248.

② Kristoffer Kristensen, Brent D. Slife & Stephen C. Yanchar, "On what basis are evaluations possible in a fragmented psychology? An alternative to objectivism and relativism", *Journal of Mind and Behavior* 21(3), 2000.

身于他人的思想之中，或参与到他人的内心活动。"①因为与另一个文化
对话的对话者，总会意识到自己在诠释中的"复述"（"重述"）和原本说话
者意义的距离；而越是认真参与到对话的人越能发觉"距离"是无法克服
的。② 无论对话的对象是另一个个人或文化，凡理解存在，理解的"距
离"就存在。不过，这并不意味着理解不可能或不可行。相反地，理解的
"积极性"正是从这里开展，因为理解并不只是重复，而是"参与"。经过
参与，在对话中被重构的就不一定也不需要是原先的版本。一场深刻的
视域交融经验将对话的双方带到原先没有预期的"新的问题视域"。参
与对话双方原有的特殊视域经验视域显露了原有视域的不足之处，但同
时也发掘了这"新的问题视域"。

　　就这点来看，包括特殊性、"封闭成素"与"不可共量性"也都不是"消
极因素"。表面上，它们造成沟通对话的障碍，但同时，它们正是对话交
流之所以存在意义的"积极因素"，因为差异将我们带离原有的封闭性，
进入另一个意义的场域③，并在事后回返中扩大原有的经验视野。因
此，"特殊性"的积极意义，在于它能激发前所未见的想法、拓展研究视野
与领域。这也正是一个来自"异质文化"背景的学术中人得以提出不同
观察角度、思考方向，并得以进一步拓展学术论述的依据。历史上一个

---

① 高达美:《真理与方法》,洪汉鼎译,台北:时报文化出版,1993 年,第 493 页。
② 同上书,第 494 页。
③ 这样让我们想到在对话经验中存在的一个现象:有时我们真正渴望的不是要说服对方
　什么,而是渴望对方说服我什么。论辩,有时不是希望驳到对方,而是希望对方所带给
　我的不是口头上、字面上所呈现出的肤浅意思,而是背后另有深意。如此,或许我们可
　以重新思考"辩证"一词所隐含的意义——翻转——一种能使经验视域翻转的对话,一
　种能使进行对话的双方说出的话,"由浅入深"地不断深化。而一场深刻对谈的意义便
　在于令"经验"的各种层次不断的开展。

有趣的现象,是思想上的开创往往来自原有秩序的破坏以及新的文化刺激。无论是诸子百家、禅宗或文艺复兴,[1]其所以能开出新路,关键似乎都在不同的历史文化情境下返回经典,因应"不同的问题意识"。本土学术发展的关键因此不止于点出理论的"可共量性"与"共通性",更在于提出新的命题、开拓新的学术领域。

因此,"可共量性"或"相通性"是建立在一个"一般"与"特殊"、"可共量"与"不可共量"间的动态与共生的阴阳关系之上的。在本质上,"可共量性"与米罗所提出的"多重普世性"是相类似的。[2]"可共量性"同样否定了"欧洲中心"典范为"唯一合法"的地位;它超越"文化本位主义"并提出一个对于研究更宏观与更全面的视角。它承认分歧,但同时寻求对话,也因此避免学门全面崩解的重大代价。但与"多重普世性"概念不同的,是它提供了今天打破"普世性"与"特殊性"的僵局所最欠缺的——相会与交流的场域,以及比较与评价的基础。由于它将所有文化中生产知识的思想、观点与途径都视为研究的资源,"非西方学界"也因此不再有反西方的需要。

"可共量性"方法所无法做到的,是排除"先入为主"的偏见与偏差。海德格尔已经提出告诫,我们所能做的仍然不过是由诠释者自己或者是诠释分析的过程来解决问题。如泰勒所指出的,"人类对于了解的无能,是深植于他们对于自己的定义之中的"(the incapacity of human beings

---

[1] 东罗马帝国败亡时,流亡的知识分子将希腊古典的学说引入意大利,刺激当地人对古典的研究,最后催生了文艺复兴运动。

[2] Walter D. Mignolo, "The splendors and miseries of 'science'", in Boaventura de Sousa Santos, ed., *Cognitive Justice in a Global World: Prudent Knowledges for a Decent Life* (Lanham: Lexington Books, 2007).

to understand is rooted in their own self definition)。^① 即使是我们以规则去规范研究的每一个阶段,而研究者也有心做到最好,仍然不能保证研究成果是完全没有错误或偏差的。但是对于完全扫除偏差与偏见虽然没有解决方案,更多深入的知识可能是突显这些偏差与偏见最有效的方法。当更多的不可共量性被揭发出来,也会有更多人致力于更广泛的可共量性。偏差与分歧本身不能,也不会阻断了解与沟通,但是忽略它们的存在才是问题的根源。

　　过去对于"欧洲中心主义"的批评、有关"去西方"与"本土化"的辩论、在"种族中心主义"与"文化本位"议题的省思、以及各种解决问题的方案,在帮助我们澄清"本土化"的意义,其实不只在于回归本土,也在走出本土。经过这些努力,我们看到了本土学术发展的生机、未来的方向以及前景的样貌。只是在大环境之下,建立"可共量性"与"相通性"的过程,需要整个社群长久的努力。走这条路,发展的步调可能相当缓慢、变革的幅度也有限,然而对于主流之外的西方世界的研究而言,"回归本土"再"由本土出发"的第一步已经踏出。

---

① Charles Taylor, *Philosophy and the Human Science* (Cambridge: Cambridge University Press,1985), p. 57.

第六章　实战手册：找回主体性、面对异质文化

　　本书的前面几章花了许多篇幅讨论社会科学"本土化"的概念、回归本土的障碍、以及可行的目标等等。不过对于实际在作研究的人而言，这些论述在性质上仍然属于一种"方法论"层面的讨论；也就是在西方的方法论典范之下，找出一套能克服目前概念上的障碍、回归本土与国际对话的策略。论述的目的在解决本土与西方因为世界观、思维方式与学术典范的差异所造成的问题；它并不是一套方法上的"实战手册"。但是对于大多数有心耕耘"本土"的学者来说，把"本土化"当研究题材固然可以让我们对这议题了解得更深入；然而现实面还有一个很重要的问题，就是在方法上究竟应该如何落实，并避开"复制型研究"等等"假本土"的陷阱？简单说，就是："该怎么做？"学术在本土的发展毕竟不只是一个研究题材，也是一个研究实务在"操作面"的问题。

　　总结我们在前面几章所谈的，华人学者除了要面对体制上与政策上所带来的障碍，实际执行面的困难主要源于两方面：一、"治学"与"思辩"典范的错置：也就是以"治学"而非"思辩"的方法与态度作社会科学研究，以及"西方主义"的迷思；二、"异质文化"带来的挑战。其中第二项的"解药"虽然得之不易，但仍可由实际操作层面来一步一步地完成，但是第一顶牵涉到思考与阅读习惯及心态，属于研究者的自觉问题，就不仅

仅是可以由调整研究步骤来完成了。在本章我们先就第一部份来检视
重建自主性的问题,再就第二部份提出建议。

一、典范错置与主体性

在第三章我们谈到春秋战国与秦汉以降,中国思想史上两个时期的
学术典范与西方典范的可共量与不可共量特质。其实仔细一点看,即便
中西两种思考典范的差异颇为明显,也并不是没有例外,汉代王充是其
中之一。他质疑独尊儒术后的五经传统失实,认为儒者不应据以为是非
标准而主张回归先秦诸子;对于当时已成主流的天人感应之说,王充更
据实批驳。[①] 反过来看,西方学者展开论述的方式也并非一成不变。海
德格尔就曾经以对尼采及康德提问的方式,使他的问题变成康德的问
题,再把康德的问题变成他的问题。[②] 透过这种方式,海德格尔巧妙地
挪用前人论述来展现他自己的想法;再由他关怀议题的角度,就文献的
未尽之处充分发挥,成就一家之言。[③] 同样地,高达美也善于透过问题
揭露过去思考的盲点,让既有论述在新的视域中创出另一局面。与时下
华人研究经常被诟病的"套用"习惯相比,"挪用"(appropriation)手法最

---

① 见王充《论衡·寒温》:六国之时,秦、汉之际,诸侯相伐,兵革满道,国有相攻之怒,将有
　　相胜之志,夫有相杀之气,当时天下未必常寒也。太平之世,唐、虞之时,政得民安,人君
　　常喜,弦歌鼓舞,比屋而有,当时天下未必常温也。
② Martin Heidegger, *What Is a Thing*, translated by W. B. Barton, Jr. & Vera
　　Deutsch, with an analysis by Eugene T. Gendlin, (Chicago: H. Regnery, 1976), p. 56.
③ Michael E. Zimmerman, Die Entwicklung von Heideggers Nietzsche-Interpretation,
　　Vol. II, *Heidegger-Jahrbuch* (Freiburg/München: Verlag Karl Albvert, 2005), 97 –
　　116; Martin Heidegger, *Nietzsche Vol. One and Two*, translated by David Farrell
　　Krell, (San Francisco: Harper San Francisco, 1991), p. 4;帕玛:《诠释学》(严平译),台
　　北:桂冠出版社, 1992 年,第 169—171 页。

大的不同之处是,"挪用"是有目的、有作用的;也就是"挪用者"对于他所建构的论述方向已经有了一个想法,只是借别人的论点来帮助他完工。这种手法与韩非子对老子思想的"冬虫夏草"式转化如果不是相同,也可以说是具有异曲同工之妙的。事实上,即便是现今中外学界都认为是"专属"于某一个文化传统的思维方式,也未必不存在于任何其他文化传统。例如我们由第五章所提到的"理论"在希腊文的古义,就可以看到类似"顿悟"的意思。①

由这些差异中的雷同之处,我们可以更清楚看到,不同的思考模式不是学术发展的关键。思辩模式并不是学术发展唯一的蹊径,然而人在学术活动中的主体性却是必要条件。毕竟理论知识并非圣贤之学,现今学术研究的目的也不是主客"合体"。研究如果不假思索地接纳,只讲求将理论概念"读懂"、"读通"、甚至"身体力行",便是将秦汉以降的文人治学典范错置到西方的学术研究,也是一种缺乏主体性的表现。

主体性让我们在"自我"与研读的"内容"之间得以划出距离,如此学习的主体"我"方可决定如何解读文献内容、是否相信,同意、接纳或排拒其中的观点,思索背后的原因,找寻问题的关键,以及可以与之连结的经验或观点等等。因此有或没有主体性的差别,在学习与阅读的阶段便已经开始显现出来。有主体性的阅读不是消极地吸收、记诵,而是积极地对话——一种读者与作者之间的问答与对谈。这种对话刺激、启发阅读者的思维,从而引导创新。没有主体性,无论韩非子或海德格尔或你我都只能附和、无力挪用或转化;批判思维、逻辑辩论或体悟、创新更无由

---

① 张佩瑶:《传统与现代之间:中国译学研究新途径》,湖南:湖南人民出版社,2012 年,第146 页。

发生。简单地说，没有主体性，所有在方法上的要求都没有附着之处，只是空谈。

重建主体性需要教育，但在教育改革成功之前，学术中人只能依靠自觉与自省，认清中西学术在本质上的差异，并调整自己的心态与阅读思考习惯，彻底将学术的自我由科举的阴影中解放出来。

二、超越"西方主义"、面对异质文化的挑战

除了主体性的问题，"西方主义"令非西方世界的学术中人丧失自信、隔绝自己的文化传统，其中蕴含的"欧洲中心"观点并且造成学术上的迷思，这包括本土思维与价值"不科学"，因此没有学术价值。社会科学的论述具有普世性，因此无须强调本土，以及受时空限制的"特殊"本土经验，价值也仅在于该"特殊"的历史文化脉络等等。上述这些问题看似困难重重，但解决方案也可以十分简单：透彻了解西方学术的"游戏规则"、回归学术研究本身的规范、切实执行每一个步骤，剩下最重要的就是处理"异质文化"的问题。

正如我们前面所提到的，任何论述——尤其是"科学"理论与概念本来便都需要被检证，也都可被修改或淘汰的。换言之，思辩传统与科学研究不但不禁止，其至要求研究者质疑、挑战既有理论与典范，提出看法以延续思想上的对话。这是学术与科学研究的精神，也是目的。而研究方法的设计，正是因应这个目的而设计的。本土思维与论述常常因为不符合西方学术典范而"被判出局"，但是前面几章里我们已经看到，"学术典范不合"的问题，其实是可以透过研究者的努力克服的，这是建立"本土"与"非本土"（包括西方）间因历史文化脉络不同而形成的"不可共量性"的关键，同时也是建立"特殊"（非普世）思想与经验的普世意涵——

也就是建立"本土"与"非本土"间"可共量性"的关键。科学研究规范本身并没有限制研究者引用文献的种类与范围,关键在于研究者必须解释何以引用的本土文献是与主题有关(relevant),以及为何它具有论述上的意义与价值。事实上,甚至科学规范本身也不是不能修订或打破的;然而要有效达到目的,我们仍然必须在既有的学术规范之下去展开论辩。因此要达成看似伟大的"立足本土,面向全球"的目标,我们并不必然需要另外设计一套(本土)研究方法,或者将研究方法的选择限缩在少数几类。

由于到目前为止许多有关"本土化"的议题仍然没有定论,因此我们可以指出一些在这方面用心颇深的著作,但无法很明确的说哪一本或哪一篇就是"范本"。事实上,学术研究本来不可能有"范本"。在这情况下,要提供一个实际可用的例子来说明前几章所谈的策略,唯有以一篇刘忠博与本书作者合著的论文《什么"集体":论华人社会"集体主义"与"关系主义"》(见附件一)为例,[①]和读者分享在实际操作中的种种考虑与挑战。但是在进入实质讨论之前首先必须说明的是,正如第一章所提过的,在社会科学领域内,有各种不同型态以及性质的研究,并非每一项研究都必须锁定理论层级的讨论或经过既定的步骤,然而今天本土化的主要目的是定在理论层级的发展与创新,这便是我们的讨论重点。由这角度看,"关系主义"虽然是一篇"概念性"的(conceptual)论文,主要目的在经由检验文献发展新的概念与研究方向,并不进入一般量化研究进行假设、数据、结论等步骤,但是论文写作仍然经过了"研究问题"与"文献

---

① 汪琪、刘忠博:《什么"集体":论华人社会"集体主义"与"关系主义"》,冯应谦、黄懿慧编:《华人传播想象》,香港:香港中文大学香港亚太研究所,2012年,第197—232页。

探讨"的阶段，历经"确立不可共量性"到发掘"可共量性"并"提出新命题"。而这三个部分正是"本土化"挑战最大、"异质文化"问题最尖锐，却也是一般研究最关键的部分。只是该文仍有疏漏之处；若再做一次，结论也未必完全相同。不过既然提这篇文章的目的不是要昭告世人它的完美，也就"不揣浅陋"。甚至可以说，它的疏漏，正提供了讨论的空间。接下来我们就按照这两个部份来讨论：

一、问题是什么？

一般社会科学研究方法的课本由"研究问题"开始不是没有原因的。西方的"思辩"传统由质疑、挑战开始，靠的是不断的思索与提问。质疑一切知识"确定性"的"怀疑论"（Skepticism），是希腊文明初期的一种哲学主张，它与后来的"柏拉图主义"（Platonism），甚至"经验主义"都有密切的关连。西方人习惯以问题引导思维。如果提错问题，则后果必然是找错答案，白忙一场。在论辩当中，问题也是暴露对方弱点的重要利器。2012 年，以《正义：一场思辩之旅》扬名学界的哈佛大学教授桑德尔访问台湾时，演讲不但以问题吸引学生表达意见，并且引导意见不同的学生展开辩论。这种所谓"苏格拉底对话"式的"问题导向教学"，引起本地媒体不少注意与赞赏。[①] 事实上"问题导向教学"在西方是非常普遍的；无论是教学或学习，都由问题开始。然而华人社会的考试文化所训练的，却是如何答题，并不是如何提问。许多时候，课堂上问题多的学生甚至会与"问题学生"划上等号。这也就无怪乎到了研究所阶段，当学生被要

---

① 参见 http://udn.com/NEWS/OPINION/X1/7560399.shtml#ixzz2Epd0sI2kPower By udn.com.

求"提出问题"的时候，会茫然不知所以。

在学术研究，问题因此有如矿藏的探测器，问题提得好或不好是个关键，因为它决定一项研究的：广度、深度与执行的可能性；研究的方向与理论基础；所采用的方法；研究的价值。这对于"本土化"尤其重要，一项研究是否提得出学术主张，其实和研究问题有极为密切的关连。假如我们肯定研究的重点不在于描述、发掘、提供数据，而是提出"学术主张"，则必须认真思索自己要研究的问题究竟是什么？再以我们在第一章就举的"公共领域"的概念为例，类似"扣应节目中展现的公共领域"这样的问题，所指向的大多是描述性的研究——描述一特定情境中"公共领域"的样貌，因此"公共领域"的概念是既定（given）的。但如果我们问的是"公共领域"的预设"理性沟通"是否成立？"①则即使数据是在地的，概念本身的有效性与普世性却仍然是检讨的重点。

年轻学子在思考研究问题的时候，往往将理论框架当成选题的出发点。第一个念头常常是：我想做"政治经济学"的研究或"全球化"的研究等等，原因只是"对该理论比较有兴趣"，就这样确定了方向；之后再在这个方向之下去找一个在本土可以用得上这理论的议题，开始收集资料。又或者也有人倒过来走，由时事议题或现象着手，觉得例如核电厂的争议，或者网络上的"人肉搜索"是可以做的，然后将这现象套在一个理论架构上作数据分析。就最初始的问题而言，以上这两条路都无不可。然而如果选题之后接下来就开始收集资料，而没有认真去思考这研究要回

---

① 江宜桦：《公共领域中理性沟通的可能性》，提交给"'公共知识分子与现代中国'国际学术研究会"的论文，华东师范大学中国现代思想文化研究所，可参见网址 http://homepage. ntu. edu. tw/～jiang/PDF/D8. pdf，2013/7/31。

答什么"问题"、目的究竟是什么,那么研究者就很容易走上"复制型研究"的路。换言之,这中间很重要的一步,是先对相关的文献有一整体的了解之后,再就理论论述的矛盾与有效性去组织研究问题。

刘忠博以及作者选择的"集体主义"概念,是霍夫斯泰德(Geert Hofstede)文化面向(cultural dimension theory)理论的一部分。[①] 量表考察文化对于人类价值、以及行为模式的影响,并被广泛应用在跨国管理、跨文化心理学与跨文化沟通的研究。最原始的量表包括四组霍夫斯泰德由 IBM 的跨国调查资料中分析出来的概念:集体主义与个人主义、权力距离、风险规避、性别取向(又称为"生活的量与质"),后来他又加入长期趋势与放纵、自制两个面向。"关系主义"一文最初始的想法单纯是由概念的效力及适用性为着眼点的。以霍夫斯泰德量表为测量工具的研究经常以东亚——尤其是华人——族群为集体主义文化的代表,但如果华人是"集体主义者",则何以华人社会在走出威权统治之后,就失去了许多"集体主义"的特质? 是否我们并没有了解"集体主义"的意义,诠释发生错误,还是概念的预设有问题? 换言之,华人文化确为集体主义文化吗? 如果不是,难道是个人主义文化,或是还有其他面向?

二、文献评论(literature review)

英文的 Literature Review 是一项研究当中的核心部分。"Review"的意涵不仅只在于"回顾",更重要的是剖析与评论。久而久之,中文却译为"文献'探讨'",不但失去了"批判"的作用,也往往没有注意到探讨

---

① Geert H. Hofstede, *Culture's Consequences: International Differences in Work-Related Values* (Beverly Hills: Sage, 1980).

的重点其实不只是一项理论的本身，而是理论所引发的讨论过程、讨论中所浮现的议题，以及其中可能需要检讨的部份是关于预设、引据，还是推论？因此文献评述首先要留意的，是论述最新的发展是什么？

1. 最晚近的相关论述

研究问题一旦选定，第二个重要步骤是从相关理论最新进的研究结论着手，而不仅仅是最原始的理论本身。中国科考过去数千年均以同样一套文献——四书五经为依归，有如百米赛跑：每一个选手都由同样的起点跑向同样的终点。然而西方的学术论辩却更像越野接力赛，都在承接自己前面选手的棒子在跑，每一个人跑的速度与路径都影响着后面无数接棒的选手。从希腊以降，每一个人的主张都有许多前人的身影，而非指向同一特定大师或同一套经典。这也是为什么指导教授及期刊编辑在审阅论文或投稿时，往往先由"参考书目"中文献的年份开始。如果一个作研究的人对于论辩最新进的发展茫然无知，又如何回应论辩过程中所产生的重要议题，提出自己的看法与"学术主张"，与其他学者"对话"？例如过去十余年间十分受重视的"全球化"研究，相关理论有"网络世界"（network society）①、"世界系统理论"（the world system theory）、②"全球资本主义"（global capitalism）③与提出核心概念——"时间及空间的压缩"——的"全球化理论"④等等。这些理论大都已经提出数十年，

---

① Manuel Castells, *The Rise of the Network Society* (Cambridge: Blackwell Publishers, 1996).

② Immanuel Wallerstein, *The Modern World-System* (New York: Academic Press, 1974 – 1989).

③ Leslie Sklair, *Globalization: Capitalism and Its Alternatives* (Oxford, New York: Oxford University Press, 2002).

④ Anthony Giddens, *The Consequences of Modernity* (Cambridge: Polity Press, 1990).

它们所反映的是 1980 年代左右自由主义经济体系的观察角度。然而这期间全球金融危机、恐怖袭击，以及西方世界的财政危机等等，在刺激着全球化概念的检讨与论辩。如果在 2018 年以"全球化"为论文题目，自然不能仅仅以当年的几篇代表作为起点。相反地，新近出版的书籍论文——尤其是那些检讨理论与概念本身的有效性的或足以提供一个过去论述全貌的作品，或许能帮助研究者更快进入状态。主流学界由肯定转变到质疑全球化概念，正提供了我们以在地经验及思维检验，并挑战理论论述有效性的时机与空间。

由于霍夫斯泰德的跨文化价值量表是 20 世纪 80 年代所提出的，过去数十年间广泛应用在跨国企业组织管理、心理学与人际或跨文化沟通，累积的文献可能有数千篇之多；没有人能够读完这所有的著作，事实上也没有必要。除非长期沉浸在这方面研究，有特殊的面向需要处理，否则最晚近研究著作的"文献探讨"就可以提供我们论述的最新进展。"关系主义"一文是在 2008 年开始写的，因此 2000 年中期以后的论文的几篇著作便有特殊价值，①由这些文献我们得以了解有关"个人主义"与"集体主义"概念过去以及最新近被检证所得的结果，以及核心议题。

---

① M. B. Brewer & Y. R. Chen, "Where (Who) are collectivism? Toward conceptual clarification of individualism and collectivism," *Psychological Review*, 114 (1), 2007, 133 - 151; U. Schimmack, S. Oishi & E. Diener, "Individualism: A valid and important dimension of cultural differences between nations," *Personality & Social Psychology Review*, 9, 17 - 31, 2005; B. Shulruf, J. Hattie & R. Dixon, "Development of a new measurement tool for individualism and collectivism," *Journal of Psychoeducational Assessment*, 25, 2007, pp. 385 - 400; 陈凌与叶蓉慧:《由个人自我构念价值看中国、香港与台湾之文化趋向及争辩行为》,《新闻学研究》, 80, 2004 年, 第 51—83 页。

2. 既有论述是否有预设，其盲点或论述的观察角度与推理方式的矛盾或不足之处是什么？

由最近的文献，我们对于有关概念或理论的重要议题可以得到一些了解。以"关系主义"一文为例，近年的调查研究成果有两项重要发现：首先，量表的检讨显现了研究工具上的问题，也就是量表上的问题并不能充分反映出"集体主义"概念的内涵。例如"个人重要决定听从父母安排"显示个人将"自我"放置在"父母"之后，然而"父母"并不等同"集体"；会听从父母的安排未必等同会听从群体的安排。换言之，"集体主义"所指的"具有约束力，并由成员相互承担义务"的"集体"，是类似欧洲中世纪的"行会"(guild)——一种介于职业公会、企业联盟与秘密结社之间的组织，到了问卷量表中却成为"家人"等"内团体"。此外，包括华人在内的亚洲人或许展现了某些集体主义特质，但是也展现了个人主义特质。有些研究更发现被认为是个人主义代表的欧美受访者，其实未必比被认为是集体主义者的东亚受访者"更不集体主义"。

即使霍夫斯泰德已经预告一个族群同时呈现两极特质的可能，这些发现仍然指向概念与量表之间的落差，以及概念本身意义的含混不明。华人经常被视为是"集体主义"的代表族裔，而"儒家文化"是"集体主义"的哲学基础，[1]回到中国的历史文化脉络，有关华人如何对待"自我"(self)，以及对待"他人"(other)的文献却都指向一个与霍夫斯泰德所定义的"集体主义"极为不同的型态，因此"集体"在有关华人"集体主义"研

---

[1] U. Kim, "Individualism and collectivism: Conceptual clarification and elaboration," in U. Kim, H. Triandis, C. Kagitcibasi, S. Choi, & G. Yoon, eds, *Individualism and Collectivism: Theory, Method, and Applications* (Thousand Oaks: Sage, 1994), pp. 19 - 40.

究的意义就成为"关系主义"一文的核心研究问题。

3. 扩大文献探讨范围,进入历史文化脉络了解理论的预设

为厘清"个人主义"、"集体主义"的内涵,文献探讨的范围必须扩大到欧洲启蒙时期的社会文化背景,以及本土文献中有关华人对待"自我"(self)以及"他人"(other)型态的论文与著作。研究进行到这一阶段,已经进入本土与西方的历史文化脉络。经常也是在这个阶段,我们得以发现理论预设的问题,以及任何可能存在的文化上或概念上的"不可共量性"。以欧洲历史为例,我们可以发现"集体主义"实为"个人主义"的一项副产品。也就是说,"个人主义"兴起之后,在受到现代化洗礼之前,属于黑暗时代的许多特质都被归到"个人主义"的对立面,与其他非西方族裔,甚至宗教的特质一起成为"集体主义"的内涵。因此,与其说"个人主义"的代表族裔是西方,"集体主义"是世界上其他族裔,不如说"个人主义"代表的是"现代"的西方、"集体主义"代表的是"现代化之前"的西方以及西方观角度下的"落后"群体。例如20世纪50年代到20世纪80年代的中国大陆便被一些人视为中国历史上集体主义的巅峰时期,然而这个时期的社会现象如果可以作为华人文化是集体主义的证据,则包括德国在内的许多欧洲文化也可以被视为集体主义。

另方面,文献显示华人社会虽然讲究人际网络,然而有如前述的"集体"概念却无法适用于家族等"内团体"。"集体"内所有成员间关系对等的条件,更不适用于华人"亲疏有别",与费孝通所提出的"自我主义"、"差序格局",以及"相互性"(reciprocity)等待人处世的原则。[①] 事实上,除了"仁"、"义"等人道关怀色彩的道德准则,儒家思想并没有一

---

① 费孝通:《乡土中国与乡土重建》,台北:风云时代出版,1993年,第22—36页;中村元:《东方民族的思维方式》(林太、马小鹤译),台北:淑馨,1990年,第222页。

套明确的规范来引导个人与"陌生人"的互动。再者,儒家虽然强调个人对家庭的义务,却也鼓励个人努力追求自我的发展。因此如果说是培养了集体主义价值观,不如说培养了个人主义价值观。[①] 由这个角度看,文献中以"儒家思想为集体主义哲学基础"的说法,[②]显然也是有问题的。

4. 由"不可共量性"建立"可共量性"

上述文献分析提供了颇为充分的证据,显示华人文化并非集体主义。然而这些论述基本上并没有超出现有文献的范围,谈不上个人创见。就论辩与科学研究而言,找出现有理论的盲点与不足之处只是过程中的一个阶段;研究的真正挑战,在于研究者是否能提出新的命题与假设。那么"否定华人为集体主义者"的理论意涵是什么? 它能帮助我们提出什么学术主张? 这时候"由特殊性到共通性"或"不可共量"到"可共量"的策略便提供了重要的思考方向。而我们的问题也转变成:华人的"人我关系"与霍夫斯泰德及川迪斯(Harry C. Triandis)等人所勾画的"集体主义"及"个人主义"既然都不相同,是否表示它就与任何其他文化都没有共通之处呢? 我们是否可以将华人所呈现的"关系"视为一个人际互动的面向? 与其以"集体主义概念在华人文化不成立"为结论,不如问"个人主义"与"集体主义"是否已经涵盖了现代社会中复杂的"人我关系"。人既然必须与他人来往互动,那么这互动所产生的"关系"还有哪

---

① Triandis, H. C., *Individualism and Collectivism* (Boulder: Westview, 1995).

② Uichol Kim, Individualism and collectivism: Conceptual clarification and elaboration. In Uichol Kim, Harris C. Triandis, C. Kagitcibasi, S. Choi, & G. Yoon eds., *Individualism and Collectivism: Theory, Method, and Applications* (pp. 19 – 40) (Thousand Oaks: Sage, 1994).

些面向？"关系"因此就成为进一步文献探讨的范围。

文献搜索范围扩大之后发现,社会科学领域内除了以华人组织为焦点的"关系"(guan-xi)研究,与关系相关的研究还包括社会学的"社会交换论"(social exchange theory)、"社会网络分析"(social network analysis)、以及心理学的"自我构念"(self construct)等等。其中黄光国的"关系主义"研究尤其有参考价值。他认为西方对于"关系研究"多半预设了"个人"的独立自主、自由意志与交换法则,但权威排序却不受重视。也就是说,欧美社会文化中的关系的立基点仍然是个人主义的。因此提出了"关系主义"概念,以用于亲友的"需求规则",用于其他人的"工具规则",以及两者兼有的"人情规则"来捕捉"关系导向"文化的特色。

另一方面,心理学研究也逐渐注意到"关系"在所谓的集体主义文化的重要性。例如"关系性集体主义"便以群体成员的关系为研究重点。此外跨文化心理学对"自我构念"(self construct)的研究更提出"个人自我"、"集体自我"之外的"关系自我"。[1] "集体自我"建立在成员对于团体的"社会认同"以及"非个人化的系属关系"上(impersonal bonds),而"关系自我"则建立在个人化的系属之上。后续研究发现,倾向"关系自我"的群体在自我评估的基础、参考框架和基本社会动机的层面上,都显现了与"集体自我"倾向不同的特质。这些特质包括重视和谐,易受"重要他人"(significant others)的影响,内团体成员之间界限模糊,注意力、

---

[1] Marilynn B. Brewer & Wendi Gardner. "Who is this 'we'? levels of collective identity and self representations". *Journal of Personality and Social Psychology*, 71(1), 1996, pp. 83 - 93.

认知、情感、动机建立在关系和规范之上。它与"相互依存的自我概念"基本上也是一致的。

上述研究仍未能细致体现人际网络中"亲疏程度"的面向，以及"相互性"所造成的关系的流动性与模糊性，然而文献也清楚显示人与他人之间的互动原则，绝非"个人主义"与"集体主义"两个面向所能完整涵盖。"关系"存在于所有社会文化，所不同的是关系存在的原因与维系的方式（同属一组织或群体、工具性利益或相互性）及其对于人的影响程度与面向。换句话说，不同的文化社会在处理关系时所依循的原则尺度或有不同，但无损于"关系"本身的重要性。我们因此可以确立"关系"概念的"可共量性"，只是它从未被放置在"个人主义"与"集体主义"的框架之下讨论。

5. 提出新命题、学术主张

正如我们在前面几章所提到的，符合学术规范是我们对研究最基本的要求。除此之外，是否能够"见前人所未见"，提出新的有效命题或学术主张与根据，就是评量一项研究的最重要标准。在实际操作层面，研究人员在这阶段最大的挑战，是在各种可能的发展方向之中作出决定，并且将推理过程与事实依据建构成一套完整的论述，以面对未来别人的质疑与挑战。回到"关系主义"的例子，我们确定"关系"在"人我互动"的重要性之后，接下来可能有两种处理的方式。其一，是以"关系"取代"集体"，也就是将"组织或群体成员"列为"关系"的一种，理由是组织或群体成员的身份，不过是人与他人关系的一环。其二，是将"关系主义"列为"个人主义"与"集体主义"这两个极端之外的第三个"人我互动"典型，成为一个新选项，理由是"关系主义"的指涉对象通常是彼此间有某种牵连的"他人"，而非包括许多"陌生人"的群体。最后我们认为"个人主义"、

"关系主义"与"集体主义"在现实中究竟是三个独立的面向或是可以视为两个面向还需要更进一步研究以厘清，因此在两个方向中选择了后者，并着手整理"个人"、"集体"与"关系"三种类型在对待"自我"、"重要他人"与"群体"的态度、以及人际互动规则的独特型态。只是当时受限于时间，未能提出一套新的测试量表，并加以检验。

就现阶段的研究而言，"关系主义"一文尝试厘清"集体主义"的内涵，并具以挑战"集体主义"研究过去所选择的适用对象。然而"关系主义"本身并不是一个新的概念。将它重新定义、纳入"个人主义"与"集体主义"的框架去检视是一个新的尝试，但是这一项学术主张的提出，只不过是走过了学术思辩过程的第一阶段。在实证研究的脉络下，"关系主义"是否能够成立，也还必须经过反复检证的考验。此外，就"关系主义"这样一个孤立的例子来说明经由"不可共量性"来达到"可共量性"的过程，显然是不足的。不同的议题与不同的研究领域必然有不同的考虑。然而正如我们在前面提到的，方法可以不同，最重要的是掌握研究的主体性，细心处理"异质文化"问题，则发展学术论述的大原则与方向并不会有太大差别。

一项重要学术主张的发展，往往需要多年研究心得的累积、沉浸、激荡、反思与检讨。库恩在 20 世纪 60 年代提出"不可共量"的概念之后，引起许多回响，也有许多批评。一直到他去世之前，库恩仍然在澄清、修订他早年的说法；还有学者在反复思辩的过程中，完全背离了自己早年的学术主张，另寻新的出路。因此，学术主张并非可以一蹴而就。有学者毕生以一项学术主张传世；但也有学者提出许许多多的主张却无法引起学术界任何兴趣或激荡出讨论。但不论如何，现今研究很难逃过的一项检验，仍然是一个学位论文口试时经常会出现的问题："So what?"。

也就是，研究成果在整个理论知识版图的意义与价值在哪里？ 贡献
为何？

代结论

　　在社会科学的领域，所有研究都由一系列问题开始。在"社会科学
本土化"的议题上，现阶段最重要的并不是所有的问题是否都已有答案，
而是我们究竟有没有提出新的问题、分析框架与命题。进到下一个讨论
层次，还是一直在一些含混的概念与浪漫的愿景上打转。本书提出了一
项学术主张，也就是以"可共量性"与"不可共量性"所共同营造的"共通
性"作为非西方学界根扎本土以及与西方学界理论对话的途径。这么做
的意图，并不在宣称这是非西方与华人学界发展学术的唯一选择，而是
期待经过概念的澄清与议题的分析与讨论，可以激发更多问题，以拓展
更多的可能性与论述空间。我们所期待的是持续的对话。没有彻底讨
论，所有的努力将停留在一个晦暗不明的状态。我们不知道方向在哪
里，甚至也不知道真正的问题在哪里。

　　在今天来看，西方知识体系既然是世界上现存的唯一知识体系，则
"回归本土"很难以"去西方"为前提，也不能像当年翻译佛经的儒者，纯
以自己的方式及角度去解读、使用西方论述。然而所有理论典范、甚至
学术规范可以，同时也需要挑战；而本土的现象、观点、思想与文化价
值更要进入学术研究，然而要能够有效地表述这些论点，我们必得要将
之转译为现代学术语言。经过一段时日的相互学习与现实客观环境的

改变,社会科学是否可能出现有如"文艺片"在今天电影研究的成果?[①]
另外,许多由儒家价值为基础的心理学或管理科学研究,在累积一定程
度之后是否可能形成优势典范? 现阶段我们不能肯定;然而如果放弃努
力,则答案必然是否定的。

　　不论如何,今天美国与欧洲社会科学方法和理论的独大,不能视为
是某一学术社群所独有的问题。这个问题没有界线——无论是地理上
的或是学术上的。我们所面对的,并不只是学术平等、权力均衡与国际
学界权力架构的宰制,而是社群整体而言,被剥夺了不同文化根源的哲
学与知识论的丰富资产,[②]造成人力与学术资源的浪费,从而失去了成
长与发展的机会。

　　华人学界要面对的最大挑战,不是方法上的障碍,更不是所谓思想
能力上的缺陷,而是如何重建中国知识分子在实施科举制度以后就丧失
的学术主体性,以及因"西方主义"而丧失的自信心。更重要的,是必须
重新深入认识被现代教育体制所削弱的文化资产,并且反思这资产在现
代学术中的意义,赋以时代意义。正如张佩瑶所指出的,"中华性"这个
概念是需要"与时俱进"不断建构的,是"现在进行式"的。[③] 相对于今天

---

① "文艺片"本来很难归入电影研究既有的类目当中,但经过华裔学者与西方学者双方的
　对话共同努力,如今文艺片已经成为电影研究的一个类目。参见 Yueh-yu Yeh,
　"Pitfalls of cross-cultural analysis: Chinese Wenyi film and melodrama", in Georgette
　Wang, ed., *Dewesternizing Communication Research*: *Altering Questions and
　Changing Frameworks* (London, New York: Routledge, 2011), pp. 99 – 115.
② A. A. Abdi, "Eurocentric discourses and African philosophies and epistemologies of
　education: Counter-hegemonic analyses and responses," *International Education*, 36
　(1),2006, pp. 15 – 31.
③ 张佩瑶:《传统与现代之间:中国译学研究新途径》,湖南:湖南人民出版社,2012 年,第
　41 页。

华人学界的表现，中国禅宗在科考阴影笼罩下的唐代大放异彩，不得不令我们怀疑，当时佛门中人深厚的儒学根基，让他们的主体性在接触异国思想时，自然而然地在这有限的自由空间展现了出来。相对地，如果以"国际竞争力"为导向的教育与学术政策又斤斤计较短期效益，则最终的结果，是更进一步驱使本土学界走上不归路。如果我们在黑暗中不求有自己的火把，则最终也只能从别人的眼光中认识自己。如此又以什么去贡献国际学术？

对本土学术而言，国际学界对于多元文化的重视带来了发展契机；然而本土学界应对这契机的方式，却反射出深层的危机。要创造生机，首先我们必须面对危机、然后方能对症下药。危机既然并非一朝一夕所形成，开创生机的工作也就不可能一蹴而就。三十年前，第一代本土研究擎起"本土"的旗帜，勇敢地在"欧洲普世"的阵前起义；然而起义只是开疆辟土的第一阶段。历史上"起义者，有轰轰烈烈，但未久便烟消云散的"下场，例如黄巢、洪秀全；也有万民归顺，开启百年盛世的开端，例如刘邦、李渊。能够成就百年盛世的，往往都不只靠第一代。

同样地，"立足本土，放眼天下"、与国际对话的巨大工程要看第一代，更要靠第二代，甚至以后世世代代的心血经营。

2013 年 9 月 6 日于基督城寒舍